2025年度版

奈良県の
数学科

過　去　問

協同教育研究会 編

協同出版

本書には，奈良県の教員採用試験の過去問題を
収録しています。各問題ごとに，以下のように5段
階表記で，難易度，頻出度を示しています。

難 易 度

非常に難しい　☆☆☆☆☆
やや難しい　　☆☆☆☆
普通の難易度　☆☆☆
やや易しい　　☆☆
非常に易しい　☆

頻 出 度

◎　　　　ほとんど出題されない
◎◎　　　あまり出題されない
◎◎◎　　普通の頻出度
◎◎◎◎　よく出題される
◎◎◎◎◎　非常によく出題される

はじめに～「過去問」シリーズ利用に際して～

　教育を取り巻く環境は変化しつつあり，日本の公教育そのものも，教員免許更新制の廃止やGIGAスクール構想の実現などの改革が進められています。また，現行の学習指導要領では「主体的・対話的で深い学び」を実現するため，指導方法や指導体制の工夫改善により，「個に応じた指導」の充実を図るとともに，コンピュータや情報通信ネットワーク等の情報手段を活用するために必要な環境を整えることが示されています。

　一方で，いじめや体罰，不登校，暴力行為など，教育現場の問題もあいかわらず取り沙汰されており，教員に求められるスキルは，今後さらに高いものになっていくことが予想されます。

　本書の基本構成としては，出題傾向と対策，過去5年間の出題傾向分析表，過去問題，解答および解説を掲載しています。各自治体や教科によって掲載年数をはじめ，「チェックテスト」や「問題演習」を掲載するなど，内容が異なります。

　また原則的には一般受験を対象としております。特別選考等については対応していない場合があります。なお，実際に配布された問題の順番や構成を，編集の都合上，変更している場合があります。あらかじめご了承ください。

　最後に，この「過去問」シリーズは，「参考書」シリーズとの併用を前提に編集されております。参考書で要点整理を行い，過去問で実力試しを行う，セットでの活用をおすすめいたします。

　みなさまが，この書籍を徹底的に活用し，教員採用試験の合格を勝ち取って，教壇に立っていただければ，それはわたくしたちにとって最上の喜びです。

協同教育研究会

C O N T E N T S

第1部

奈良県の
数学科
出題傾向分析

奈良県の数学科　傾向と対策

1 出題傾向

　2024年度の出題は中学，高校ともに大問6問であった。そのうち3問が共通問題であり，残りの3問が中高別の独自問題である。なお，2023年度は中学数学が大問6問，高校数学は大問7問であった。試験時間は中学数学，高校数学共に60分である。出題傾向，形式に変化はなく，解答形式は共通問題の大問3問と中高別の大問1問が穴埋め解答形式，残りの大問2問が途中過程を記述する問題である。

　中学数学の難易度は教科書の練習問題や節末・章末問題レベルであり，教科書の内容を理解していれば解ける内容になっている。高校数学の難易度は複雑な問題は出題されておらず，教科書の例題，節末・章末問題，大学入試基本問題レベルである。

　中学数学と高校数学共通の第1問は独立した小問集合2問(二次式の最大値最小値，2個のさいころの確率の期待値)，第2問は三角関数の小問2問，第3問は数列の小問2問の出題である。

　中学数学独自の第4問は微積分の小問2問，第5問は平面座標と図形の小問3問，第6問は平面幾何の小問2問の出題である。

　高校数学独自の第4問は平面ベクトルの小問3問，第5問は複素数平面の小問2問，第6問は区分求積の小問2問の出題である。

　共通問題では方程式，平面座標と図形，二次関数，三角・指数・対数，数列，微積分が頻出傾向にある。また，中学，高校数学別問題では小問の出題分野との重なりがないように考慮されている。中学数学は図形の証明問題，高校数学は微積分の証明問題が出題されることにも注意が必要である。さらに，定理や公式についての証明問題が出題されていて，内容は教科書にもあるようなものもあり，確認をして解答できるようにしておくとよい。

2 学習対策

　どのような試験でも最低これだけは費やさなければならない時間と，

これだけかければ大丈夫だろうという時間がある。特に後者は重要で，その時間は人それぞれに異なり一般論はない。「教科書で基礎をきちんと復習し，標準問題集を繰り返し解く」ことがよく言われるが，無限に時間があるわけではない。まず，自分の実力と合格レベルとの距離感を正確に把握し，それを埋めるための必要かつ充分な時間を把握することである。過去問やそれと同レベルの大学入試問題の解答，解説を「教科書や参考書のように使いこなしながら，理解していく」というやり方が有力な方法として知られている。そして，どのような問題が出題されても教科書や参考書のどこを見て何を参考にすればよいかがすぐ分かるようにすることが大切である。これらにより，

1. 自分の実力と合格レベルとの距離感を正確に把握すること
2. 教科書や問題集の内容で「出題される」，「出題されない」を把握すること
3. 頻繁に使われる用語，記号の知識が分かると共に，その使い方にも習熟できること
4. 苦手分野が何で，克服の仕方や方向性が実践的に捉えられること
5. 常に実践レベルの密度の濃い学習が維持できること

ができるので，それらを自分に合った形で整理することが大切である。内容は基本的な問題が中学，高校の数学教科書の各分野から幅広く出題され，教科書の例題，節末・章末問題，傍用問題集を繰り返し解いて基礎力をつけるとよい。そして，共通問題の大問3問は全問正解できることを意識して，確実に解けるように学習しておきたい。出題傾向が2019年度から変更されており，それ以降，年度ごとにその内容は異なっているが，同じような傾向にある。

　以上の点から，対策を述べると，中学数学では数と式(展開，因数分解，平方根)，平面図形の性質(角の二等分線と比，合同，相似，チェバ・メネラウスの定理)，方程式は頻出され，これらの練習を十分にしておくこと。

　高校数学では数と式(対称式，交代式，因数分解，二重根号)，整数の性質(剰余，不定方程式)，方程式，三角・指数・対数関数を含む関数の最大・最小，関数とグラフ，微積分が頻出され，また，ベクトル，複素

数平面，場合の数・確率もよく出題される。これらの大問は計算量があり，単純には解答ができないように問題が設定されていることにも注意が必要である。過去問，大学入試基本問題を活用して解く練習を行うとよい。

　また，学習指導要領に関する問題は出題されていないが，中学，高校の学習指導要領と同解説数学編を精読し，数学科の目標，各学年の目標・内容，指導計画の作成などを学習しておくことも大切である。

過去5年間の出題傾向分析

●中学数学

分　類	2020 年度	2021 年度	2022 年度	2023 年度	2024 年度
数と式	●	●		●	
方程式と不等式	●		●	●	●
数の性質	●	●		●	
ベクトル			●		
複素数					
関数とグラフ	●	●	●	●	●
平面幾何	●	●	●	●	●
空間図形，空間座表		●	●		
平面座標と図形		●	●	●	●
三角関数			●		●
三角比と平面図形	●	●	●	●	
指数・対数	●	●	●		
数列		●	●	●	●
行列					
微分・積分	●	●		●	●
場合の数・確率	●	●		●	●
集合と命題		●			
学習指導要領					
データの分析，確率分布			●	●	

●高校数学

分　類	2020年度	2021年度	2022年度	2023年度	2024年度
数と式	●	●		●	
方程式と不等式			●	●	●
数の性質	●	●		●	
ベクトル	●	●	●		●
複素数	●			●	●
関数とグラフ	●	●	●	●	●
平面幾何		●	●		
空間図形, 空間座表			●		
平面座標と図形		●		●	
三角関数	●		●		●
三角比と平面図形		●	●	●	
指数・対数	●	●			
数列	●	●	●	●	●
行列					
微分・積分	●	●	●	●	●
場合の数・確率	●	●		●	●
集合と命題		●			
学習指導要領					
データの分析, 確率分布			●	●	

第2部

奈良県の
教員採用試験
実施問題

2024年度　実施問題

【中高共通】

【1】次の各問いに答えよ。

(1) 実数x, yが$x^2+y^2-1=0$　…①を満たすとき，$2x^2+y^2-4x$　…②の最大値と最小値について考える。

①より，xのとり得る値の範囲は，[アイ]$\leqq x \leqq$[ウ]であり，②をxの式で表すと，x^2-[エ]$x+$[オ]であるから，$x=$[カキ]，$y=$[ク]のとき最大値[ケ]をとり，$x=$[コ]，$y=$[サ]のとき最小値[シス]をとる。

(2) 2個のさいころA，Bを同時に投げるとき，出た目をそれぞれa, bとする。$\dfrac{b}{a}$が整数のときは5点，$\dfrac{b}{a}$が整数でないときは1点を与えるとき，期待値は$\dfrac{[セソ]}{[タ]}$点である。

(☆☆☆◎◎◎)

【2】次の各問いに答えよ。ただし，$0 \leqq \theta < 2\pi$とする。

(1) 方程式$2\cos^2\theta + \sin\theta - 1 = 0$の解は，$\theta = \dfrac{[ア]}{[イ]}\pi$, $\dfrac{[ウ]}{[エ]}\pi$, $\dfrac{[オカ]}{[キ]}\pi$である。ただし$\dfrac{[ア]}{[イ]}\pi < \dfrac{[ウ]}{[エ]}\pi < \dfrac{[オカ]}{[キ]}\pi$とする。

(2) aを実数の定数とする。θについての方程式$2\cos^2\theta + \sin\theta - 1 - a = 0$　…①について考える。

$\sin\theta = t$とおくと，[クケ]$\leqq t \leqq$[コ]であり，方程式①をtを用いて表すと，[サシ]t^2+t+[ス]$-a=0$　…②となる。

tについての方程式②が実数解をもつようなaの値の範囲は，[セソ]$\leqq a \leqq \dfrac{[タ]}{[チ]}$であり，方程式①を満たす$\theta$の個数が最大となるような$a$の範囲は，[ツ]$< a < \dfrac{[テ]}{[ト]}$である。そのとき

の θ の個数は，[　ナ　]個である。

(☆☆☆◎◎◎◎)

【3】次の各問いに答えよ。

(1)　数列$\{a_n\}$は，$a_1=2$，$a_{n+1}=5a_n$によって定められている。

数列$\{a_n\}$の一般項は$a_n=$[　ア　]・[　イ　]$^{n-1}$であり，初項から第n項までの和は，$\dfrac{[\ ウ\ ]^n-1}{[\ エ\ ]}$である。

(2)　$\displaystyle\sum_{k=1}^{n}(n+2k)$を$n$の式で表すと，[　オ　]$n^2+n$である。

(3)　$\displaystyle\sum_{k=1}^{n}\dfrac{1}{k(k+2)}$を$n$の式で表すと，

$\dfrac{[\ カ\ ]n^2+[\ キ\ ]n}{[\ ク\ ](n^2+[\ ケ\ ]n+[\ コ\ ])}$である。

(☆☆☆◎◎◎◎)

【中学校】

【1】次の各問いに答えよ。

(1)　xの関数$f(x)=\displaystyle\int_{0}^{x}3t(t+1)dt$は，$x=$[　ア　]のとき極小値[　イ　]をとり，$x=$[　ウエ　]のとき極大値$\dfrac{[\ オ\ ]}{[\ カ\ ]}$をとる。

(2)　定積分$\displaystyle\int_{0}^{4}|x^2-2x-3|dx$を計算すると，$\dfrac{[\ キク\ ]}{[\ ケ\ ]}$である。

(☆☆☆◎◎◎◎)

【2】次の図のように，関数$y=\dfrac{3}{2}x^2$のグラフがあり，3点A，B，Cは，関数$y=\dfrac{3}{2}x^2$のグラフ上の点である。点Aのx座標は負であり，点Aと点Bはy軸について対称である。また，点Dはy軸上にあり，四角形ABCDは平行四辺形である。以下の各問いに答えよ。

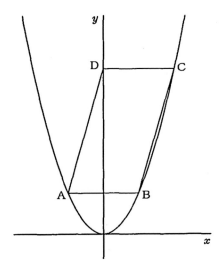

(1) 点Aのx座標が−2のとき，点Cの座標を求めよ。

(2) 点Dのy座標が6のとき，四角形ABCDの面積を求めよ。

(3) 四角形ABCDがひし形になるとき，点Dの座標を求めよ。

(☆☆☆◎◎◎◎)

【3】次の各問いに答えよ。

(1) △ABCの辺AB上に点D，辺AC上に点Eをとる。DE//BCならば，AD：AB＝AE：AC＝DE：BCであることを証明せよ。

(2) 次の図の四角形ABCDは，AD＝1cm，BC＝7cm，AD//BCの台形である。辺AB上の点Eを通り，辺BCに平行な直線が辺CDと交わる点をFとする。線分EFによって台形ABCDの面積が2等分されるとき，線分EFの長さを求めよ。

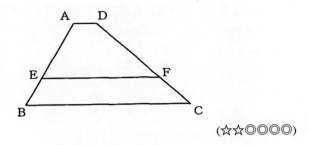

(☆☆◎◎◎◎)

【高等学校】

【1】 OA＝5，OB＝4，∠BOA＝60°である平行四辺形OACBにおいて，辺ACを2：1に内分する点をDとし，線分ODと対角線ABとの交点をEとする。また，点Oから対角線ABに垂線OFを下ろし，直線OFと直線ACとの交点をGとする。$\overrightarrow{OA} = \vec{a}$，$\overrightarrow{OB} = \vec{b}$とするとき，以下の各問いに答えよ。

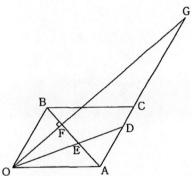

(1) $\vec{a}$ と $\vec{b}$ の内積は，[アイ]である。

(2) $\overrightarrow{OE}$ を $\vec{a}$ と $\vec{b}$ を用いて表すと，$\overrightarrow{OE} = \dfrac{[\ ウ\ ]}{[\ エ\ ]}\vec{a} + \dfrac{[\ オ\ ]}{[\ カ\ ]}\vec{b}$ である。

(3) $\overrightarrow{OF}$ を $\vec{a}$ と $\vec{b}$ を用いて表すと，$\overrightarrow{OF} = \dfrac{[\ キ\ ]}{[\ ク\ ]}\vec{a} + \dfrac{[\ ケ\ ]}{[\ コ\ ]}\vec{b}$ であり，点Gは線分ACを[サ]：[シ]に外分する。

(☆☆☆◎◎◎◎)

【２】O(0)を原点とする複素数平面上に複素数 $\alpha = \sqrt{3} - i$ がある。ただし i は虚数単位とし，$-\pi \leqq \arg \alpha < \pi$ とする。次の各問いに答えよ。

(1) $|\alpha|$，$\arg \alpha$ を求めよ。

(2) α^n が負の実数となるような，2桁の正の整数 n で最大のものを求めよ。

(☆☆☆◎◎◎)

【３】区間を細分し，長方形の面積の和の極限値として面積を求める方法を区分求積法という。次の各問いに答えよ。

(1) 区間[0，1]で連続な関数 $f(x)$ について，$\displaystyle \lim_{n \to \infty} \frac{1}{n} \sum_{k=1}^{n} f\left(\frac{k}{n}\right) = \int_0^1 f(x)dx$ となることを説明せよ。ただし，$f(x) \geqq 0$ とする。

(2) 区分求積法と定積分の関係を利用して，$\displaystyle \lim_{n \to \infty} \frac{1}{n\sqrt{n}}(\sqrt{1} + \sqrt{2} + \cdots + \sqrt{n})$ を求めよ。

(☆☆☆☆◎◎◎)

解答・解説

【中高共通】

【１】(1) ア － 　イ 1 　ウ 1 　エ 4 　オ 1 　カ －
　　キ 1 　ク 0 　ケ 6 　コ 1 　サ 0 　シ － 　ス 2
(2) セ 2 　ソ 3 　タ 9

〈解説〉(1) ①より，$y^2 = -x^2 + 1$

$y^2 \geqq 0$ より，$-x^2 + 1 \geqq 0$

$-1 \leqq x \leqq 1$

$y^2 = -x^2 + 1$ を②に代入して，$2x^2 - x^2 + 1 - 4x = x^2 - 4x + 1 = (x-2)^2 - 3$

よって，$x = -1$ のとき $y = 0$ で最大値6，$x = 1$ のとき $y = 0$ で最小値 -2

(2) $\dfrac{b}{a}$ が整数となる $(a,\ b)$ の組は $(1,\ 1)$, $(1,\ 2)$, $(1,\ 3)$, $(1,\ 4)$, $(1,\ 5)$, $(1,\ 6)$, $(2,\ 2)$, $(2,\ 4)$, $(2,\ 6)$, $(3,\ 3)$, $(3,\ 6)$, $(4,\ 4)$, $(5,\ 5)$, $(6,\ 6)$ の14通り

したがって，期待値は $5\times\dfrac{14}{36}+1\times\dfrac{22}{36}=\dfrac{92}{36}=\dfrac{23}{9}$

【2】(1)　ア　1　　イ　2　　ウ　7　　エ　6　　オ　1　　カ　1

キ　6　　(2)　ク　－　　ケ　1　　コ　1　　サ　－　　シ　2

ス　1　　セ　－　　ソ　2　　タ　9　　チ　8　　ツ　0　　テ　9

ト　8　　ナ　4

〈解説〉(1)　$2(1-\sin^2\theta)+\sin\theta-1=0$

$2\sin^2\theta-\sin\theta-1=0$

$(2\sin\theta+1)(\sin\theta-1)=0$

$\sin\theta=-\dfrac{1}{2},\ 1$

$0\leqq\theta<2\pi$ より，$\theta=\dfrac{1}{2}\pi,\ \dfrac{7}{6}\pi,\ \dfrac{11}{6}\pi$

(2)　①より，$-2\sin^2\theta+\sin\theta+1-a=0$ で $\sin\theta=t$ とおくと，$-1\leqq t\leqq 1$ であり，$-2t^2+t+1-a=0$　…②

t についての2次関数 $y=-2t^2+t+1\ (-1\leqq t\leqq 1)$ と関数 $y=a$ が共有点をもつときを調べればよい。

$y=-2\left(t-\dfrac{1}{4}\right)^2+\dfrac{9}{8}$ より，この関数の変域は $-2\leqq y\leqq\dfrac{9}{8}$ より，$-2\leqq a\leqq\dfrac{9}{8}$

方程式①の解 θ の個数が最大となるのは，$a\neq 0$ かつ②が2個の実数解をもつときなので，$0<a<\dfrac{9}{8}$

【3】(1)　ア　2　　イ　5　　ウ　5　　エ　2　　(2)　オ　2

(3)　カ　3　　キ　5　　ク　4　　ケ　3　　コ　2

〈解説〉(1)　初項2，公比5の等比数列なので一般項は $a_n=2\cdot5^{n-1}$

初項から第 n 項までの和は，$\dfrac{2(5^n-1)}{5-1}=\dfrac{5^n-1}{2}$

(2)　$\displaystyle\sum_{k=1}^{n}(n+2k)=\sum_{k=1}^{n}n+2\sum_{k=1}^{n}k=n\times n+2\times\frac{1}{2}n(n+1)=2n^2+n$

(3)　$\displaystyle\sum_{k=1}^{n}\frac{1}{k(k+2)}=\sum_{k=1}^{n}\frac{1}{2}\left(\frac{1}{k}-\frac{1}{k+2}\right)$

$=\dfrac{1}{2}\left\{\left(\dfrac{1}{1}-\dfrac{1}{3}\right)+\left(\dfrac{1}{2}-\dfrac{1}{4}\right)+\left(\dfrac{1}{3}-\dfrac{1}{5}\right)+\left(\dfrac{1}{4}-\dfrac{1}{6}\right)+\left(\dfrac{1}{5}-\dfrac{1}{7}\right)+\cdots+\right.$

$\left(\dfrac{1}{n-1}-\dfrac{1}{n+1}\right)+\left(\dfrac{1}{n}-\dfrac{1}{n+2}\right)\Big\}$

$=\dfrac{1}{2}\left\{\dfrac{1}{1}+\dfrac{1}{2}+\left(-\dfrac{1}{n+1}\right)+\left(-\dfrac{1}{n+2}\right)\right\}$

$=\dfrac{1}{2}\left(\dfrac{3}{2}-\dfrac{1}{n+1}-\dfrac{1}{n+2}\right)$

$=\dfrac{1}{2}\times\dfrac{3(n+1)(n+2)-2(n+2)-2(n+1)}{2(n+1)(n+2)}$

$=\dfrac{3n^2+5n}{4(n^2+3n+2)}$

【中学校】

【１】(1)　ア　0　　イ　0　　ウ　－　　エ　1　　オ　1　　カ　2

　　　(2)　キ　3　　ク　4　　ケ　3

〈解説〉(1)　$f(x)=\displaystyle\int_{0}^{x}(3t^2+3t)\,dt=\left[t^3+\frac{3}{2}t^2\right]_{0}^{x}=x^3+\frac{3}{2}x^2$

$f'(x)=3x^2+3x=3x(x+1)$

増減表は次のようになる。

x	$\cdots$	-1	$\cdots$	0	$\cdots$
$f'(x)$	$+$	0	$-$	0	$+$
$f(x)$	↗	極大 $\dfrac{1}{2}$	↘	極小 0	↗

よって，$x=0$のとき極小値0，$x=-1$のとき極大値$\dfrac{1}{2}$

(2)　$\displaystyle\int_{0}^{4}|(x-3)(x+1)|\,dx=\int_{0}^{3}\{-(x-3)(x+1)\}\,dx+\int_{3}^{4}(x-3)(x+1)\,dx$

$=\displaystyle\int_{0}^{3}(-x^2+2x+3)\,dx+\int_{3}^{4}(x^2-2x-3)\,dx$

16

$$=\left[-\frac{1}{3}x^3+x^2+3x\right]_0^3+\left[\frac{1}{3}x^3-x^2-3x\right]_3^4$$

$$=(-9+9+9)+\left(\frac{64}{3}-16-12\right)-(9-9-9)=\frac{34}{3}$$

【2】(1) 点Bのx座標をa $(a>0)$とおくと，点Aのx座標は$-a$である。

また，DC＝AB＝$2a$から，点Cのx座標は$2a$である。

2点A，Bのy座標は$\frac{3}{2}a^2$，点C，Dのy座標は，$\frac{3}{2}\times(2a)^2=6a^2$

$a=2$のときであるから，C(4，24)

(2) 平行四辺形の面積は，$2a\times\left(6a^2-\frac{3}{2}a^2\right)=9a^3$である。

点Dのy座標が6から，$6a^2=6$である。

これを解くと，$a>0$から，$a=1$

よって，平行四辺形の面積は，$9\times1^3=9$

(3) AB＝$2a$，BC＝$\sqrt{(2a-a)^2+\left(6a^2-\frac{3}{2}a^2\right)^2}$である。

四角形ABCDがひし形から，AB＝BCである。

このことから，$2a=\sqrt{(2a-a)^2+\left(6a^2-\frac{3}{2}a^2\right)^2}$

これを解くと，$\frac{27}{4}a^2=1$であるから，$a^2=\frac{4}{27}$

Dのy座標は，$6\times\frac{4}{27}=\frac{8}{9}$であるから，D$\left(0，\frac{8}{9}\right)$

〈解説〉(1) （別解）点A(-2，6)より，B(2，6)

AB＝4なのでDC＝4　よって，点Cのx座標は4と分かるので

y座標は$y=\frac{3}{2}\times4^2=24$

したがって，C(4，24)

(2) （別解）点Dのy座標が6なので，条件より，点Cのy座標も6

Cのx座標は，$6=\frac{3}{2}x^2$

$x=\pm2$

$x>0$より，C(2，6)となる。よって，CD＝2，AB＝2

点Aのx座標は-1，点Bのx座標は1なので，$A\left(-1, \dfrac{3}{2}\right), B\left(1, \dfrac{3}{2}\right)$

したがって四角形ABCDの面積は，$2\times\left(6-\dfrac{3}{2}\right)=9$

(3)　解答参照。

【3】(1)

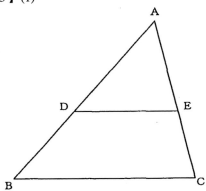

△ADEと△ABCにおいて

DE//BCで，平行線の同位角は等しいから

∠ADE＝∠ABC …①

∠AED＝∠ACB …②

①，②より，2組の角がそれぞれ等しいから　△ADE∽△ABC

対応する辺の比は等しいから　AD：AB＝AE：AC＝DE：BC

(2)

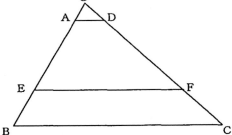

18

辺AB，CDの延長の交点をOとする。

EF＝x cmとおくと，AD//EF//BCから

△OAD∽△OEF∽△OBC

AD：EF：BC＝1：x：7から面積比は

1^2：x^2：7^2＝1：x^2：49

台形AEFDと台形EBCFの面積比は

(x^2-1)：$(49-x^2)$　となる。

2つの台形の面積が等しくなるから

$x^2-1=49-x^2$

$2x^2=50$

$x^2=25$　　$x>0$から，$x=5$

　したがって，EF＝5〔cm〕

〈解説〉解答参照。

【高等学校】

【1】(1)　ア　1　　イ　0　　(2)　ウ　2　　エ　5　　オ　3　　カ　5

　(3)　キ　2　　ク　7　　ケ　5　　コ　7　　サ　5　　シ　3

〈解説〉(1)　$\vec{a}\cdot\vec{b}=|\vec{a}||\vec{b}|\cos60°=5\times4\times\frac{1}{2}=10$

(2)　本問の公開解答は，$\frac{2}{5}\vec{a}+\frac{3}{5}\vec{b}$として，ウ　2　　エ　5

オ　3　　カ　5　　となっているが，下記の通り$\frac{3}{5}\vec{a}+\frac{2}{5}\vec{b}$となり，

ウ　3　　エ　5　　オ　2　　カ　5　が正答であると考えられる。

点Dは線分ACを2：1に内分するので，

$\overrightarrow{OD}=\frac{1}{3}\vec{a}+\frac{2}{3}\overrightarrow{OC}=\frac{1}{3}\vec{a}+\frac{2}{3}(\vec{a}+\vec{b})=\vec{a}+\frac{2}{3}\vec{b}$　…①

直線OE上に点Dはあるので実数sを用いて，$\overrightarrow{OE}=s\overrightarrow{OD}$

①より，$\overrightarrow{OE}=s\vec{a}+\frac{2}{3}s\vec{b}$

点Eは線分AB上にあるので，$s+\frac{2}{3}s=1$

$$s=\frac{3}{5}$$

①より，$\overrightarrow{OD}=\frac{5}{3}\overrightarrow{OE}$ なので，

$$\overrightarrow{OE}=\frac{3}{5}\overrightarrow{OD}=\frac{3}{5}\left(\overrightarrow{a}+\frac{2}{3}\overrightarrow{b}\right)=\frac{3}{5}\overrightarrow{a}+\frac{2}{5}\overrightarrow{b}$$

(3)　点Fは直線AB上にあるので実数tを用いて，

$$\overrightarrow{OF}=t\overrightarrow{a}+(1-t)\overrightarrow{b}\quad\cdots②$$

$\overrightarrow{OF}\perp\overrightarrow{AB}$ より，$\overrightarrow{OF}\cdot\overrightarrow{AB}=0$

$$\{t\overrightarrow{a}+(1-t)\overrightarrow{b}\}\cdot(\overrightarrow{b}-\overrightarrow{a})=0$$

$$-t|\overrightarrow{a}|^2+(2t-1)\overrightarrow{a}\cdot\overrightarrow{b}+(1-t)|\overrightarrow{b}|^2=0$$

$$-25t+10(2t-1)+16(1-t)=0$$

$$t=\frac{2}{7}$$

②より，$\overrightarrow{OF}=\frac{2}{7}\overrightarrow{a}+\frac{5}{7}\overrightarrow{b}$

直線OF上に点Gがあるので実数uを用いて，

$$\overrightarrow{OG}=\frac{2}{7}u\overrightarrow{a}+\frac{5}{7}u\overrightarrow{b}\quad\cdots③$$

また，直線AC上に点Gがあるので実数vを用いて，

$$\overrightarrow{OG}=\overrightarrow{a}+v\overrightarrow{AC}=\overrightarrow{a}+v(\overrightarrow{OC}-\overrightarrow{OA})=(1-v)\overrightarrow{a}+v\overrightarrow{OC}=(1-v)\overrightarrow{a}+v(\overrightarrow{a}+\overrightarrow{b})=\overrightarrow{a}+v\overrightarrow{b}\quad\cdots④$$

③と④より，

$$\begin{cases}\dfrac{2}{7}u=1\\[2mm]\dfrac{5}{7}u=v\end{cases}$$

$$u=\frac{7}{2},\ v=\frac{5}{2}$$

よって，$\overrightarrow{OG}=\overrightarrow{a}+\frac{5}{2}\overrightarrow{AC}$ より，点Gは線分ACを5：3に外分する点

【2】(1)　$\alpha = \sqrt{3} - i = 2\left(\dfrac{\sqrt{3}}{2} - \dfrac{1}{2}i\right) = 2\left\{\cos\left(-\dfrac{\pi}{6}\right) + i\sin\left(-\dfrac{\pi}{6}\right)\right\}$

であるから，$|\alpha| = 2$，$\arg\alpha = -\dfrac{\pi}{6}$

(2)　ド・モアブルの定理より，$\alpha^n = 2^n\left\{\cos\left(-\dfrac{n}{6}\pi\right) + i\sin\left(-\dfrac{n}{6}\pi\right)\right\}$

α^nが負の実数となるとき，$\dfrac{n}{6}\pi = (2k+1)\pi$　(k：整数)であるから，$n = 12k + 6$

$n \leqq 99$より，$12k + 6 \leqq 99$　　kは整数なので，$k \leqq 7$

よって，2桁の正の整数nで最大のものは，$n = 12 \cdot 7 + 6 = 90$

〈解説〉解答参照。

【3】(1)

図1

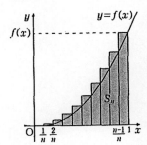

区間[0, 1]で連続で，$f(x) \geqq 0$を満たす関数$y = f(x)$について，図1のように，区間[0, 1]をn等分し，各小区間の右端でのyの値を高さとするn個の長方形をつくる。その面積の和をS_nとすると，

$$S_n = \frac{1}{n}f\left(\frac{1}{n}\right) + \frac{1}{n}f\left(\frac{2}{n}\right) + \cdots + \frac{1}{n}f\left(\frac{n-1}{n}\right) + \frac{1}{n}f\left(\frac{n}{n}\right)$$

$$= \frac{1}{n}\sum_{k=1}^{n} f\left(\frac{k}{n}\right)$$

また，図2のように，関数$y = f(x)$のグラフとx軸および直線$x = 1$で囲まれた図形の面積Sは，

$$S = \int_0^1 f(x)dx \quad \text{である。}$$

図2

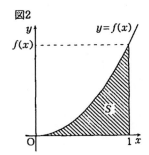

$n\to\infty$ のとき，図1の長方形の集まりは，図2の斜線で示した図形に限りなく近づくので，

$\lim_{n\to\infty} S_n = S$　となる。

よって，$\lim_{n\to\infty} \dfrac{1}{n} \sum_{k=1}^{n} f\left(\dfrac{k}{n}\right) = \int_0^1 f(x)dx$

(2) $\lim_{n\to\infty} \dfrac{1}{n\sqrt{n}}(\sqrt{1}+\sqrt{2}+\cdots+\sqrt{n})$

$= \lim_{n\to\infty} \dfrac{1}{n} \sum_{k=1}^{n} \left(\sqrt{\dfrac{k}{n}}\right) = \int_0^1 \sqrt{x}\,dx = \dfrac{2}{3}\Big[x\sqrt{x}\,\Big]_0^1$

$= \dfrac{2}{3}$

〈解説〉(1)　解答参照。

(2) $\lim_{n\to\infty} \dfrac{1}{n\sqrt{n}}(\sqrt{1}+\sqrt{2}+\sqrt{3}+\cdots+\sqrt{n})$

$= \lim_{n\to\infty} \dfrac{1}{\sqrt{n}}\left(\dfrac{\sqrt{1}}{\sqrt{n}}+\dfrac{\sqrt{2}}{\sqrt{n}}+\dfrac{\sqrt{3}}{\sqrt{n}}+\cdots+\dfrac{\sqrt{n}}{\sqrt{n}}\right) = \lim_{n\to\infty} \dfrac{1}{n} \sum_{k=1}^{n} \left(\sqrt{\dfrac{k}{n}}\right)$

であり，(1)の区間求積法と定積分の関係を利用すると，

$\lim_{n\to\infty} \dfrac{1}{n} \sum_{k=1}^{n} \left(\sqrt{\dfrac{k}{n}}\right) = \int_0^1 \sqrt{x}\,dx$である。

2023年度 | 実施問題

【中高共通】

【1】次の各問いに答えよ。

(1) $-2 \leqq a \leqq 1$ のとき，$\sqrt{a^2-2a+1}-\sqrt{a^2+4a+4}$ を簡単にすると，$[\ \text{アイ}\ ]a-[\ \text{ウ}\ ]$ となる。

(2) 5人に対してテストをしたところ，5人の得点は12，6，10，8，14であった。このテストの得点の分散は $[\ \text{エ}\ ]$ である。

(3) 放物線 $y=x^2$ を x 軸方向に p，y 軸方向に q だけ平行移動した放物線が，2点 $(-2, -3)$，$(3, 32)$ を通るとき $p=[\ \text{オカ}\ ]$，$q=[\ \text{キク}\ ]$ である。

(4) 関数 $f(x)=(x^2-2x)^2+4x^2-8x-4$ の最小値は，$[\ \text{ケコ}\ ]$ である。

(5) 円に内接する正三角形ABCの∠CABの二等分線と円との交点をDとする。BC$=6\sqrt{2}$ であるとき，BD$=[\ \text{サ}\ ]\sqrt{[\ \text{シ}\ ]}$ である。

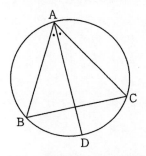

(6) 0，1，2，3，4，5の6個の数字から異なる5個の数字を選んで5桁の整数をつくるとき，4の倍数は $[\ \text{スセソ}\ ]$ 個できる。

(7) 200以下の自然数の積 $1 \times 2 \times 3 \times 4 \times \cdots \times 198 \times 199 \times 200$ を計算すると一の位から数えて末尾に $[\ \text{タチ}\ ]$ 個の0が続く。

(8) 3進法で表された小数 $0.202_{(3)}$ を10進法で表したとき，小数第100位の数字は $[\ \text{ツ}\ ]$ である。

(☆☆☆◎◎◎◎)

【2】aは定数とする。2点A(2，－1)，B(－1，－4)を通る直線と，円$x^2+y^2-2(a-1)x-4ay+6a^2-7=0$について，次の各問いに答えよ。

(1)　直線の傾きは[　ア　]で，y切片は[　イウ　]である。

(2)　定数aの値の範囲は，[　エオ　]$<a<$[　カ　]である。

(3)　直線と円が異なる2点P，Qで交わるように，定数aの値が変化するとき，次の①～③の問いに答えよ。ただし，線分PQの中点をMとする。

①　定数aの値の範囲は，[　キク　]$<a<$[　ケ　]である。

②　中点Mの座標をaを用いて表すと，$\left(\dfrac{[\,コ\,]}{[\,サ\,]}a+[\,シ\,],\ \dfrac{[\,ス\,]}{[\,セ\,]}a-[\,ソ\,]\right)$である。

③　円の中心をCとする。△ACMの面積が最大となるのは，$a=\dfrac{[\,タチ\,]}{[\,ツ\,]}$のときで，そのときの面積は$\dfrac{[\,テト\,]}{[\,ナニ\,]}$である。

(☆☆☆◎◎◎)

【3】数列$\{a_n\}$，$\{b_n\}$について，次の各問いに答えよ。

(1)　数列$\{a_n\}$は，等差数列で，$a_1+a_3+a_5=9$，$a_2+a_4+a_6=15$を満たしている。数列$\{a_n\}$の初項は[　アイ　]，公差は[　ウ　]である。

(2)　数列$\{b_n\}$は，$b_1=5$，$b_{n+1}=2b_n-4$によって定められている。数列$\{b_n\}$の一般項は，$b_n=[\,エ\,]^{n-1}+[\,オ\,]$である。

(3)　$S_n=\sum_{k=1}^{n}k\cdot b_k$を求めると，$Sn=[\,カ\,]n^2+[\,キ\,]n+[\,ク\,]+(n-[\,ケ\,])[\,コ\,]^n$である。

(☆☆☆◎◎◎)

【中学校】

【1】放物線$y=x^2$について，次の各問いに答えよ。

(1)　点P(1，－3)からこの放物線に引いた2本の接線ℓ，mの方程式はそれぞれ$\ell:y=[\,アイ\,]x-[\,ウ\,]$，$m:y=[\,エ\,]x-[\,オ\,]$である。

(2)　(1)で求めた2本の接線ℓ, mと, 放物線で囲まれた図形の面積
は, $\dfrac{[\ \text{カキ}\ ]}{[\ \text{ク}\ ]}$である。

(☆☆☆◎◎◎)

【2】 次の図のように, 関数$y=ax^2$のグラフと関数$y=mx+n$のグラフが,
点A(6, 9)で交わっている。また, 関数$y=mx+n$のグラフとx軸が, 点
B(15, 0)で交わっている。関数$y=ax^2$のグラフ上で原点Oと点Aの間に
点P, 線分OB上に2点Q, R, 線分AB上に点Sを, 四角形PQRSが正方形
となるようにとる。以下の各問いに答えよ。

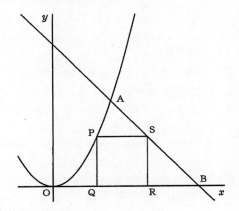

(1)　a, m, nの値を求めよ。
(2)　点Pのx座標を求めよ。

(☆☆☆◎◎◎)

【3】「1組の対辺が平行で, その長さが等しい四角形は, 平行四辺形であ
る。」が成り立つことを証明せよ。

(☆☆☆◎◎◎)

【4】次の各問いに答えよ。

(1) 図1の△ABCは，AB＝c，BC＝a，CA＝b，∠C＝90°の直角三角形であり，円Oは直角三角形ABCに内接している。図1を使って，以下に示す三平方の定理が成り立つことを証明せよ。

図1

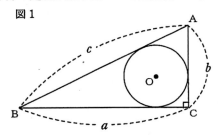

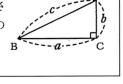

定理　三平方の定理

　　直角三角形の直角をはさむ2辺の長さをa，b，斜辺の長さをcとすると，次の等式が成り立つ。

$$a^2 + b^2 = c^2$$

(2) 図2の△ABCは，AB＝5cm，BC＝4cm，CA＝3cm，∠C＝90°の直角三角形である。直角三角形ABCの内部に，半径の等しい2つの円が図2のように辺AB，BC，CAに接し，2つの円は外接している。このとき，円の半径を求めよ。

図2

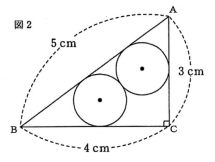

(☆☆☆◎◎◎)

26

【高等学校】

【1】 ある町で，住民の1週間の運動時間について調査することにした。
そこで，全町民の中から無作為に，100人の町民を抽出し，1週間の運
動時間を調査した。その結果を，次の度数分布表にまとめた。以下の
各問いに答えよ。ただし，標本の大きさ100は十分大きいとし，また，
必要であればあとの正規分布表を使用してもよい。

運動時間（時間）	度数（人）
以上 未満 0 ～ 2	25
2 ～ 4	30
4 ～ 6	20
6 ～ 8	15
8 ～ 10	10
計	100

(1) この100人の運動時間の平均値は[ア].[イ]時間である。

(2) 住民全体の1週間の運動時間の標準偏差を7時間として，この町の
住民の1週間における運動時間の平均を信頼度95％で推定すると，
[ウ].[エオカ]時間以上[キ].[クケコ]時間以下であ
る。

(3) この町の人口が18000人であるとき，運動時間が2時間未満の人の人
数を信頼度95％で推定すると，[サシスセ]人以上[ソタチツ]人
以下である。ただし，$\sqrt{3}=1.7$とし，小数第1位を四捨五入するこ
と。

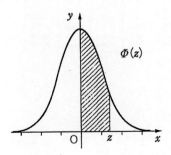

正規分布表

z	.00	.01	.02	.03	.04	.05	.06	.07	.08	.09
0.0	.00000	.00399	.00798	.01197	.01595	.01994	.02392	.02790	.03188	.03586
0.1	.03983	.04380	.04776	.05172	.05567	.05962	.06356	.06749	.07142	.07535
0.2	.07926	.08317	.08706	.09095	.09483	.09871	.10257	.10642	.11026	.11409
0.3	.11791	.12172	.12552	.12930	.13307	.13683	.14058	.14431	.14803	.15173
0.4	.15542	.15910	.16276	.16640	.17003	.17364	.17724	.18082	.18439	.18793
0.5	.19146	.19497	.19847	.20194	.20540	.20884	.21226	.21566	.21904	.22240
0.6	.22575	.22907	.23237	.23565	.23891	.24215	.24537	.24857	.25175	.25490
0.7	.25804	.26115	.26424	.26730	.27035	.27337	.27637	.27935	.28230	.28524
0.8	.28814	.29103	.29389	.29673	.29955	.30234	.30511	.30785	.31057	.31327
0.9	.31594	.31859	.32121	.32381	.32639	.32894	.33147	.33398	.33646	.33891
1.0	.34134	.34375	.34614	.34850	.35083	.35314	.35543	.35769	.35993	.36214
1.1	.36433	.36650	.36864	.37076	.37286	.37493	.37698	.37900	.38100	.38298
1.2	.38493	.38686	.38877	.39065	.39251	.39435	.39617	.39796	.39973	.40147
1.3	.40320	.40490	.40658	.40824	.40988	.41149	.41309	.41466	.41621	.41774
1.4	.41924	.42073	.42220	.42364	.42507	.42647	.42786	.42922	.43056	.43189
1.5	.43319	.43448	.43574	.43699	.43822	.43943	.44062	.44179	.44295	.44408
1.6	.44520	.44630	.44738	.44845	.44950	.45053	.45154	.45254	.45352	.45449
1.7	.45543	.45637	.45728	.45818	.45907	.45994	.46080	.46164	.46246	.46327
1.8	.46407	.46485	.46562	.46638	.46712	.46784	.46856	.46926	.46995	.47062
1.9	.47128	.47193	.47257	.47320	.47381	.47441	.47500	.47558	.47615	.47670
2.0	.47725	.47778	.47831	.47882	.47932	.47982	.48030	.48077	.48124	.48169
2.1	.48214	.48257	.48300	.48341	.48382	.48422	.48461	.48500	.48537	.48574
2.2	.48610	.48645	.48679	.48713	.48745	.48778	.48809	.48840	.48870	.48899
2.3	.48928	.48956	.48983	.49010	.49036	.49061	.49086	.49111	.49134	.49158
2.4	.49180	.49202	.49224	.49245	.49266	.49286	.49305	.49324	.49343	.49361
2.5	.49379	.49396	.49413	.49430	.49446	.49461	.49477	.49492	.49506	.49520
2.6	.49534	.49547	.49560	.49573	.49585	.49598	.49609	.49621	.49632	.49643
2.7	.49653	.49664	.49674	.49683	.49693	.49702	.49711	.49720	.49728	.49736
2.8	.49744	.49752	.49760	.49767	.49774	.49781	.49788	.49795	.49801	.49807
2.9	.49813	.49819	.49825	.49831	.49836	.49841	.49846	.49851	.49856	.49861
3.0	.49865	.49869	.49874	.49878	.49882	.49886	.49889	.49893	.49897	.49900
3.1	.49903	.49906	.49910	.49913	.49916	.49918	.49921	.49924	.49926	.49929
3.2	.49931	.49934	.49936	.49938	.49940	.49942	.49944	.49946	.49948	.49950
3.3	.49952	.49953	.49955	.49957	.49958	.49960	.49961	.49962	.49964	.49965
3.4	.49966	.49968	.49969	.49970	.49971	.49972	.49973	.49974	.49975	.49976
3.5	.49977	.49978	.49978	.49979	.49980	.49981	.49981	.49982	.49983	.49983
3.6	.49984	.49985	.49985	.49986	.49986	.49987	.49987	.49988	.49988	.49989
3.7	.49989	.49990	.49990	.49990	.49991	.49991	.49992	.49992	.49992	.49992
3.8	.49993	.49993	.49993	.49994	.49994	.49994	.49994	.49995	.49995	.49995
3.9	.49995	.49995	.49996	.49996	.49996	.49996	.49996	.49996	.49997	.49997

(☆☆☆◎◎◎◎)

【2】次の各問いに答えよ。

(1) 楕円 $\dfrac{x^2}{a^2}+\dfrac{y^2}{b^2}=1$ 上の点 $P(x_1,\ y_1)$ における接線の方程式は，$\dfrac{x_1 x}{a^2}+\dfrac{y_1 y}{b^2}=1$ となることを証明せよ。

(2) 複素数平面上の異なる3点 $A(\alpha)$，$B(\beta)$，$C(\gamma)$ を頂点とする△ABCの内心Iを表す複素数 z は，

$$z=\dfrac{|\gamma-\beta|\alpha+|\alpha-\gamma|\beta+|\beta-\alpha|\gamma}{|\gamma-\beta|+|\alpha-\gamma|+|\beta-\alpha|}$$ と表されることを証明せよ。

(☆☆☆☆◎◎◎◎)

【3】$a>0$ とする。サイクロイド $\begin{cases} x=a(\theta-\sin\theta) \\ y=a(1-\cos\theta) \end{cases}$ $(0\leqq\theta\leqq2\pi)$ について，次の各問いに答えよ。

(1) サイクロイドの $0\leqq\theta\leqq2\pi$ の部分の長さ L を求めよ。

(2) サイクロイドと直線 $y=a$ で囲まれた図形の面積 S を求めよ。

(3) サイクロイドと直線 $y=a$ で囲まれた図形を，x 軸の周りに1回転してできる回転体の体積 V を求めよ。

(☆☆☆☆◎◎◎◎)

解答・解説

【中高共通】

【1】(1) ア － イ 2 ウ 1 (2) エ 8 (3) オ －
カ 3 キ － ク 4 (4) ケ － コ 7 (5) サ 2
シ 6 (6) ス 1 セ 4 ソ 4 (7) タ 4 チ 9
(8) ツ 7

〈解説〉(1) $\sqrt{a^2-2a+1}-\sqrt{a^2+4a+4}=\sqrt{(a-1)^2}-\sqrt{(a+2)^2}$

$=|a-1|-|a+2|=-(a-1)-(a+2)=-2a-1$

($\because$ $-2\leqq a\leqq1$ より，$a-1\leqq0$，$a+2\geqq0$)

(2)　平均$\overline{X}=\dfrac{1}{5}(12+6+10+8+14)=\dfrac{50}{5}=10$

分散$V=\dfrac{1}{5}\{(12-10)^2+(6-10)^2+(10-10)^2+(8-10)^2+(14-10)^2\}$

$=\dfrac{1}{5}(4+16+0+4+16)=\dfrac{40}{5}=8$

(3)　$y=x^2$をx軸方向にp, y軸方向にqだけ平行移動すると

$y=(x-p)^2+q$　…①

①が2点$(-2,\ -3)$, $(3,\ 32)$を通るから,

$\begin{cases} (-2-p)^2+q=-3 & \cdots② \\ (3-p)^2+q=32 & \cdots③ \end{cases}$

②－③より,　$10p-5=-35$,　$p=-3$

①に代入して,　$1+q=-3$,　$q=-4$

(4)　$f(x)=(x^2-2x)^2+4(x^2-2x)-4$

$=(x^2-2x+2)^2-8$

$x^2-2x+2=(x-1)^2+1\geqq1$であるから,　$(x^2-2x+2)^2\geqq1$となる。

よって, $f(x)$の最小値は, $x=1$のとき, $f(1)=1-8=-7$

(5)　△ABDは,　∠ACB＝$60°$であるから,

円周角の定理より,　∠ADB＝$60°$

よって,　∠ABD＝$180°-(60°+30°)=90°$

直角三角形△ABDにおいて,　BD＝ABtan$30°=6\sqrt{2}\times\dfrac{1}{\sqrt{3}}=2\sqrt{6}$

(6)　0, 1, 2, 3, 4, 5を用いてできる5桁の数Nを$abcde$とする。

$N=a\times10^4+b\times10^3+c\times10^2+d\times10+e$　$(a\neq0)$であり,

$a\times10^4+b\times10^3+c\times10^2$は4の倍数であるから$10d+e$が4の倍数になる場合を調べる。

eは偶数でなければならないので, eは$e=0$, 2, 4である。

よって, $(d,\ e)=(2,\ 0)$, $(4,\ 0)$, $(0,\ 4)$のとき,

a, b, cは$(1, 3, 4, 5)$, $(1, 2, 3, 5)$より, $3\times{}_4P_3=72$〔通り〕

$(d,\ e)=(1,\ 2)$, $(3,\ 2)$, $(5,\ 2)$, $(2,\ 4)$のとき,

a, b, cは$(0, 3, 4, 5)$, $(0, 1, 4, 5)$, $(0, 1, 3, 4)$, $(0, 1, 3, 5)$,

$a\neq0$より,

$4 \times (3 \times {}_3P_2) = 72$〔通り〕

したがって，4の倍数になるNは$2 \times 72 = 144$〔個〕できる。

(7)　1，2，3，4，5，…，199，200　…①から，5の倍数は，

$5 = 1 \times 5$，$10 = 2 \times 5$，$15 = 3 \times 5$，$20 = 4 \times 5$，$25 = 5 \times 5$，…，

$190 = 38 \times 5$，$195 = 39 \times 5$，$200 = 40 \times 5$であり，

この中で25の倍数になるのは，

$25 = 5^2$，$50 = 2 \times 5^2$，$75 = 3 \times 5^2$，$100 = 2^2 \times 5^2$，$125 = 5^3$，

$150 = 2 \times 3 \times 5^2$，$175 = 7 \times 5^2$，$200 = 2^3 \times 5^2$となるから，

①の全ての積Nで5を基にして5^nとなるnの値は$n = 40 + 8 + 1 = 49$である。

そして，積Nには2の倍数が100個あるから，Nは$(2 \times 5)^{49} = 10^{49}$の倍数であり，

$N = K \times 10^{49}$となる。

よって，Nは一の位から数えて末尾に49個の0が続く。

(8)　3進法の小数$0.202_{(3)}$を10進法で表して，$2 \times \dfrac{1}{3} + 0 \times \dfrac{1}{3^2} + 2 \times \dfrac{1}{3^2}$

$= \dfrac{20}{27}$となる。

$\dfrac{20}{27} = 0.740740740\cdots$であり，数字740の繰り返しを考えて，

99番目の小数第99位が0となるから，小数第100位の数は7である。

【2】(1)　ア　1　　イ　−　　ウ　3　　(2)　エ　−　　オ　4

　　カ　2　　(3)　①　キ　−　　ク　4　　ケ　0　　②　コ　3

　　サ　2　　シ　1　　ス　3　　セ　2　　ソ　2　　③　タ　−

　　チ　5　　ツ　3　　テ　4　　ト　9　　ナ　1　　ニ　2

〈解説〉(1)　2点A(2，−1)，B(−1，−4)より，

　　直線AB：$y + 1 = \dfrac{-4+1}{-1-2}(x-2)$，$y = x - 3$

　　よって，直線の傾きは1，y切片は−3

(2)　円：$x^2 + y^2 - 2(a-1)x - 4ay + 6a^2 - 7 = 0$より，

　　$(x - a + 1)^2 + (y - 2a)^2 = -a^2 - 2a + 8$となる。

　　円を表すから，$-a^2 - 2a + 8 > 0$であればよい。

よって，$(a+4)(a-2)<0$ より，$-4<a<2$

(3)　①　$\begin{cases} y=x-3 \\ x^2+y^2-2(a-1)x-4ay+6a^2-7=0 \end{cases}$ より，yを消去して，

$x^2+(x-3)^2-2(a-1)x-4a(x-3)+6a^2-7=0$

$x^2-(3a+2)x+3a^2+6a+1=0$　…［1］

異なる2点で交わるから，［1］の判別式$D>0$である。

よって，$D=(3a+2)^2-4(3a^2+6a+1)>0$

$a(a+4)<0$より，

$-4<a<0$

②　2点P，Qのx座標をα，βとすると，

P$(\alpha,\ \alpha-3)$，Q$(\beta,\ \beta-3)$であり，

線分PQの中点の座標は，

M$\left(\dfrac{\alpha+\beta}{2},\ \dfrac{\alpha+\beta}{2}-3\right)$となる。

α，βは［1］の解であるから，

$\alpha+\beta=3a+2$

よって，中点M$\left(\dfrac{3}{2}a+1,\ \dfrac{3}{2}a-2\right)$

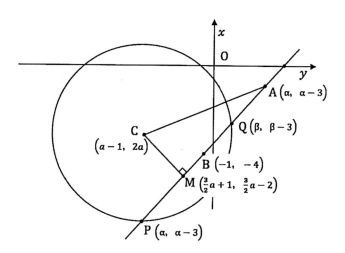

③　$A(2, -1)$, $M\left(\dfrac{3}{2}a+1, \dfrac{3}{2}a-2\right)$, $C(a-1, 2a)$であり，$CM \perp PQ$であるから，

$\triangle ACM$の面積は$S=\dfrac{1}{2} \cdot AM \cdot CM$となる。

$AM^2=\left(\dfrac{3}{2}a-1\right)^2+\left(\dfrac{3}{2}a-1\right)^2=\dfrac{(3a-2)^2}{2}$より，

$AM=\dfrac{|3a-2|}{\sqrt{2}}=\dfrac{2-3a}{\sqrt{2}}$

$CM^2=\left(-\dfrac{1}{2}a-2\right)^2+\left(\dfrac{1}{2}a+2\right)^2=\dfrac{(a+4)^2}{2}$より，

$CM=\dfrac{|a+4|}{\sqrt{2}}=\dfrac{a+4}{\sqrt{2}}$

$(\because \quad -4<a<0$より，$3a-2<0$, $a+4>0)$

よって，$S=\dfrac{1}{4}(2-3a)(a+4)=\dfrac{1}{4}(-3a^2-10a+8)$

$=-\dfrac{3}{4}\left(a+\dfrac{5}{3}\right)^2+\dfrac{49}{12}$となり，

$-4<a<0$であるから，$a=-\dfrac{5}{3}$のとき，最大値$S=\dfrac{49}{12}$である。

【3】(1)　ア　－　　イ　1　　ウ　2　　(2)　エ　2　　オ　4
　　　(3)　カ　2　　キ　2　　ク　1　　ケ　1　　コ　2

〈解説〉(1)　$a_1+a_3+a_5=9$　…①, $a_2+a_4+a_6=15$　…②

数列$\{a_n\}$は等差数列であるから，初項a，公差dとして，

$a_1=a$, $a_2=a+d$, $a_3=a+2d$, $a_4=a+3d$, $a_5=a+4d$, $a_6=a+5d$を①,

②に代入して，

$\begin{cases} 3a+6d=9 \\ 3a+9d=15 \end{cases}$ より，$\begin{cases} a+2d=3 \\ a+3d=5 \end{cases}$　これを解いて，$a=-1$, $d=2$

(2)　$b_{n+1}=2b_n-4$より，$b_{n+1}-4=2(b_n-4)$と変形すると，

数列$\{b_n-4\}$は初項$b_1-4=5-4=1$，公比2の等比数列であるから，

$b_n-4=1 \times 2^{n-1}$となり，$b_n=2^{n-1}+4$

(3)　$S_n = \sum_{k=1}^{n} k \cdot b_k = \sum_{k=1}^{n} k(2^{k-1}+4) = \sum_{k=1}^{n} k2^{k-1} + \sum_{k=1}^{n} 4k$　…③

ここで，$\sum_{k=1}^{n} k2^{k-1} = T_n$ を求める。

$T_n = 1 + 2 \cdot 2 + 3 \cdot 2^2 + 4 \cdot 2^3 + 5 \cdot 2^4 + \cdots + (n-1) \cdot 2^{n-2} + n \cdot 2^{n-1}$　…④

$2T_n = 1 \cdot 2 + 2 \cdot 2^2 + 3 \cdot 2^3 + 4 \cdot 2^4 + \cdots + (n-2) \cdot 2^{n-2} + (n-1) \cdot 2^{n-1} + n \cdot 2^n$　…⑤

④－⑤より，

$-T_n = 1 + 2 + 2^2 + 2^3 + 2^4 + \cdots + 2^{n-2} + 2^{n-1} - n \cdot 2^n$

$= \dfrac{1 \cdot (1 - 2^n)}{1 - 2} - n \cdot 2^n = 2^n - 1 - n \cdot 2^n$

よって，$T_n = (n-1) \cdot 2^n + 1$

したがって，③より，

$S_n = (n-1) \cdot 2^n + 1 + 4 \cdot \dfrac{1}{2}n(n+1) = 2n^2 + 2n + 1 + (n-1) \cdot 2^n$

【中学校】

【1】(1)　ア　－　　イ　2　　ウ　1　　エ　6　　オ　9　　(2)　カ　1
キ　6　　ク　3

〈解説〉(1)　$y = x^2$ の点 $(t, \ t^2)$ における接線の方程式は $y' = 2x$ より，

$y - t^2 = 2t(x - t)$，$y = 2tx - t^2$ が点 $(1, \ -3)$ を通るから，$-3 = 2t - t^2$

$(t+1)(t-3) = 0$，$t = -1, \ 3$

よって，接線の方程式は，$l : y = -2x - 1$，$m : y = 6x - 9$

(2)　接点の x 座標を求めると，

$\begin{cases} y = x^2 \\ y = -2x - 1 \end{cases}$　より，$(x+1)^2 = 0$，$x = -1$，

$\begin{cases} y = x^2 \\ y = 6x - 9 \end{cases}$　より，$(x-3)^2 = 0$，$x = 3$

よって，下図より，求める面積 S は，

$S = \displaystyle\int_{-1}^{1} (x^2 + 2x + 1)dx + \int_{1}^{3} (x^2 - 6x + 9)dx$

$= \displaystyle\int_{-1}^{1} (x+1)^2 dx + \int_{1}^{3} (x-3)^2 dx$

$$=\left[\frac{(x+1)^3}{3}\right]_{-1}^{1}+\left[\frac{(x-1)^3}{3}\right]_{1}^{3}=\frac{8}{3}+\frac{8}{3}=\frac{16}{3}$$

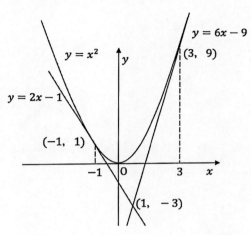

【2】 (1)　関数$y=ax^2$のグラフが，点A(6，9)を通るから，

$y=ax^2$の式に代入すると，

$9=a\times6^2$

これを解くと，$a=\dfrac{1}{4}$

関数$y=mx+n$のグラフが，2点A(6，9)，B(15，0)を通るから，

$y=mx+n$の式にそれぞれ代入すると，

$9=6m+n\cdots$①

$0=15m+n\cdots$②

①，②を，m，nについての連立方程式とみて，これを解くと，

$m=-1$，$n=15$

よって，$a=\dfrac{1}{4}$，$m=-1$，$n=15$

(2)　点Pのx座標をtとすると，2点P，Sのy座標は等しく，$\dfrac{1}{4}t^2$である。

よって，点Sのx座標は$\dfrac{1}{4}t^2=-x+15$より，$x=-\dfrac{1}{4}t^2+15$

したがって，$PS=-\dfrac{1}{4}t^2+15-t$

$PQ=PS$より，$\dfrac{1}{4}t^2=-\dfrac{1}{4}t^2+15-t$

整理すると，$t^2+2t-30=0$

これを解くと，$t=-1\pm\sqrt{31}$

$0<t<6$より，$t=-1+\sqrt{31}$

よって，点Pのx座標は，$-1+\sqrt{31}$

〈解説〉解答参照。

【３】次の図のようなAD//BC，AD＝BCの四角形ABCDに対角線ACをひく。

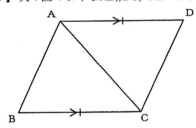

△ABCと△CDAにおいて

仮定から

BC＝DA…①

AD//BC…②

②より，平行線の錯角は等しいから　∠ACB＝∠CAD…③

共通な辺であるから　AC＝CA…④

①，③，④より，2組の辺とその間の角がそれぞれ等しいから

△ABC≡△CDA

合同な図形では対応する角の大きさは等しいから

∠BAC　＝∠DCA…⑤

⑤より，錯角が等しいから　AB//DC…⑥

②，⑥より，2組の対辺がそれぞれ平行であるから，四角形ABCDは平行四辺形である。

　よって，1組の対辺が平行で，その長さが等しい四角形は，平行四辺形である。

〈解説〉解答参照。

【4】(1)　△ABCの面積は2通りの方法で表すことができる。

　まず，$\triangle ABC = BC \times CA \times \dfrac{1}{2} = a \times b \times \dfrac{1}{2} = \dfrac{1}{2}ab \cdots ①$　が成り立つ。

　次に，円Oの半径をrとする。

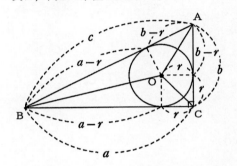

このとき，線分AO，BO，COで△ABCを3つに分けることで，

$\triangle ABC = \triangle AOB + \triangle BOC + \triangle COA$

$$= \dfrac{ar}{2} + \dfrac{br}{2} + \dfrac{cr}{2} = \dfrac{r}{2}(a+b+c) \cdots ②$$

が成り立つ。

①，②より，$\dfrac{1}{2}ab = \dfrac{r}{2}(a+b+c)$

$$ab = r(a+b+c) \cdots ③$$

である。

ここで，rをa，b，cを使って表す。

斜辺ABにおいて，$(a-r) + (b-r) = c$

この等式を変形すると，$-2r = c - a - b$

$$r = \dfrac{1}{2}(a+b-c) \cdots ④$$

であり，④を③に代入することで，$ab = \dfrac{1}{2}(a+b-c)(a+b+c)$

$$2ab = (a+b)^2 - c^2$$
$$2ab = a^2 + 2ab + b^2 - c^2$$
$$a^2 + b^2 = c^2$$

が示された。

(2)　辺ABを底辺としたときの高さを$h$cmとすると，

△ABCの面積について

$\dfrac{1}{2} \times 5 \times h = \dfrac{1}{2} \times 4 \times 3$　　　これを解くと　$h = \dfrac{12}{5}$

求める円の半径をr cmとする。△ABCを以下の図のように分けて考え

ると，

△ABCの面積について

$\dfrac{1}{2} \times 4 \times r + \dfrac{1}{2} \times (2r+5) \times r + \dfrac{1}{2} \times 3 \times r + \dfrac{1}{2} \times 2r \times \left(\dfrac{12}{5} - r\right) = \dfrac{1}{2} \times 4 \times 3$

これを解くと　$r = \dfrac{5}{7}$

よって，円の半径は$\dfrac{5}{7}$〔cm〕

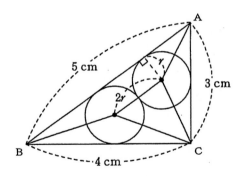

〈解説〉解答参照。

【高等学校】

【1】(1)　ア　4　　イ　1　　(2)　ウ　2　　エ　7　　オ　2　　カ　8
　　キ　5　　ク　4　　ケ　7　　コ　2　　(3)　サ　3　　シ　0
　　ス　0　　セ　1　　ソ　5　　タ　9　　チ　9　　ツ　9

〈解説〉(1)　度数分布表から，平均値は，

$$\overline{X}=\frac{1}{100}(1\times25+3\times30+5\times20+7\times15+9\times10)=\frac{410}{100}=4.1〔時間〕$$

(2)　平均が$\overline{X}=4.1$〔時間〕，標準偏差が$\sigma=7$〔時間〕である。

また，正規分布表から，$P(0\leqq z\leqq k)=\frac{0.95}{2}=0.475$を満たす$k$の値は，

$k=1.96$である。よって，この100人の平均mを信頼度95％で推定すると

$4.1-\frac{1.96\times7}{\sqrt{100}}\leqq m\leqq4.1+\frac{1.96\times7}{\sqrt{100}}$であるから，$4.1-\frac{13.72}{10}\leqq m\leqq4.1+$

$\frac{13.72}{10}$より，$2.728\leqq m\leqq5.472$となり，2.728時間以上5.472時間以下である。

(3)　2時間未満の人数の比率は，$p'=\frac{25}{100}=\frac{1}{4}$である。

よって，この人数の比率pを信頼度95％で推定すると，

$\frac{1}{4}-1.96\times\sqrt{\frac{\frac{1}{4}\left(1-\frac{1}{4}\right)}{100}}\leqq p\leqq\frac{1}{4}+1.96\times\sqrt{\frac{\frac{1}{4}\left(1-\frac{1}{4}\right)}{100}}$であるから，

$\frac{1}{4}-1.96\times\frac{\sqrt{3}}{40}\leqq p\leqq\frac{1}{4}+1.96\times\frac{\sqrt{3}}{40}$，$0.25-\frac{1.96\times1.7}{40}\leqq p\leqq0.25+$

$\frac{1.96\times1.7}{40}$

$0.25-0.0833\leqq p\leqq0.25+0.0833$，$0.1677\leqq p\leqq0.3333$となる。

したがって，町の人口が18000人であるから，

$18000\times0.1677=3000.6$，$18000\times0.3333=5999.4$より，

3001人以上5999人以下である。

【2】(1)　楕円$\frac{x^2}{a^2}+\frac{y^2}{b^2}=1$上の点$P(x_1, y_1)$における接線の傾きを$m$とすると，

接線の方程式は　$y-y_1=m(x-x_1)$　すなわち，$y=mx-(mx_1-y_1)\cdots$①

①が楕円に接するので，連立方程式

$$\begin{cases}\frac{x^2}{a^2}+\frac{y^2}{b^2}=1\cdots② \\ y=mx-(mx_1-y_1)\cdots③\end{cases}$$

はただ1組の実数解(x_1, y_1)をもつ。

③を②に代入して整理すると，

$$\frac{a^2m+b^2}{a^2b^2}x^2-\frac{2m(mx_1-y_1)}{b^2}x+\frac{(mx_1-y_1)^2-b^2}{b^2}=0\cdots④$$

④が重解$x=x_1$をもつので，

$$x_1=\frac{\dfrac{m(mx_1-y_1)}{b^2}}{\dfrac{a^2m^2+b^2}{a^2b^2}}=\frac{a^2m(mx_1-y_1)}{a^2m^2+b^2}$$

よって，$m=-\dfrac{b^2x_1}{a^2y_1}$ $(y_1\neq0)$

これを①に代入して整理すると，$\dfrac{x_1x}{a^2}+\dfrac{y_1y}{b^2}=\dfrac{x_1{}^2}{a^2}+\dfrac{y_1{}^2}{b^2}\cdots⑤$

点$P(x_1,\ y_1)$は楕円上の点なので，$\dfrac{x_1{}^2}{a^2}+\dfrac{y_1{}^2}{b^2}=1$　より，（⑤の右辺）$=1$

よって，求める接線の方程式は，$\dfrac{x_1x}{a^2}+\dfrac{y_1y}{b^2}=1$　　　この式は，$y_1=0$の
ときも成り立つ。

[別解]

楕円$\dfrac{x^2}{a^2}+\dfrac{y^2}{b^2}=1$において，$\dfrac{x^2}{a^2}+\dfrac{y^2}{b^2}=1$の両辺を$x$で微分すると，

$$\frac{2x}{a^2}+\frac{2y}{b^2}\cdot\frac{dy}{dx}=0$$ であるから，$\dfrac{dy}{dx}=-\dfrac{b^2x}{a^2y}$ $(y\neq0)$

よって，点$P(x_1,\ y_1)$における接線の方程式は，

$$y-y_1=-\frac{b^2x_1}{a^2y_1}(x-x_1)\quad(y_1\neq0)$$

この式を整理すると，$\dfrac{x_1x}{a^2}+\dfrac{y_1y}{b^2}=\dfrac{x_1{}^2}{a^2}+\dfrac{y_1{}^2}{b^2}\cdots⑥$

点$P(x_1,\ y_1)$は楕円上の点なので，$\dfrac{x_1{}^2}{a^2}+\dfrac{y_1{}^2}{b^2}=1$　より，（⑥の右辺）$=1$

よって，求める接線の方程式は，$\dfrac{x_1x}{a^2}+\dfrac{y_1y}{b^2}=1$　　　この式は，$y_1=0$の
ときも成り立つ。

(2)　△ABCにおいて，$AB=|\beta-\alpha|=c$，$BC=|\gamma-\beta|=a$，$CA=|\alpha-\gamma|=b$とおく。

∠Aの二等分線と辺BCとの交点をD(δ)とする。

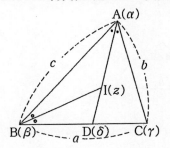

点Dは，辺BCを$c:b$に内分するので，$\delta=\dfrac{b\beta+c\gamma}{c+b}$

また，点I(z)は，∠Bの二等分線と線分ADの交点であり，

点Iは線分ADをAI：ID$=c:\dfrac{ac}{b+c}=(b+c):a$に内分する点なので，

$$z=\frac{a\alpha+(b+c)\delta}{b+c+a}=\frac{a\alpha+b\beta+c\gamma}{a+b+c}$$

$$=\frac{|\gamma-\beta|\alpha+|\alpha-\gamma|\beta+|\beta-\alpha|\gamma}{|\gamma-\beta|+|\alpha-\gamma|+|\beta-\alpha|}$$

〈解説〉解答参照

【3】(1) $\dfrac{dx}{d\theta}=a(1-\cos\theta)$, $\dfrac{dy}{d\theta}=a\sin\theta$　であるから，

求める曲線の長さLは

$$L=\int_0^{2\pi}\sqrt{a^2(1-\cos\theta)^2+a^2\sin^2\theta}\,d\theta=a\int_0^{2\pi}\sqrt{2-2\cos\theta}\,d\theta$$

$$=a\int_0^{2\pi}\sqrt{4\sin^2\frac{\theta}{2}}\,d\theta=2a\int_0^{2\pi}\sin\frac{\theta}{2}\,d\theta=2a\left[-2\cos\frac{\theta}{2}\right]_0^{2\pi}=8a$$

(2)　サイクロイドCの概形は次図のようになり，求める面積Sは次図の
斜線部分の面積である。

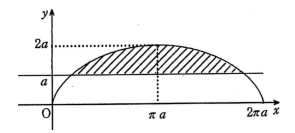

$y=a$ となる θ の値を求めると，$a=a(1-\cos\theta)$ より，$\cos\theta=0$ であるから，

$0\leqq\theta\leqq2\pi$ より，$\theta=\dfrac{\pi}{2}$，$\dfrac{3}{2}\pi$

$\theta=\dfrac{\pi}{2}$ のとき，$x=a\left(\dfrac{\pi}{2}-1\right)$，$\theta=\dfrac{3}{2}\pi$ のとき，$x=a\left(\dfrac{3}{2}\pi+1\right)$

よって，$S=\displaystyle\int_{a\left(\frac{\pi}{2}-1\right)}^{a\left(\frac{3}{2}\pi+1\right)}(y-a)dx$

上図の斜線部分は，$0\leqq\theta\leqq2\pi$ の範囲で，直線 $x=\pi a$ に関して対称な図形なので，

$S=2\displaystyle\int_{a\left(\frac{\pi}{2}-1\right)}^{\pi a}(y-a)dx$

$x=a(\theta-\sin\theta)$ より　$\dfrac{dx}{d\theta}=a(1-\cos\theta)$

x と θ の対応は次の表のようになる。

x	$a\left(\dfrac{\pi}{2}-1\right)$	$\rightarrow$	πa
θ	$\dfrac{\pi}{2}$	$\rightarrow$	π

ゆえに，求める面積 S は，

$S=2\displaystyle\int_{\frac{\pi}{2}}^{\pi}\{a(1-\cos\theta)-a\}\cdot a(1-\cos\theta)d\theta=-2a^2\int_{\frac{\pi}{2}}^{\pi}(\cos\theta-\cos^2\theta)d\theta$

$=-2a^2\displaystyle\int_{\frac{\pi}{2}}^{\pi}\left(\cos\theta-\dfrac{\cos2\theta+1}{2}\right)d\theta=-2a^2\left[\sin\theta-\dfrac{1}{4}\sin2\theta-\dfrac{1}{2}\theta\right]_{\frac{\pi}{2}}^{\pi}$

42

$$= -2a^2\Big[\sin\theta - \frac{1}{2}\theta\Big]_{\frac{\pi}{2}}^{\pi} = -2a^2(0-1) + a^2\Big(\pi - \frac{\pi}{2}\Big)$$

$$= a^2\Big(2 + \frac{\pi}{2}\Big)$$

(3) (2)より，求める体積Vは，

$$V = 2\pi \int_{a(\frac{\pi}{2}-1)}^{\pi a} y^2 dx - 2\pi \int_{a(\frac{\pi}{2}-1)}^{\pi a} a^2 dx$$

$$= 2\pi \int_{a(\frac{\pi}{2}-1)}^{\pi a} (y^2 - a^2) dx$$

$$= 2\pi \int_{\frac{\pi}{2}}^{\pi} \{a^2(1-\cos\theta)^2 - a^2\} \cdot a(1-\cos\theta) d\theta$$

$$= 2\pi a^3 \int_{\frac{\pi}{2}}^{\pi} (-2\cos\theta + 3\cos^2\theta - \cos^3\theta) d\theta$$

$$= 2\pi a^3 \int_{\frac{\pi}{2}}^{\pi} \Big\{-2\cos\theta + \frac{3}{2}(\cos2\theta + 1) - \frac{1}{4}(\cos3\theta + 3\cos\theta)\Big\} d\theta$$

$$= 2\pi a^3 \int_{\frac{\pi}{2}}^{\pi} \Big(-\frac{11}{4}\cos\theta + \frac{3}{2}\cos2\theta + \frac{3}{2} - \frac{1}{4}\cos3\theta\Big) d\theta$$

$$= 2\pi a^3 \Big[-\frac{11}{4}\sin\theta + \frac{3}{4}\sin2\theta - \frac{1}{12}\sin3\theta + \frac{3}{2}\theta\Big]_{\frac{\pi}{2}}^{\pi}$$

$$= \pi a^3\Big(\frac{16}{3} + \frac{3}{2}\pi\Big)$$

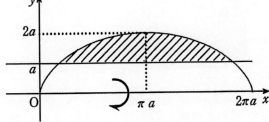

〈解説〉解答参照

2022年度　実施問題

【中高共通】

【1】次の各問いに答えよ。

(1) 方程式$|2x-3|=5$の解は，$x=$[　アイ　]，[　ウ　]である。

(2) $7x-5y=1$を満たす整数x，yは，kを整数として，$x=5k+$[　エ　]，$y=7k+$[　オ　]と表すことができる。

(3) $x^2-2x-3\leqq0$を満たす全ての実数xに対して，$x^2-2ax+3a+4\geqq0$となるような定数aの値の範囲は，[　カキ　]$\leqq a\leqq\dfrac{[　クケ　]}{[　コ　]}$である。

(4) ある会社ではA工場とB工場で同じ製品を製造し，同じ定価で販売している。A工場で製造した製品は1台につき定価の5％の利益があり，B工場で製造した製品は1台につき定価の13％の利益がある。A，Bの両工場で製造した製品を合わせて400台販売し，1台につき定価の8％以上9％以下の利益を得るには，A工場で製造した製品を[　サシス　]台以上[　セソタ　]台以下販売すればよい。

(5) 次の図のようなAB＝3cm，BC＝1cm，AE＝2cmである直方体ABCD－EFGHの頂点Fから平面BEGに下ろした垂線と平面BEGとの交点をPとすると，FP＝$\dfrac{[　チ　]}{[　ツ　]}$cmである。

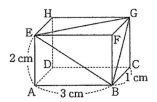

(6) 6人に対して小テストをしたところ，平均点は7点，標準偏差は2点であった。6人のうち4人の得点が4，7，8，10点であるとき，残り2人の得点は，[　テ　]点と[　ト　]点である。ただし[　テ　]＜[　ト　]とする。

(7) 赤玉4個，白玉2個の入った袋から玉を1個取り出し，色を調べてから戻す。この試行を5回行うとき，5回目に3度目の白玉が出る確率は$\dfrac{[\ ナ\ ]}{[\ ニヌ\ ]}$である。

(8) 半径が4の円Oがある。円Oの外部の点Pを通る直線がこの円と2点A，Bで交わり，Pに近い方の点をAとする。OP＝8，AB＝2のとき，PA＝[　ネ　]である。

(☆☆☆◯◯◯)

【2】曲線$y＝\log_2 x$をx軸方向に-2，y軸方向に$-\dfrac{1}{2}$だけ平行移動した曲線$y＝f(x)$と曲線$y＝g(x)$，$g(x)＝\log_4(ax-2a)$について，次の各問いに答えよ。ただし，$a>0$とする。

(1) $f(x)＝\log_2\left(\dfrac{x+[\ ア\ ]}{\sqrt{[\ イ\ ]}}\right)$である。

(2) 曲線$y＝f(x)$を直線$y＝x$に関して対称移動して得られる曲線の方程式を$y＝h(x)$とすると，$h(2)＝[\ ウ\ ]\sqrt{[\ エ\ ]}-[\ オ\ ]$である。

(3) $a＝9$のとき，曲線$y＝f(x)$と曲線$y＝g(x)$の交点のx座標は，$[\ カ\ ]$，$[\ キク\ ]$である。

(4) 曲線$y＝f(x)$と曲線$y＝g(x)$が異なる2点で交わるときのaの値の範囲は，$a>[\ ケ\ ]$である。

(☆☆☆◯◯◯)

【3】次の各問いに答えよ。

(1) $\sin\theta＝\dfrac{3}{5}$のとき，$\cos 2\theta＝\dfrac{[\ ア\ ]}{[\ イウ\ ]}$である。

(2) $\dfrac{1}{1}+\dfrac{1}{1+2}+\dfrac{1}{1+2+3}+\cdots+\dfrac{1}{1+2+3+\cdots+n}＝\dfrac{[\ エ\ ]n}{n+[\ オ\ ]}$である。

(3) $a_1＝2$，$a_2＝8$，$a_{n+2}-4a_{n+1}+3a_n＝0$で定義される数列$\{a_n\}$の一般項は，$a_n＝[\ カ\ ]^n-[\ キ\ ]$である。

(☆☆☆◯◯◯)

【４】次の図の△AOBにおいて，辺OAの中点をC，辺OBを２：１に内分する点をD，線分ADと線分BCとの交点をE，Eから辺OAに下ろした垂線と辺OAとの交点をHとする。

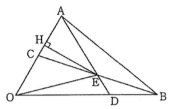

$\overrightarrow{OA}=\overrightarrow{a}$，$\overrightarrow{OB}=\overrightarrow{b}$，$|\overrightarrow{a}|=2$，$|\overrightarrow{b}|=3$，∠AOB＝60°とするとき，次の各問いに答えよ。

(1) $\overrightarrow{OE}$を$\overrightarrow{a}$，$\overrightarrow{b}$を用いて表すと，$\dfrac{[\ ア\ ]}{[\ イ\ ]}\overrightarrow{a}+\dfrac{[\ ウ\ ]}{[\ エ\ ]}\overrightarrow{b}$である。

(2) $|\overrightarrow{OE}|=\dfrac{\sqrt{[\ オカ\ ]}}{[\ キ\ ]}$である。

(3) $|\overrightarrow{EH}|=\dfrac{[\ ク\ ]\sqrt{[\ ケ\ ]}}{[\ コ\ ]}$である。

(☆☆☆◎◎◎)

【中学校】

【１】次の図のように，関数$y=ax^2$のグラフ上に，2点A，Bがあり，そのx座標はそれぞれ1，3である。また，y軸上に点Cを，AC＋BCが最小となるようにとる。以下の各問いに答えよ。ただし，$a>0$とする。

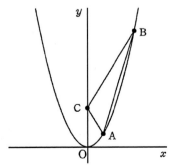

(1) 点Cのy座標をaを用いて表せ。

(2) △ABCの面積が4となるとき, aの値を求めよ。

(3) △ABCが直角三角形となるとき, aの値を求めよ。

(☆☆☆◎◎◎)

【2】△ABCの∠Aの二等分線と辺BCとの交点をDとすると, AB：AC＝BD：DCが成り立つ。このことを証明せよ。

(☆☆☆◎◎◎)

【3】次の図のような円に内接する四角形ABCDがあり, AB＝8, BC＝5, CD＝5, AC＝7である。対角線ACとBDの交点をEとする。以下の各問いに答えよ。

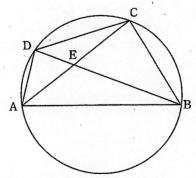

(1) ∠ABCの大きさを求めよ。

(2) 線分AEの長さを求めよ。

(☆☆☆◎◎◎)

【高等学校】

【1】次の各問いに答えよ。

(1) nを自然数とするとき,

$$(\cos\theta + i\sin\theta)^n = \cos n\theta + i\sin n\theta$$

が成り立つことを証明せよ。

(2)　数学Ⅲで無理関数の内容を学んだ生徒に，

「不等式$\sqrt{x+3}>x-3$　…①を解け。」

という問題を出したところ，次のような答案を書いた生徒がいた。この答案を見て，あなたはこの生徒にどのように指導するか，具体的に書け。

【生徒が書いた答案】

①の両辺を2乗して　　$x+3>(x-3)^2$

整理して　　$x^2-7x+6<0$

ゆえに　　$(x-6)(x-1)<0$

よって　　$1<x<6$

(☆☆☆◎◎◎)

【2】関数$y=xe^{-x}$のグラフをCとする。CとC上の点P$(t,\ te^{-t})$ $(0\leqq t\leqq 1)$における接線，および2直線$x=0$，$x=1$で囲まれる部分の面積を$S(t)$とする。ただし，eは自然対数の底である。次の各問いに答えよ。

(1)　Cの概形をかけ。

(2)　$S(t)$を求めよ。

(3)　$S(t)$が最小となるときのtの値を求めよ。

(☆☆☆◎◎◎)

解答・解説

【中高共通】

【1】(1)　ア　－　イ　1　ウ　4　(2)　エ　3　オ　4

(3)　カ　－　キ　1　ク　1　ケ　3　コ　3　(4)　サ　2

シ　0　ス　0　セ　2　ソ　5　タ　0　(5)　チ　6

ツ　7　(6)　テ　5　ト　8　(7)　ナ　8　ニ　8　ヌ　1

(8)　ネ　6

〈解説〉(1)　方程式を解くと，$2x-3=\pm5$　よって，$x=-1,\ 4$

(2)　与式を満たす整数解 x, y の一組は，$(x,\ y)=(3,\ 4)$ より，$7(x-3)-5(y-4)=0$

よって，7と5は互いに素なので，整数 k を用いて，$x-3=5k$, $y-4=7k$ と表せる。

したがって，$x=5k+3$, $y=7k+4$

(3)　$x^2-2x-3\leqq0$ を解くと，$(x-3)(x+1)\leqq0$ より，$-1\leqq x\leqq3$　…①

$f(x)=x^2-2ax+3a+4$ とすると①の定義域に対して $f(x)$ の最小値が0以上である。

$f(x)=(x-a)^2-a^2+3a+4$ より，グラフが下に凸で軸は，$x=a$

〔1〕　$a<-1$ のとき最小値 $f(-1)=5a+5\geqq0$　これは，$a\geqq-1$ となり条件を満たさないので不適

〔2〕　$-1\leqq a<3$ のとき，最小値 $f(a)=-a^2+3a+4\geqq0$　これは，$-1\leqq a\leqq4$ となり条件より，$-1\leqq a<3$

〔3〕　$3\leqq a$ のとき，最小値 $f(3)=-3a+13\geqq0$　これは，$a\leqq\dfrac{13}{3}$ となり条件より，$3\leqq a\leqq\dfrac{13}{3}$

〔1〕～〔3〕より，$-1\leqq a\leqq\dfrac{13}{3}$

(4)　販売した製品のうち，A工場で製造した製品の台数を x とすると，B工場で製造した製品の台数は $400-x$ である。

この製品の定価を k〔円〕とすると，A工場で製造した製品の利益は $0.05kx$〔円〕

B工場で製造した製品の利益は $0.13k(400-x)$〔円〕

A工場とB工場で製造した製品の合計の利益について式を立てると

$0.08k\times400\leqq0.05kx+0.13k(400-x)\leqq0.09k\times400$

$32\leqq52-0.08x\leqq36$　これを解いて，$200\leqq x\leqq250$

よって，A工場で製造した製品を200台以上250台以下販売すればよい。

(5)　四面体BEFGの体積は，$\dfrac{1}{3}\times\triangle\mathrm{BEF}\times\mathrm{FG}=\dfrac{1}{3}\times\dfrac{1}{2}\times3\times2\times1$

$$=1 \quad \cdots ①$$

次に，各面の三平方の定理を利用して，$EB=\sqrt{13}$，$BG=\sqrt{5}$，$GE=\sqrt{10}$

$\triangle BEG$で余弦定理より，$\cos\angle EBG=\dfrac{4}{\sqrt{65}}$

よって，$\sin\angle EBG=\sqrt{1-\cos^2\angle EBG}=\sqrt{1-\dfrac{16}{65}}=\dfrac{7}{\sqrt{65}}$

したがって，$\triangle EBG=\dfrac{1}{2}\times BE\times BG\times\sin\angle EBG$

$$=\dfrac{1}{2}\times\sqrt{13}\times\sqrt{5}\times\dfrac{7}{\sqrt{65}}=\dfrac{7}{2}$$

四面体BEFGの底面を$\triangle EBG$，高さをFPとして，①より

$$\dfrac{1}{3}\times\triangle EBG\times FP=1$$

よって，$\dfrac{1}{3}\times\dfrac{7}{2}\times FP=1$　　$\therefore$　$FP=\dfrac{6}{7}$〔cm〕

(6)　6人の平均点が7点なので合計点は$7\times 6=42$〔点〕

得点の分かっている4人の合計点は$4+7+8+10=29$〔点〕

よって，残り2人の得点の合計は$42-29=13$〔点〕

残り2人の得点をx〔点〕と$13-x$〔点〕とする。

標準偏差が2点なので分散は$2^2=4$と分かるので，分散についての式を立てると

$$\{(4-7)^2+(7-7)^2+(8-7)^2+(10-7)^2+(x-7)^2+(13-x-7)^2\}\div 6=4$$

これより$x^2-13x+40=0$　$(x-5)(x-8)=0$なので，$x=5, 8$

したがって，残り二人の得点は5点と8点

(7)　1回目から4回目まで赤玉2回，白玉2回出て，5回目に白玉が出ればよいので

$${}_4C_2\left(\dfrac{2}{3}\right)^2\left(\dfrac{1}{3}\right)^2\times\dfrac{1}{3}=6\times\dfrac{4}{9}\times\dfrac{1}{9}\times\dfrac{1}{3}=\dfrac{24}{243}=\dfrac{8}{81}$$

(8)　以下の図のようになるので方べきの定理より，

$PA\times PB=PC\times PD$なので，$PA\times(PA+2)=4\times 12$

$\mathrm{PA}^2 + 2\mathrm{PA} - 48 = 0$

$(\mathrm{PA}+8)(\mathrm{PA}-6)=0$　$\mathrm{PA}>0$より，$\mathrm{PA}=6$

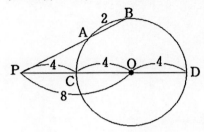

【2】(1)　ア　2　イ　2　　(2)　ウ　4　エ　2　　オ　2

(3)　カ　4　キ　1　ク　0　　(4)　ケ　8

〈解説〉(1)　$y=\log_2 x$をx軸方向に-2，y軸方向に$-\dfrac{1}{2}$だけ平行移動するので

$y+\dfrac{1}{2}=\log_2 (x+2)$

$y=\log_2 (x+2)-\dfrac{1}{2}$

$y=\log_2 (x+2)-\dfrac{1}{2}\log_2 2$

$y=\log_2 (x+2)-\log_2 \sqrt{2}$

$y=\log_2 \left(\dfrac{x+2}{\sqrt{2}}\right)$　よって，$f(x)=\log_2 \left(\dfrac{x+2}{\sqrt{2}}\right)$

(2)　$y=f(x)$を直線$y=x$に関して対称移動するので

$x+\dfrac{1}{2}=\log_2 (y+2)$

$y+2=2^{x+\frac{1}{2}}$

$y=\sqrt{2}\times 2^x-2$　よって，$h(x)=\sqrt{2}\times 2^x-2$

$h(2)=\sqrt{2}\times 2^2-2=4\sqrt{2}-2$

(3)　$a=9$より$g(x)=\log_4 (9x-18)=\log_2 \sqrt{9x-18}$

よって，このときの$y=f(x)$と$y=g(x)$の交点のx座標は，

$$\log_2\left(\frac{x+2}{\sqrt{2}}\right)=\log_2\sqrt{9x-18}$$

$$\frac{x+2}{\sqrt{2}}=\sqrt{9x-18}$$

$$(x+2)^2=2(9x-18)$$

$$x^2-14x+40=0$$

$$(x-4)(x-10)=0$$

$$x=4,\ 10$$

(4)　$y=f(x)$と$y=g(x)$の交点のx座標は,

$$\log_2\left(\frac{x+2}{\sqrt{2}}\right)=\log_2\sqrt{ax-2a}$$

$$\frac{x+2}{\sqrt{2}}=\sqrt{ax-2a}$$

$$(x+2)^2=2(ax-2a)$$

$$x^2+(4-2a)x+4a+4=0$$

$y=f(x)$と$y=g(x)$が異なる2点で交わるとき判別式をDとすると$D>0$より

$$\frac{D}{4}=(2-a)^2-(4a+4)>0 \quad よって,\ a(a-8)>0より a<0,\ 8<a$$

$a>0$なので,　$a>8$

【３】(1)　ア　7　　イ　2　　ウ　5　　(2)　エ　2　　オ　1

　　(3)　カ　3　　キ　1

〈解説〉(1)　$\cos2\theta=1-2\sin^2\theta=1-2\times\left(\frac{3}{5}\right)^2=\frac{7}{25}$

(2)　$\dfrac{1}{1+2+3+\cdots+n}=\dfrac{1}{\frac{1}{2}n(n+1)}=\dfrac{2}{n(n+1)}=2\left(\dfrac{1}{n}-\dfrac{1}{n+1}\right)$　より,

(与式)$=2\left\{\left(1-\dfrac{1}{2}\right)+\left(\dfrac{1}{2}-\dfrac{1}{3}\right)+\left(\dfrac{1}{3}-\dfrac{1}{4}\right)+\cdots+\left(\dfrac{1}{n}-\dfrac{1}{n+1}\right)\right\}$

$\qquad=2\left(1-\dfrac{1}{n+1}\right)=\dfrac{2n}{n+1}$

(3)　$a_{n+2}-4a_{n+1}+3a_n=0$　…①

$x^2-4x+3=0$を解くと，

$(x-1)(x-3)=0$より$x=1$，3

よって，①は次のように変形できる

$a_{n+2}-3a_{n+1}=a_{n+1}-3a_n$ …②

よって，数列$\{a_{n+1}-3a_n\}$は初項$a_2-3a_1=2$，公比1なので

$a_{n+1}-3a_n=2$ …③

③より，$a_{n+1}+1=3(a_n+1)$

よって，数列$\{a_n+1\}$は初項$a_1+1=3$，公比3の等比数列より，

$a_{n+1}=3\times3^{n-1}$ $\therefore$ $a_n=3^n-1$

【4】(1) ア 1 イ 4 ウ 1 エ 2 (2) オ 1 カ 3 キ 2 (3) ク 3 ケ 3 コ 4

〈解説〉(1) CE：EB＝s：$1-s$ とする。$\overrightarrow{OC}=\dfrac{1}{2}\vec{a}$ より△OBCにおいて

$\overrightarrow{OE}=\dfrac{1-s}{2}\vec{a}+s\vec{b}$ …①

AE：ED＝t：$1-t$ とする。$\overrightarrow{OD}=\dfrac{2}{3}\vec{b}$ より△ODAにおいて

$\overrightarrow{OE}=(1-t)\vec{a}+\dfrac{2t}{3}\vec{b}$ …②

①と②で$\vec{a}$と$\vec{b}$ は一次独立より次の連立方程式が成り立つ

$\begin{cases} \dfrac{1-s}{2}=1-t \\ s=\dfrac{2t}{3} \end{cases}$ これを解いて，$s=\dfrac{1}{2}$，$t=\dfrac{3}{4}$

よって，$\overrightarrow{OE}=\dfrac{1}{4}\vec{a}+\dfrac{1}{2}\vec{b}$

(2) $|\overrightarrow{OE}|^2=\left|\dfrac{1}{4}\vec{a}+\dfrac{1}{2}\vec{b}\right|^2=\dfrac{1}{16}|\vec{a}|^2+\dfrac{1}{4}\vec{a}\cdot\vec{b}+\dfrac{1}{4}|\vec{b}|^2$

ここで，$|\vec{a}|=2$，$|\vec{b}|=3$，$\vec{a}\cdot\vec{b}=|\vec{a}||\vec{b}|\cos60°=2\times3\times\dfrac{1}{2}=3$より，

$$|\overrightarrow{OE}|^2 = \frac{1}{16} \times 2^2 + \frac{1}{4} \times 3 + \frac{1}{4} \times 3^2 = \frac{13}{4}$$

よって，$|\overrightarrow{OE}| = \dfrac{\sqrt{13}}{2}$

(3) 3点O，H，Aは一直線上にあるので，$\overrightarrow{OH} = k\overrightarrow{OA} = k\vec{a}$ （kは実数）と表せる。

よって，$\overrightarrow{EH} = \overrightarrow{OH} - \overrightarrow{OE} = k\vec{a} - \frac{1}{4}\vec{a} - \frac{1}{2}\vec{b} = \left(k - \frac{1}{4}\right)\vec{a} - \frac{1}{2}\vec{b}$

ここで，$\overrightarrow{OA} \perp \overrightarrow{EH}$ より，$\overrightarrow{OA} \cdot \overrightarrow{EH} = 0$

$\vec{a} \cdot \left\{\left(k - \frac{1}{4}\right)\vec{a} - \frac{1}{2}\vec{b}\right\} = 0$

$\left(k - \frac{1}{4}\right)|\vec{a}|^2 - \frac{1}{2}\vec{a} \cdot \vec{b} = 0$

$4\left(k - \frac{1}{4}\right) - \frac{1}{2} \times 3 = 0$ より，$k = \dfrac{5}{8}$

よって，$\overrightarrow{EH} = \frac{3}{8}\vec{a} - \frac{1}{2}\vec{b}$ となるので，

$|\overrightarrow{EH}|^2 = \left|\frac{3}{8}\vec{a} - \frac{1}{2}\vec{b}\right|^2 = \frac{9}{64}|\vec{a}|^2 - \frac{3}{8}\vec{a} \cdot \vec{b} + \frac{1}{4}|\vec{b}|^2 = \frac{9}{16} - \frac{18}{16} + \frac{36}{16}$

$= \dfrac{27}{16}$

$|\overrightarrow{EH}| = \dfrac{3\sqrt{3}}{4}$

【中学校】

【1】(1) y軸に関して，Bと対称な点B′をとると，B′$(-3, 9a)$となり，直線AB′とy軸の交点がCとなる。A$(1, a)$であるから，直線AB′の式は，$y = \dfrac{a - 9a}{1 + 3}(x - 1) + a$ となり，整理すると$y = -2ax + 3a$ となるから，Cのy座標は，$3a$となる。

(2) $\triangle ABC = \triangle ABB' - \triangle CBB'$

$$= \frac{6 \times 8a}{2} - \frac{6 \times 6a}{2} = 24a - 18a = 6a$$

$\triangle ABC$の面積が4であるから，$6a = 4$

54

$a=\dfrac{2}{3}$

(3) A(1, a), B(3, $9a$), C(0, $3a$)であるから，△ABCにおいて，

AB$=\sqrt{4+64a^2}$, BC$=\sqrt{9+36a^2}$, CA$=\sqrt{1+4a^2}$となる。

CAは，他のAB，BCよりも短いので斜辺になることはない。

三平方の定理の逆を利用すると，

① ABを斜辺とする直角三角形になるには，BC^2+CA^2=AB^{2}となれば
よいから，

$(9+36a^2)+(1+4a^2)=(4+64a^2)$

解くと，$a=\pm\dfrac{1}{2}$となり，$a>0$より，$a=\dfrac{1}{2}$

② BCを斜辺とする直角三角形になるには，AB^2+CA^2=BC^{2}となれば
よいから，$(4+64a^2)+(1+4a^2)=(9+36a^2)$

解くと，$a=\pm\dfrac{\sqrt{2}}{4}$となり，$a>0$より，$a=\dfrac{\sqrt{2}}{4}$

よって，$a=\dfrac{1}{2}$, $\dfrac{\sqrt{2}}{4}$

〈解説〉解答参照。

【2】

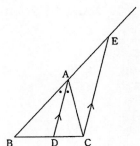

上の図のような△ABCにおいて，∠Aの二等分線と辺BCの交点をDと
する。さらに，点Cを通り，DAに平行な直線と直線BAの交点をEとす
ると，

DA//CEで平行線の同位角は等しいので，∠BAD＝∠AEC　…①

DA//CEで平行線の錯角は等しいので，∠DAC＝∠ACE　…②

ADは∠Aの二等分線であるから，∠BAD＝∠DAC　…③

①，②，③より　∠AEC＝∠ACE　…④

④より，2つの角が等しいので，△ACEは二等辺三角形である。

よって，AE＝AC　…⑤

△BCEにおいて，DA//CEであるから，BA：AE＝BD：DC　…⑥

⑤，⑥より　BA：AC＝BD：DC

よって，△ABCの∠Aの二等分線と辺BCとの交点をDとすると，AB：AC＝BD：DCが成り立つ。

〈解説〉解答参照。

【３】(1)

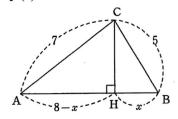

上の図の△ABCの点Cから辺ABに垂線をひき，辺ABとの交点をHとする。

BH＝xとおくと，AH＝8－xと表される。

△ACHにおいて，三平方の定理より

CH²＝AC²－AH²

CH²＝7²－(8－x)²　…(i)

△BCHにおいて，三平方の定理より

CH²＝BC²－BH²

CH²＝5²－x²　…(ii)

(i)，(ii)より　7²－(8－x)²＝5²－x²

これを解くと，$x = \dfrac{5}{2}$ となり，$BH = \dfrac{5}{2}$

また，$CH = \dfrac{5\sqrt{3}}{2}$ となる。

よって，$BH : BC : CH = 1 : 2 : \sqrt{3}$ であるから，$\angle ABC = 60°$ とわかる。

(2)

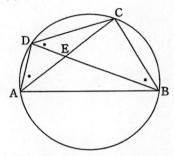

上の図のように等しい角を見つけることができる。

$\triangle DEC \backsim \triangle ADC$ より

$DC : AC = EC : DC$

$5 : 7 = EC : 5$

$EC = \dfrac{25}{7}$

$AE = AC - EC$ だから

$AE = 7 - \dfrac{25}{7} = \dfrac{24}{7}$

〈解説〉解答参照。

【高等学校】

【 1 】 (1)　[1]　$n = 1$ のとき　（左辺）$= \cos\theta + i\sin\theta$

（右辺）$= \cos\theta + i\sin\theta$

より成立する。

[2]　$n = k$ のとき

$(\cos\theta + i\sin\theta)^k = \cos k\theta + i\sin k\theta$ が成り立つと仮定する。

$n=k+1$のとき

$$(\cos\theta + i\sin\theta)^{k+1} = (\cos\theta + i\sin\theta)^k(\cos\theta + i\sin\theta)$$
$$= (\cos k\theta + i\sin k\theta)(\cos\theta + i\sin\theta)$$
$$= (\cos k\theta\cos\theta - \sin k\theta\sin\theta) + i(\sin k\theta\cos\theta$$
$$+ \cos k\theta\sin\theta)$$
$$= \cos(k+1)\theta + i\sin(k+1)\theta$$

よって，$n=k+1$のときも成り立つ。

[1]，[2]より　全ての自然数nについて，$(\cos\theta + i\sin\theta)^n = \cos n\theta + i\sin n\theta$ が成り立つ。

(2)　$\sqrt{x+3}$が実数であることからxの存在範囲に注意すること，及び①の右辺$x-3$について，$x-3<0$のときと，$x-3 \geqq 0$のときの場合に分けて考えればよいことを以下のように説明する。

$\sqrt{x+3} > x-3$より$\sqrt{x+3}$が実数であることから，$x+3 \geqq 0$すなわち$x \geqq -3$

また，$\sqrt{x+3} \geqq 0$である。

$x-3<0$，すなわち$x<3$のとき，$-3 \leqq x < 3$　…(i)において，①が成り立つ。

$x-3 \geqq 0$，すなわち$x \geqq 3$のとき，$\sqrt{x+3} > 0$かつ$x-3 \geqq 0$なので，①の両辺を2乗して　$x+3 > (x-3)^2$

生徒が書いた答案から

$1 < x < 6$

よって，$3 \leqq x < 6$　…(ii)のとき，①が成り立つ。

(i)，(ii)より

$-3 \leqq x < 6$

〈解説〉(1)　解答参照。　(2)　解答例の他に下図のような，曲線$y = \sqrt{x+3}$　と直線$y = x-3$　のグラフを使い，$\sqrt{x+3} > x-3$の範囲を説明する指導法もある。

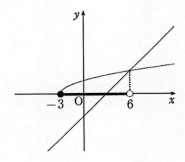

【2】(1) $y=xe^{-x}$ より

$y'=-(x-1)e^{-x}$

$y''=(x-2)e^{-x}$

x	$\cdots$	1	$\cdots$	2	$\cdots$
y'	$+$	0	$-$	$-$	$-$
y''	$-$	$-$	$-$	0	$+$
y	↗	$\dfrac{1}{e}$	↘	$\dfrac{2}{e^2}$	↘

$\displaystyle \lim_{x\to\infty} xe^{-x}=0$ より，$y=0$ は漸近線になる。

増減表からグラフの概形は以下の通り。

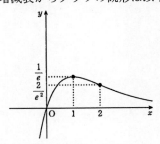

(2) 接線の方程式は，

$y=-(t-1)e^{-t}(x-t)+te^{-t}$

$x=0$ のとき $y=t^2e^{-t}$

$x=1$ のとき $y=(t^2-t+1)e^{-t}$

$$S(t) = \frac{1}{2}\{t^2 e^{-t} + (t^2 - t + 1)e^{-t}\} - \int_0^1 x e^{-x} dx$$

$$= \frac{1}{2}(2t^2 - t + 1)e^{-t} - \left\{\left[-x e^{-x}\right]_0^1 + \int_0^1 e^{-x} dx\right\}$$

$$= \frac{1}{2}(2t^2 - t + 1)e^{-t} - \left(1 - \frac{2}{e}\right)$$

(3) $S'(t) = \frac{1}{2}(4t - 1)e^{-t} - \frac{1}{2}(2t^2 - t + 1)e^{-t}$

$$= -\frac{1}{2}(2t^2 - 5t + 2)e^{-t}$$

$$= -\frac{1}{2}(2t - 1)(t - 2)e^{-t}$$

t	0	$\cdots$	$\frac{1}{2}$	$\cdots$	1
$S'(t)$	$-$	$-$	0	$+$	$+$
$S(t)$		↘	極小	↗	

増減表より，$S(t)$を最小にするtの値は，$t = \frac{1}{2}$である。

〈解説〉解答参照。

【中高共通】

【 1 】 次の各問いに答えよ。

(1) $\sqrt{(5\sqrt{2}-3\sqrt{6})^2}=[\ \text{ア}\ ]\sqrt{[\ \text{イ}\ ]}-[\ \text{ウ}\ ]\sqrt{[\ \text{エ}\ ]}$である。

(2) 2次関数$y=3x^2-2x+4$は$x=\dfrac{[\ \text{オ}\ ]}{[\ \text{カ}\ ]}$で，最小値$\dfrac{[\ \text{キク}\ ]}{[\ \text{ケ}\ ]}$をとる。

(3) 9個の白の碁石をA，B，Cの3人に分ける。1個ももらえない人がいてもよいとすると，分け方は[コサ]通りで，全員少なくとも1個はもらえるような分け方は[シス]通りである。

(4) x, yは実数とする。$x=y$は$x=\sqrt{y^2}$であるための[セ]。

[セ]に当てはまるものを，次の1～4から1つ選べ。

1 必要十分条件である

2 必要条件であるが，十分条件ではない

3 十分条件であるが，必要条件ではない

4 必要条件でも十分条件でもない

(5) △ABCにおいて，CA$=2\sqrt{2}$，∠B$=45°$，∠C$=105°$とする。このとき，BC$=$[ソ]であり，△ABCの外接円の半径をRとすると，$R=$[タ]である。

(6) AB$=6$，BC$=4$，CA$=8$である△ABCの∠BACの二等分線が辺BCと交わる点をD，△ABCの内心をIとする。このとき，BD$=\dfrac{[\ \text{チツ}\ ]}{[\ \text{テ}\ ]}$，AI$=\dfrac{[\ \text{ト}\ ]}{[\ \text{ナ}\ ]}$IDである。

(7) 正の整数mを8で割った余りが5，正の整数nを8で割った余りが6であるとき，$3m+2n$を8で割った余りは[ニ]であり，m^2+n^2を8で割った余り[ヌ]である。

(8) 数直線上を動く点Pが原点の位置にある。1枚の硬貨を投げて，表

が出たときにはPは正の向きに1だけ進み，裏が出たときにはPは負の向きに2だけ進む。硬貨を6回続けて投げたとき，点Pが原点に戻っている確率は$\dfrac{[\quad ネノ \quad]}{[\quad ハヒ \quad]}$である。

(☆☆☆◎◎◎)

【2】次の各問いに答えよ。

(1) 関数$y=\left(\dfrac{1}{4}\right)^x-3\left(\dfrac{1}{2}\right)^x+1\,(x\geqq-2)$において，$t=\left(\dfrac{1}{2}\right)^x$とおくと，$[\quad ア \quad]<t\leqq[\quad イ \quad]$であり，$y=\left(t-\dfrac{[\quad ウ \quad]}{[\quad エ \quad]}\right)^{[\ オ\ ]}-\dfrac{[\quad カ \quad]}{[\quad キ \quad]}$となる。

したがって，yは，$x=[\quad クケ \quad]$のとき最大値$[\quad コ \quad]$をとり，$x=[\quad サ \quad]-\log_2[\quad シ \quad]$のとき最小値$\dfrac{[\quad スセ \quad]}{[\quad ソ \quad]}$をとる。

(2) $a=\log_3 x$，$b=\log_9 y$とする。$ab=2$ならば，$x>1$，$y>1$のときのxyの最小値は$[\quad タチ \quad]$である。

(3) 3^{100}は$[\quad ツテ \quad]$桁の整数であり，また0.3^{100}を小数で表示すると，小数第$[\quad トナ \quad]$位に初めて0でない数字が現れる。ただし，$\log_{10}3=0.4771$とする。

(☆☆☆◎◎◎)

【3】次の各問いに答えよ。

(1) 数列$\{a_n\}1\cdot1,\ 5\cdot3,\ 9\cdot3^2,\ 13\cdot3^3\cdots\cdots$において，この数列の第$k$項は$a_k=([\quad ア \quad]k-[\quad イ \quad])\cdot[\quad ウ \quad]^{k-1}$であり，初項から第$n$項までの和を$S$とすると$S=\dfrac{[\quad エ \quad]+[\quad オ \quad]^n([\quad カ \quad]n-[\quad キ \quad])}{[\quad ク \quad]}$である。

(2) 初項38，公差-4の等差数列を$\{a_n\}$とする。このとき$\displaystyle\sum_{k=1}^{20}|a_k|$の値は$[\quad ケコサ \quad]$である。

(3) 1個のさいころを180回投げて，5以上の目が出る回数をXとする。X

の期待値は[　シス　]であり，Xの標準偏差は[　セ　]$\sqrt{[\quad ソタ \quad]}$である。

(☆☆☆◎◎◎)

【中学校】

【1】次の各問いに答えよ。

(1) 関数$f(x)=2x^2-3x$において，xが-1から$-1+h$まで変化するときの平均変化率は[　ア　]$h-$[　イ　]であり，hを限りなく0に近づけると，この平均変化率の値は[　ウエ　]に限りなく近づく。

(2) 定積分$\int_0^1(x+1)dx$を求めると，$\int_0^1(x+1)dx=\dfrac{[\quad オ \quad]}{[\quad カ \quad]}$である。

(3) $a>0$とする。放物線$C:y=\left(1-\dfrac{3}{a^2}\right)x^2$について，$x$座標が$a$である$C$上の点Aにおける接線$\ell$の方程式は

$$y=\left([\quad キク \quad]-\dfrac{[\quad ケ \quad]}{[\quad コ \quad]}\right)x-[\quad サ \quad]^{[シ]}+[\quad ス \quad]$$

である。$a=2$のとき，C，ℓ，y軸で囲まれた部分の面積は$\dfrac{[\quad セ \quad]}{[\quad ソ \quad]}$である。

(☆☆☆◎◎◎)

【2】次の図で，放物線は関数$y=\dfrac{1}{2}x^2$のグラフであり，点Oは原点である。2点A，Bは放物線上の点であり，そのx座標はそれぞれ-2，3である。下の各問いに答えよ。

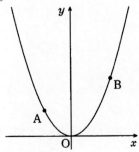

(1) △OABの面積を求めよ。

(2)　放物線上に点Pをとり，△OABの面積と△PABの面積が等しくなるようにする。このとき，点Pの座標をすべて求めよ。

(☆☆☆◎◎◎)

【3】次の図は，底面の半径が2cm，母線の長さが12cmの円錐である。線分BCは底面の直径であり，線分AB，ACは母線である。線分AB上にAP＝8cmとなる点Pをとり，図のように，点Bから側面にそって点Pまで糸の長さが最も短くなるようにかける。次の各問いに答えよ。ただし，円周率はπとする。

(1)　この円錐の体積と表面積を求めよ。

(2)　この糸の長さを求めよ。

(3)　かけた糸と線分ACとの交点をQとするとき，線分AQの長さを求めよ。

(☆☆☆◎◎◎)

【高等学校】

【1】次の各問いに答えよ。

(1)　2点A(3，1)，B(−1，4)を通る直線の方程式は$3x+[$　ア　$]y-[$　イウ　$]=0$である。また，直線ABに平行で，点(−2，1)を通る直線の方程式は$3x+[$　エ　$]y+[$　オ　$]=0$であり，線分ABの垂直二等分線の方程式は

[　カ　]x−[　キ　]y+[　ク　]=0である。

(2) pは定数とする。放物線C：$y=x^2+4px+2p^2-4p-3$の頂点の座標は([　ケコ　]p, [　サシ　]p^2−[　ス　]p−[　セ　])である。pがすべての実数値をとって変化するとき，Cの頂点の軌跡の方程式は$y=\dfrac{[　ソタ　]}{[　チ　]}x^2+[　ツ　]x-[　テ　]$である。

(3) 点Pが円$(x-2)^2+(y-1)^2=5$上を動くとき，点A(5, −3)と点Pとの距離の最小値は[　ト　]−$\sqrt{[　ナ　]}$，最大値は[　ニ　]+$\sqrt{[　ヌ　]}$である。

また，点Aと点Pとの距離が最小となるとき，点Pの座標は
P$\left(\dfrac{[　ネノ　]+[　ハ　]\sqrt{[　ヒ　]}}{5},\ \dfrac{[　フ　]-[　ヘ　]\sqrt{[　ホ　]}}{5}\right)$
である。

(☆☆☆◎◎◎)

【2】次の各問いに答えよ。

(1) あなたは，高等学校第2学年の「数学B」の授業を担当している。△OABにおいて，$\overrightarrow{\mathrm{OA}}=\vec{a}$，$\overrightarrow{\mathrm{OB}}=\vec{b}$，△OABの面積を$S$とする。

このとき，$S=\dfrac{1}{2}\sqrt{|\vec{a}|^2|\vec{b}|^2-(\vec{a}\cdot\vec{b})^2}$となることを，あなたは生徒にどのように説明するか，具体的に記述せよ。

(2) pを正の実数とし，座標平面上の楕円$(x-p)^2+4y^2=4$を考える。①，②の問いに答えよ。

① 楕円$(x-p)^2+4y^2=4$の焦点を求めよ。

② 楕円$(x-p)^2+4y^2=4$が直線$y=-x$に接するとき，pの値を求めよ。

(☆☆☆◎◎◎)

【3】関数$f(x)=x\log x$ $(x>0)$について，次の各問いに答えよ。

(1) $f(x)$の極値を求めよ。

(2) aを正の定数とするとき，$x>0$を満たすすべてのxにおいて

65

$$f(x) \geqq f'(a)(x-a)+f(a)$$

が成り立つことを示せ。

(3)　$t>0$に対して，$\dfrac{1}{4t}\displaystyle\int_{t}^{5t} f(x) \geqq f(3t)$が成り立つことを示せ。

(☆☆☆◎◎◎)

解答・解説

【中高共通】

【１】(1)　ア　3　　イ　6　　ウ　5　　エ　2　　(2)　オ　1　　カ　3
キ　1　　ク　1　　ケ　3　　(3)　コ　5　　サ　5　　シ　2
ス　8　　(4)　セ　4　　(5)　ソ　2　　タ　2　　(6)　チ　1
ツ　2　　テ　7　　ト　7　　ナ　2　　(7)　ニ　3　　ヌ　5
(8)　ネ　1　　ノ　5　　ハ　6　　ヒ　4

〈解説〉(1)　(与式)$=|5\sqrt{2}-3\sqrt{6}|=|\sqrt{50}-\sqrt{54}|=-(\sqrt{50}-\sqrt{54})$
$=\sqrt{54}-\sqrt{50}=3\sqrt{6}-5\sqrt{2}$

(2)　$y=3\left(x-\dfrac{1}{3}\right)^2+\dfrac{11}{3}$となるので，$x=\dfrac{1}{3}$のとき最小値$\dfrac{11}{3}$

(3)　1個ももらえない人がいてもよいとする分け方は，○○｜○○○｜○○○のように○を9個と｜を2個を並べ替えればよいので，

$\dfrac{11!}{9! \times 2!}=\dfrac{11 \times 10}{2 \times 1}=55$〔通り〕

また，全員少なくとも1個はもらえる分け方は，○■○■○■○■○■○■○のように9個の○の間の8個の■から2か所に｜を入れればよいので，

$_8C_2=\dfrac{8 \times 7}{2 \times 1}=28$〔通り〕

(4)　$x=y \Rightarrow x=\sqrt{y^2}$については，$x=y=-1$のとき $x=\sqrt{y^2}$は満たさないので偽である。

$x=\sqrt{y^2}\Rightarrow x=y$ については，$x=1$，$y=-1$ のとき，$x=\sqrt{y^2}$ は成り立つが $x\neq y$ となるので偽である。

よって，必要条件でも十分条件でもない。

(5)　$\angle A=180°-\angle B-\angle C=180°-45°-105°=30°$ なので，

正弦定理より，$\dfrac{BC}{\sin30°}=\dfrac{2\sqrt{2}}{\sin45°}$

これを解いて，$BC=2$ となる。

また，$2R=\dfrac{2}{\sin30°}=4$ より $R=2$

(6)　角の二等分線と辺の比より $BD:DC=AB:AC=6:8=3:4$ となり，

$BD=4\times\dfrac{3}{7}=\dfrac{12}{7}$

同様に，$AI:ID=BA:BD=6:\dfrac{12}{7}=42:12=7:2$ となり，

$AI=\dfrac{7}{2}ID$

(7)　$m\equiv5\ (\text{mod }8)$，$n\equiv6\ (\text{mod }8)$

よって，$3m+2n\equiv3\times5+2\times6=27\equiv3\ (\text{mod }8)$

また，$m^2+n^2\equiv5^2+6^2=61\equiv5\ (\text{mod }8)$ である。

(8)　点Pが原点に戻るのは，表が4回，裏が2回でたときなので，

${}_6C_4\left(\dfrac{1}{2}\right)^4\left(\dfrac{1}{2}\right)^2=\dfrac{6\times5}{2\times1}\times\dfrac{1}{16}\times\dfrac{1}{4}=\dfrac{15}{64}$

【2】(1)　ア　0　　イ　4　　ウ　3　　エ　2　　オ　2　　カ　5
キ　4　　ク　−　　ケ　2　　コ　5　　サ　1　　シ　3　　ス　−
セ　5　　ソ　4　　(2)　タ　8　　チ　1　　(3)　ツ　4　　テ　8
ト　5　　ナ　3

〈解説〉(1)　$x\geqq-2$ より $t=\left(\dfrac{1}{2}\right)^x\leqq4$

また，$\left(\dfrac{1}{2}\right)^x>0$ より $0<t\leqq4$ である。

また，$y=t^2-3t+1=\left(t-\dfrac{3}{2}\right)^2-\dfrac{5}{4}$ となる。

したがって，$0<t\leqq4$のとき，$t=4$で最大値5をとり，$t=\dfrac{3}{2}$で最小値$-\dfrac{5}{4}$をとる。

$t=4$のとき$\left(\dfrac{1}{2}\right)^{x}=4$より$x=-2$,

$t=\dfrac{3}{2}$のとき$\left(\dfrac{1}{2}\right)^{x}=\dfrac{3}{2}$より

$x=\log_{\frac{1}{2}}\dfrac{3}{2}=-\log_{2}\dfrac{3}{2}=-(\log_{2}3-\log_{2}2)=1-\log_{2}3$

となるので，$x=-2$のとき最大値5，$x=1-\log_{2}3$のとき最小値$-\dfrac{5}{4}$

(2)　$\log_{3}xy=\log_{3}x+\log_{3}y=a+2b$

ここで$x>1$，$y>1$より$a>0$，$b>0$なので相加平均と相乗平均の大小関係より，

$a+2b\geqq2\sqrt{2ab}=2\sqrt{2\times2}=4$

よって，$\log_{3}xy$の最小値は4より$\log_{3}xy=4$つまり$xy=3^{4}=81$

(3)　3^{100}は$\log_{10}3^{100}=100\log_{10}3=100\times0.4771=47.71$より$47<\log_{10}3^{100}<48$

よって$10^{47}<3^{100}<10^{48}$となるので3^{100}は48桁の数である。

また，0.3^{100}は

$\log_{10}0.3^{100}=100\log_{10}\dfrac{3}{10}=100(\log_{10}3-1)=100\times(0.4771-1)=-52.29$

より$-53<\log_{10}0.3^{100}<-52$

よって$10^{-53}<0.3^{100}<10^{-52}$となるので，$0.3^{100}$は小数第53位に初めて0でない数字が現れる。

【３】(1) ア　4　　イ　3　　ウ　3　　エ　5　　オ　3　　カ　4
キ　5　　ク　2　　(2) ケ　4　　コ　0　　サ　0　　(3) シ　6
ス　0　　セ　2　　ソ　1　　タ　0

〈解説〉(1)　数列$\{a_{n}\}$は，初項1，公差4の等差数列と初項1，公比3の等比数列の積なので，第k項は，

$\{1+(k-1)\times4\}\times(1\times3^{k-1})=(4k-3)\cdot3^{k-1}$

である。また，

$S=1\cdot1+5\cdot3+9\cdot3^2+\cdots+(4n-3)\cdot3^{n-1}$なので，

$3S=\qquad\quad 1\cdot3+5\cdot3^2+\cdots+(4n-7)\cdot3^{n-1}+(4n-3)\cdot3^n$となり，

$S-3S=1\cdot1+4\cdot3+4\cdot3^2+\cdots+4\cdot3^{n-1}-(4n-3)\cdot3^n$を変形していくと，

$-2S=1+4\cdot(3+3^2+3^3+\cdots+3^{n-1})-(4n-3)\cdot3^n$より

$-2S=1+4\cdot\dfrac{3(3^{n-1}-1)}{3-1}-(4n-3)\cdot3^n$となるので，

$-2S=1+2\cdot(3^n-3)-(4n-3)\cdot3^n$

つまり$-2S=-5+(5-4n)\cdot3^n$

したがって，$S=\dfrac{5+3^n(4n-5)}{2}$

(2) $a_n=38+(n-1)\times(-4)=-4n+42$なので，

$1\leqq n\leqq10$のとき$a_n>0$，$11\leqq n\leqq20$のとき$a_n<0$となるので，

$$\sum_{k=1}^{20}|a_k|=\sum_{k=1}^{10}a_k+\sum_{k=11}^{20}(-a_k)=\sum_{k=1}^{10}a_k-\sum_{k=11}^{20}a_k$$

$$=\sum_{k=1}^{10}a_k-\left(\sum_{k=1}^{20}a_k-\sum_{k=1}^{10}a_k\right)=2\sum_{k=1}^{10}a_k-\sum_{k=1}^{20}a_k$$

$$=2\sum_{k=1}^{10}(-4k+42)-\sum_{k=1}^{20}(-4k+42)$$

$$=2\times\left\{-4\times\frac{1}{2}\times10\times(10+1)+42\times10\right\}$$

$$\quad-\left\{-4\times\frac{1}{2}\times20\times(20+1)+42\times20\right\}=400$$

(3) 5以上の目が出る確率は$\dfrac{1}{3}$

よって180回の期待値は$180\times\dfrac{1}{3}=60$であり，標準偏差は，

$$\sqrt{180\times\frac{1}{3}\times\frac{2}{3}}=\sqrt{40}=2\sqrt{10}$$

【中学校】

【１】(1) ア 2　イ 7　ウ －　エ 7　(2) オ 3　カ 2

(3) キ 2　ク a　ケ 6　コ a　サ a　シ 2

ス 3　セ 2　ソ 3

〈解説〉(1)　平均変化率は，

$$\frac{f(-1+h)-f(-1)}{(-1+h)-(-1)}=\frac{\{2(-1+h)^2-3(-1+h)\}-\{2(-1)^2-3(-1)\}}{h}$$

$$=\frac{2(h^2-2h+1)-3(-1+h)-(2+3)}{h}$$

$$=\frac{2h^2-7h}{h}=2h-7$$

である。よって，$\displaystyle\lim_{h\to 0}(2h-7)=-7$

(2)　$\displaystyle\int_0^1 (x+1)\,dx=\left[\frac{1}{2}x^2+x\right]_0^1=\frac{1}{2}+1=\frac{3}{2}$

(3)　放物線Cの方程式をxについて微分すると$y'=2\left(1-\dfrac{3}{a^2}\right)x$より$x=a$に

おける接線の方程式は，

$y-\left(1-\dfrac{3}{a^2}\right)a^2=2\left(1-\dfrac{3}{a^2}\right)a(x-a)$より，

$y=\left(2a-\dfrac{6}{a}\right)x-2a^2+6+a^2-3$

つまり，$l：y=\left(2a-\dfrac{6}{a}\right)x-a^2+3$である。

$a=2$のとき，$C：y=\left(1-\dfrac{3}{4}\right)x^2=\dfrac{1}{4}x^2$であり，$l：y=\left(4-\dfrac{6}{2}\right)x-4+3=$

$x-1$

よって，Cとlとy軸で囲まれた部分の面積は，

$$\int_0^2\left(\frac{1}{4}x^2-x+1\right)dx=\left[\frac{1}{12}x^3-\frac{1}{2}x^2+x\right]_0^2=\frac{8}{12}-\frac{4}{2}+2=\frac{2}{3}$$

【２】(1)　2点A，Bは，関数$y=\dfrac{1}{2}x^2$のグラフ上にあるから，点Aの座標は

$(-2,2)$，点Bの座標は$\left(3,\dfrac{9}{2}\right)$である。直線ABの傾きは，

$\left(\dfrac{9}{2}-2\right)\div\{3-(-2)\}=\dfrac{1}{2}$ 　　　よって，直線ABの式は$y=\dfrac{1}{2}x+b$と表す

ことができる。$x=-2$，$y=2$を代入すると　　$b=3$　　　したがって，直

線ABの式は　$y=\dfrac{1}{2}x+3$

以上のことから，△OABの面積は　$\dfrac{1}{2}\times3\times\{3-(-2)\}=\dfrac{15}{2}$

(2)　△OABと△PABの底辺をともに線分ABとみる。三角形の底辺と
面積が等しいときは高さも等しいから，点Pは，次の図の3つの場合が
考えられる。

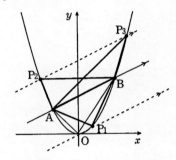

・点P_1の場合

点P_1が，原点Oを通り，直線ABと平行な直線，$y=\dfrac{1}{2}x$のグラフ上にあ

る。

よって，関数$y=\dfrac{1}{2}x^2$，$y=\dfrac{1}{2}x$のグラフの交点P_1の座標を求めると，

$P_1\left(1,\ \dfrac{1}{2}\right)$

・点P_2，P_3の場合

直線ABが$y=\dfrac{1}{2}x+3$であるから，直線P_2P_3は$y=\dfrac{1}{2}x+6$となればよい。

よって，関数$y=\dfrac{1}{2}x^2$，$y=\dfrac{1}{2}x+6$のグラフの交点P_2，P_3の座標を求める

と，$P_2\left(-3,\ \dfrac{9}{2}\right)$，$P_3(4,\ 8)$

〈解説〉解答参照。

【3】(1)　頂点Aから底面に垂線をひき，底面との交点をOとする。3点A，
B，Cを通る平面で円錐を切ると，その断面は次の図のようになる。

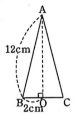

△ABOは直角三角形で，三平方の定理より，AO＝$2\sqrt{35}$ cm

よって，円錐の体積は，$\dfrac{1}{3} \times \pi \times 2^2 \times 2\sqrt{35} = \dfrac{8\sqrt{35}}{3}\pi$ cm³

また，円錐の展開図において，側面になるおうぎ形の中心角は

$360° \times \dfrac{4\pi}{24\pi} = 60°$ となる。

よって，円錐の表面積は，$\pi \times 2^2 + \pi \times 12^2 \times \dfrac{60°}{360°} = 28\pi$ cm²

(2)　円錐の側面は，母線ABで切って開くと次の図のようになる。

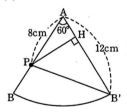

糸の長さが最も短いので，線分PB′の長さを求めるとよい。

点PからAB′に垂線を下ろし，AB′との交点をHとする。

△APHにおいて，AH＝4cm，PH＝$4\sqrt{3}$ cm　　よって，HB′＝8cm

△PB′Hは直角三角形であるから，三平方の定理より，PB′＝$4\sqrt{7}$ cm

(3)　次の図の展開図において，△APQと△AB′Qの底辺を線分AQと考
える。

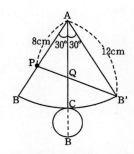

△APQの高さは4cm，△AB′Qの高さは6cmである。

また，△APB′は底辺をAB′と考えると，高さは$4\sqrt{3}$cmである。

△APQ＋△AQB′＝△APB′より，

$$\frac{1}{2}\times AQ\times 4+\frac{1}{2}\times AQ\times 6=\frac{1}{2}\times 12\times 4\sqrt{3}$$

$$5AQ=24\sqrt{3}$$

$$AQ=\frac{24\sqrt{3}}{5}\text{cm}$$

〈解説〉解答参照。

【高等学校】

【1】(1)　ア　4　　イ　1　　ウ　3　　エ　4　　オ　2　　カ　8
キ　6　　ク　7　　(2)　ケ　－　　コ　2　　サ　－　　シ　2
ス　4　　セ　3　　ソ　－　　タ　1　　チ　2　　ツ　2　　テ　3
(3)　ト　5　　ナ　5　　ニ　5　　ヌ　5　　ネ　1　　ノ　0
ハ　3　　ヒ　5　　フ　5　　ヘ　4　　ホ　5

〈解説〉(1)　2点A(3，1)，B(−1，4)を通る直線は，$y-1=\dfrac{4-1}{-1-3}(x-3)$
より$3x+4y-13=0$である。

直線ABに平行で，点(−2，1)を通る直線は，$3(x+2)+4(y-1)=0$より
$3x+4y+2=0$である。

線分ABの中点は$\left(\dfrac{3+(-1)}{2}，\dfrac{1+4}{2}\right)=\left(1，\dfrac{5}{2}\right)$より，線分ABの垂直二

等分線は直線ABと点$\left(1, \dfrac{5}{2}\right)$で垂直に交わる直線なので，$4(x-1)-$

$3\left(y-\dfrac{5}{2}\right)=0$より$8x-6y+7=0$である。

(2)　放物線Cの方程式を平方完成して，$y=(x+2p)^2-2p^2-4p-3$より頂点の座標は$(-2p, -2p^2-4p-3)$である。またCの頂点の軌跡は，$x=-2p, y=-2p^2-4p-3$として，$p=-\dfrac{x}{2}$をyの式に代入して$y=-2\left(-\dfrac{x}{2}\right)^2-4\left(-\dfrac{x}{2}\right)-3$より$y=-\dfrac{1}{2}x^2+2x-3$である。

(3)　次の図のように，円$(x-2)^2+(y-1)^2=5$の中心を$B(2, 1)$とすると，$AB=\sqrt{(5-2)^2+(-3-1)^2}=5$

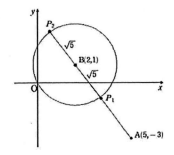

よって，円周上を動く点Pと点Aとの距離の最小値は図のAP_1より$AP_1=AB-\sqrt{5}=5-\sqrt{5}$，最大値は図の$AP_2$より$AP_2=AB+\sqrt{5}=5+\sqrt{5}$である。

またP_1は線分ABを$(5-\sqrt{5}):\sqrt{5}$に内分する点なので，

$\left(\dfrac{\sqrt{5}\times5+(5-\sqrt{5})\times2}{5-\sqrt{5}+\sqrt{5}}, \dfrac{\sqrt{5}\times(-3)+(5-\sqrt{5})\times1}{5-\sqrt{5}+\sqrt{5}}\right)=\left(\dfrac{10+3\sqrt{5}}{5}, \dfrac{5-4\sqrt{5}}{5}\right)$である。

【2】(1)　△OABにおいて，$\angle AOB=\theta$とすると，$0°<\theta<180°$より$\sin\theta$は正の値をとり，$\sin\theta=\sqrt{1-\cos^2\theta}$である。

数学Ⅰの三角比の分野で学んだ三角形の面積を求める式から

$S=\dfrac{1}{2}\text{OA}\cdot\text{OB}\sin\theta$ である。

$|\vec{a}|$と$|\vec{b}|$はそれぞれ，辺OAと辺OBの長さなので，

$S=\dfrac{1}{2}|\vec{a}\|\vec{b}|\sin\theta$ となる。

よって，$S=\dfrac{1}{2}|\vec{a}\|\vec{b}|\sqrt{1-\cos^2\theta}$

$=\dfrac{1}{2}\sqrt{|\vec{a}|^2|\vec{b}|^2(1-\cos^2\theta)}$

$=\dfrac{1}{2}\sqrt{|\vec{a}|^2|\vec{b}|^2-|\vec{a}|^2|\vec{b}|^2\cos^2\theta}$

$=\dfrac{1}{2}\sqrt{|\vec{a}|^2|\vec{b}|^2-(|\vec{a}\|\vec{b}|\cos\theta)^2}$

$\vec{a}\cdot\vec{b}=|\vec{a}\|\vec{b}|\cos\theta$ より，

$S=\dfrac{1}{2}\sqrt{|\vec{a}|^2|\vec{b}|^2-(\vec{a}\cdot\vec{b})^2}$ となる。

(2) ① $\dfrac{(x-p)^2}{2^2}+\dfrac{y^2}{1^2}=1$

この楕円は，楕円$\dfrac{x^2}{4}+y^2=1$を，x軸方向にp平行移動したものであるので，

求める楕円の焦点は次の2点である。

$(p+\sqrt{3},\ 0),\ (p-\sqrt{3},\ 0)$

② $y=-x$を$(x-p)^2+4y^2=4$ …①に代入すると，

$(x-p)^2+4(-x)^2=4$

$5x^2-2px+p^2-4=0$

この方程式の判別式をDとすると，楕円①と$y=-x$のグラフが接するから

$\dfrac{D}{4}=p^2-5(p^2-4)=0$

$-4p^2+20=0$

$p^2=5$

$p>0$なので

$p=\sqrt{5}$

〈解説〉解答参照。

【３】(1)　$f(x)=x\log x$

$f'(x)=\log x+1$　より

$x>0$における$y=f(x)$の増減表は次のようになる。

x	0	$\cdots$	$\dfrac{1}{e}$	$\cdots$
$f'(x)$		$-$	0	$+$
$f(x)$		$\searrow$	極小	$\nearrow$

よって，$f(x)$は$x=\dfrac{1}{e}$のとき極小値$-\dfrac{1}{e}$をとる。極大値はなし。

(2)　$g(x)=f(x)-f'(a)(x-a)-f(a)$　を考える。

$g'(x)=f'(x)-f'(a)$

$\qquad=\log x-\log a$

$g'(x)=0$のとき，$x=a$

増減表は次のようになる。

x	0	$\cdots$	a	$\cdots$
$g'(x)$		$-$	0	$+$
$g(x)$		$\searrow$	0	$\nearrow$

よって，$x>0$を満たすすべてのxについて，

$g(x)\geqq g(a)=0$

よって，$f(x)\geqq f'(a)(x-a)+f(a)$

(3)　問題として不成立となるため，全員正答とした。

〈解説〉解答参照。

2020年度　実施問題

【中高共通】

【1】次の各問いに答えよ。

(1) $x+\dfrac{1}{x}=3$のとき，$x^3+\dfrac{1}{x^3}$の値は，[　アイ　]である。

(2) x，yの関数$P=x^2-8xy+18y^2-6x+2y+5$の最小値は，$-\dfrac{[　ウエオ　]}{[　カ　]}$である。ただし，x，yは実数とする。

(3) 実数x，yが$x^2+y^2=8$を満たしている。$4x+y$の値は，
$x=\dfrac{[　キ　]\sqrt{[　クケ　]}}{[　コサ　]}$，$y=\dfrac{[　シ　]\sqrt{[　クケ　]}}{[　コサ　]}$で，
最大値$[　ス　]\sqrt{[　セ　][　ソ　]}$をとる。

(4) △ABCにおいて，$\dfrac{\sin A}{\sqrt{7}}=\dfrac{\sin B}{\sqrt{3}}=\sin C$が成り立つとき，
$\sin B=\dfrac{\sqrt{[　タチ　]}}{[　ツテ　]}$である。

(5) $x+y+z=14$を満たす正の整数x，y，zの組$(x,\ y,\ z)$は，全部で[　トナ　]組ある。

(6) 男子5人，女子2人が手をつないで輪を作るとき，女子2人が隣り合う確率は，$\dfrac{[　ニ　]}{[　ヌ　]}$である。

(7) AB＝7，BC＝5，CA＝3である△ABCの内心をIとする。直線AIと辺BCの交点をDとする。このとき，線分BDの長さは，$\dfrac{[　ネ　]}{[　ノ　]}$である。

(8) m，nを正の整数とする。このとき，$\dfrac{1}{m}+\dfrac{2}{n}=\dfrac{1}{2}$を満たす組$(m,\ n)$は，全部で[　ハ　]組ある。

(☆☆◎◎◎)

77

【２】次の各問いに答えよ。

(1) $0 \leqq x \leqq \dfrac{\pi}{2}$ の範囲で $f(x)=7\sqrt{3}\cos^2 x+8\sin x\cos x-\sqrt{3}\sin^2 x$ を考える。

$f\left(\dfrac{\pi}{3}\right)=[\quad ア\quad]\sqrt{[\quad イ\quad]}$ である。

また，

$f(x)=[\quad ウ\quad]\sqrt{[\quad エ\quad]}\cos 2x+[\quad オ\quad]\sin 2x+[\quad カ\quad]\sqrt{[\quad キ\quad]}$

$\qquad =[\quad ク\quad]\sin\left(2x+\dfrac{\pi}{[\quad ケ\quad]}\right)+[\quad カ\quad]\sqrt{[\quad キ\quad]}$

である。

$f(x)$ は

$x=\dfrac{\pi}{[\quad コサ\quad]}$ のとき，最大値 $[\quad シ\quad]+[\quad ス\quad]\sqrt{[\quad セ\quad]}$

$x=\dfrac{\pi}{[\quad ソ\quad]}$ のとき，最小値 $[\quad タ\quad]\sqrt{[\quad チ\quad]}$

をとる。

(2) 実数 x，y についての連立方程式

$$\begin{cases} -3\cdot 2^x+2^y=8 \\ \log_2(y+1)=1+\log_2 x \end{cases}$$

の解は，$x=[\quad ツ\quad]$，$y=[\quad テ\quad]$ である。

(☆☆◎◎◎)

【中学校】

【１】次の各問いに答えよ。

(1) 連立不等式 $x \geqq 0$，$y \geqq 0$，$2x+y \leqq 10$，$x+3y \leqq 10$ を満たす x，y に対し，$x+y$ の値は $x=[\quad ア\quad]$，$y=[\quad イ\quad]$ のとき最大値 $[\quad ウ\quad]$ を，$x=[\quad エ\quad]$，$y=[\quad オ\quad]$ のとき最小値 $[\quad カ\quad]$ をとる。

(2) 3点 A(4，−1)，B(6，3)，C(−3，0) を通る円の方程式は $x^2+y^2-[\quad キ\quad]x-[\quad ク\quad]y-[\quad ケコ\quad]=0$ であり，この円の中心の座標は $([\quad サ\quad]$，$[\quad シ\quad])$，半径は $[\quad ス\quad]$ である。

(3) 2点 (4，1)，(−3，2) を直径の両端とする円の方程式は

$\left(x-\dfrac{[\quad セ\quad]}{[\quad ソ\quad]}\right)^2+\left(y-\dfrac{[\quad タ\quad]}{[\quad チ\quad]}\right)^2=\dfrac{[\quad ツテ\quad]}{[\quad ト\quad]}$ である。

(☆☆◎◎◎)

【2】 次の各問いに答えよ。

(1) 3次関数 $f(x)=x^3+ax^2+bx+c$ が，$x=-1$ で極大値6，$x=1$ で極小値をとる。このとき $a=$[　ア　]，$b=-$[　イ　]，$c=$[　ウ　]である。また極小値は[　エ　]である。

(2) $f(x)=\displaystyle\int_0^x (t^2-5t+6)dt$ は $x=$[　オ　]のとき，極大値 $\dfrac{[\ \text{カキ}\ ]}{[\ \text{ク}\ ]}$ をとり，$x=$[　ケ　]のとき極小値 $\dfrac{[\ \text{コ}\ ]}{[\ \text{サ}\ ]}$ をとる。

(3) 曲線 $y=x^3-2x$ とその曲線上の点 $(-1,\ 1)$ における接線で囲まれた図形の面積は $\dfrac{[\ \text{シス}\ ]}{[\ \text{セ}\ ]}$ である。

(☆☆◎◎◎)

【3】 次の図で，①は関数 $y=\dfrac{1}{4}x^2$ のグラフ，②は関数 $y=-\dfrac{1}{2}x^2$ のグラフである。点Aは放物線①上の点であり，点Aの x 座標は正の数である。点Aを通り，x 軸に平行な直線と，放物線①との交点をBとする。点Bを通り y 軸に平行な直線と放物線②との交点をC，点Aを通り y 軸に平行な直線と放物線②との交点をDとする。

下の各問いに答えよ。

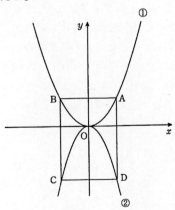

(1) 点Aの x 座標を p とするとき，AB，ADの長さを，それぞれ p を使って表せ。

79

(2)　四角形ABCDが正方形になるとき，点Aの座標を求めよ。

(3)　辺ADと*x*軸との交点Eの座標が(6，0)のとき，点Eを通り，四角形ABCDの面積を2等分する直線と辺BCとの交点の座標を求めよ。

(☆☆◎◎◎)

【4】次の各問いに答えよ。

(1)　次の図は，400人が受験した問題Aと問題Bの得点のデータの箱ひげ図である。この箱ひげ図から読みとれることとして正しいものを，下のア～エからすべて選べ。

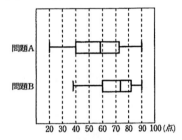

ア　問題Aでは60点以上の受験者が200人より多い。

イ　問題Bでは80点以上の受験者が100人以上いる。

ウ　問題Aは問題Bに比べて得点の散らばりの度合いが大きい。

エ　問題A，問題Bともに30点台の受験者がいる。

(2)　次の図のように，鋭角三角形ABCにおいて3つの頂点から対辺へ下ろした垂線AP，BQ，CRは，点Hで交わる。PH＝1，AQ＝2，QC＝4であるとき，あとの各問いに答えよ。

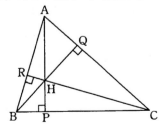

80

① 線分AHの長さを求めよ。

② 面積比△PQH：△QRH：△RPHを求めよ。

(☆☆◎◎◎)

【高等学校】

【1】次の各問いに答えよ。

(1) $\displaystyle\sum_{k=1}^{n}(3^{k+1}+3k^2+2k-1)=\frac{1}{2}\cdot 3^{n+[\ \mathcal{P}\ ]}+n^3+\frac{[\ \mathcal{I}\ ]}{[\ \mathcal{P}\ ]}n^2+\frac{[\ \mathcal{I}\ ]}{[\ \mathcal{I}\ ]}n$

$-\frac{[\ \mathcal{D}\ ]}{[\ \mathcal{I}\ ]}$である。

(2) $a_1=2$, $a_{n+1}=\dfrac{2a_n}{3a_n+4}$で定義される数列の一般項は,

$a_n=\dfrac{2}{[\ \mathcal{D}\ ]^{n+[\ \mathcal{I}\ ]}-[\ \mathcal{I}\ ]}$である。

(3) 1個のさいころを1回投げたときに出る目をXとする。確率変数Xの標準偏差は$\dfrac{\sqrt{[\ \text{サシス}\ ]}}{[\ \text{セ}\ ]}$である。

(☆☆◎◎◎)

【2】次の各問いに答えよ。

1辺の長さが2である正四面体OABCにおいて，OAを2：1に内分する点をP，ABを3：1に内分する点をQ，OCを3：1に内分する点をRとする。$\overrightarrow{OA}=\vec{a}$，$\overrightarrow{OB}=\vec{b}$，$\overrightarrow{OC}=\vec{c}$とおく。

(1) $\vec{a}\cdot\vec{b}=[\ \mathcal{P}\ ]$である。

(2) $\overrightarrow{RQ}=\dfrac{[\ \mathcal{I}\ ]}{[\ \mathcal{P}\ ]}\vec{a}+\dfrac{[\ \mathcal{I}\ ]}{[\ \mathcal{I}\ ]}\vec{b}-\dfrac{[\ \mathcal{D}\ ]}{[\ \mathcal{I}\ ]}\vec{c}$

である。また，$|\overrightarrow{RP}|=\dfrac{\sqrt{[\ \mathcal{D}\mathcal{I}\ ]}}{[\ \mathcal{I}\ ]}$である。

(3) 三角形ABCの重心をGとする。3点P，Q，Rを通る平面と直線OGの交点をDとするとき，$\overrightarrow{OD}$を$\vec{a}$，$\vec{b}$，$\vec{c}$を用いて表すと，

$$\overrightarrow{OD} = \frac{[\ \text{サ}\ ]}{[\ \text{シス}\ ]}\vec{a} + \frac{[\ \text{セ}\ ]}{[\ \text{ソタ}\ ]}\vec{b} + \frac{[\ \text{チ}\ ]}{[\ \text{ツテ}\ ]}\vec{c}$$

となる。

(☆☆◎◎◎)

【3】次の各問いに答えよ。

(1) 「関数$f(x)$が$x=a$で微分可能であるとき，$f(a)=0$ならば$f(x)$は$x=a$で極値をとりますよね。」と質問に来た生徒にあなたはどのように指導するか，記述せよ。

(2) 次の関数$f(x)=\dfrac{\log x}{x}$，$g(x)=\dfrac{1}{x}$について，①～③の問いに答えよ。

① 関数$y=f(x)$の極値を求めよ。

② 不定積分$\displaystyle\int \dfrac{\log x}{x}dx$を求めよ。

③ aを正の定数とする。2曲線$y=f(x)$，$y=g(x)$および直線$x=a$で囲まれた部分の面積Sが$\dfrac{9}{2}$であるとき，定数aの値を求めよ。

(☆☆◎◎◎)

【4】次の各問いに答えよ。

(1) 複素数平面上で点zが$|z-(4+3i)|=1$を満たしながら動くとき，$|z-6|$の最大値および最小値を求めよ。

(2) 等式$z+\dfrac{1}{z}=1$を満たす複素数zに対して$\dfrac{1}{z^{100}}$の値を求めよ。

(3) zを$z\neq0$である複素数とする。$z+\dfrac{1}{z}$が実数となる点z全体の描く図形を複素数平面上に図示せよ。

(☆☆◎◎◎)

解答・解説

【中高共通】

【1】(1) ア 1 イ 8   (2) ウ 1   エ 2   オ 9   カ 2

(3) キ 8   ク 3   ケ 4   コ 1   サ 7   シ 2

ス 2   セ 3   ソ 4   (4) タ 2   チ 1   ツ 1

テ 4   (5) ト 7   ナ 8   (6) ニ 1   ヌ 3

(7) ネ 7   ノ 2   (8) ハ 4

〈解説〉(1) $x^3+\dfrac{1}{x^3}=\left(x+\dfrac{1}{x}\right)^3-3\left(x+\dfrac{1}{x}\right)=27-9=18$

(2) $P(x)=x^2-(8y+6)x+18y^2+2y+5$

$=\{x-(4y+3)\}^2-(4y+3)^2+18y^2+2y+5$

$=\{x-(4y+3)\}^2+2y^2-22y-4$

$=\{x-(4y+3)\}^2+2(y^2-11y)-4$

$=\{x-(4y+3)\}^2+2\left(y-\dfrac{11}{2}\right)^2-\dfrac{121}{2}-\dfrac{8}{2}$

よって最小値は，$-\dfrac{129}{2}$

(3) $4x+y=k$とおく。実数x，yは$x^2+y^2=8$を満たしていることから，中心$(0,\ 0)$，半径$2\sqrt{2}$の円に，直線$y=-4x+k$が接するときkは最大値・最小値をとる。

よって，$x^2+(k-4x)^2=8$ …①が重解をもつkの値を求める。

$D=64k^2-4\times17(k^2-8)=0$を解くと，$k=\pm2\sqrt{34}$

ゆえに$4x+y=k=2\sqrt{34}$が最大値となる。

また，そのときのxの値は①に$k=2\sqrt{34}$を代入し解き求め，それを$y=-4x+2\sqrt{34}$に代入することでyの値を得ることができる。

(4) △ABCにおいて$\dfrac{\sin A}{\sqrt{7}}=\dfrac{\sin B}{\sqrt{3}}=\sin C$が成り立つことより，

$\dfrac{\sqrt{7}}{\sin A}=\dfrac{\sqrt{3}}{\sin B}=\dfrac{1}{\sin C}$が成り立つ。

つまり$a:b:c=\sqrt{7}:\sqrt{3}:1$

余弦定理より，$\cos B = \dfrac{3k^2 - k^2 - 7k^2}{-2 \times k \times \sqrt{7}\,k} = \dfrac{5\sqrt{7}}{14}$

題意より$\sin B > 0$なので，$\sin B = \sqrt{1 - \cos^2 B} = \dfrac{\sqrt{21}}{14}$

(5)　$x + y + z = 14$を満たす正の整数(x, y, z)を考えるために，3つの箱に14個のボールを正の整数個に分ける個数の組合せ数を求めるのと同じ。

ゆえに，${}_{13}C_2 = 78$〔組〕

(6)　男子5人，女子2人が手をつないで輪を作る並び方の組合せは$(7-1)!$通り，女子2人を1組と見て，男子5人，女子1組が手をつないで輪を作る並び方の組合せは$(6-1)! \times 2$通り。

よって，求める確率は，$\dfrac{(6-1)! \times 2}{(7-1)!} = \dfrac{1}{3}$

(7)　Iは△ABCの内心より，ADは∠Aの二等分線。

ゆえに，CD：DB＝3：7

よって，BD＝$5 \times \dfrac{7}{10} = \dfrac{7}{2}$

(8)　$\dfrac{1}{m} + \dfrac{2}{n} = \dfrac{1}{2}$の両辺に$2mn$をかけて，$2n + 4m = mn$

よって，$(m-2)(n-4) = 8$

m, nは正の整数より，$(m-2, n-4) = (1, 8), (2, 4), (4, 2), (8, 1)$

よって，$(m, n) = (3, 12), (4, 8), (6, 6), (10, 5)$の4組

【2】(1)　ア 3　　イ 3　　ウ 4　　エ 3　　オ 4　　カ 3
　　　　キ 3　　ク 8　　ケ 3　　コ 1　　サ 2　　シ 8　　ス 3
　　　　セ 3　　ソ 2　　タ －　　チ 3　　(2)　ツ 3　　テ 5

〈解説〉(1)　$f\left(\dfrac{\pi}{2}\right) = 3\sqrt{3}$

$\begin{aligned}
f(x) &= 7\sqrt{3}\cos^2 x + 8\sin x \cos x - \sqrt{3}\sin^2 x \\
&= \sqrt{3}(-\sin^2 x + \cos^2 x) + 4 \times 2\sin x \cos x + 6\sqrt{3}\cos^2 x \\
&= \sqrt{3}\cos 2x + 4\sin 2x + 3\sqrt{3}(\cos 2x + 1) \\
&= 4\sqrt{3}\cos 2x + 4\sin 2x + 3\sqrt{3}
\end{aligned}$

$$= 8\left(\frac{\sqrt{3}}{2} \times \cos 2x + \frac{1}{2} \times \sin 2x\right) + 3\sqrt{3} = 8\sin\left(2x + \frac{\pi}{3}\right) + 3\sqrt{3}$$

$0 \le x \le \frac{\pi}{2}$ より，$\frac{\pi}{3} \le 2x + \frac{\pi}{3} \le \frac{4\pi}{3}$ となるので，

$$-\frac{\sqrt{3}}{2} \le \sin\left(2x + \frac{\pi}{3}\right) \le 1$$

$$-4\sqrt{3} \le 8\sin\left(2x + \frac{\pi}{3}\right) \le 8$$

$$-\sqrt{3} \le f(x) \le 8 + 3\sqrt{3}$$

最大値は $2x + \frac{\pi}{3} = \frac{\pi}{2}$ のとき，すなわち $x = \frac{\pi}{12}$ のとき，$8 + 3\sqrt{3}$

最小値は $2x + \frac{\pi}{3} = \frac{4\pi}{3}$ のとき，すなわち $x = \frac{\pi}{2}$ のとき，$-\sqrt{3}$

(2)　$-3 \cdot 2^x + 2^y = 8$ …①

$\log_2(y+1) = 1 + \log_2 x$ …②

②より，$\log_2(y+1) = \log_2 2 + \log_2 x = \log_2 2x$

ゆえに，$y = 2x - 1$ …②′

これを①に代入すると，$-3 \cdot 2^x + 2^{2x-1} = 8$

両辺を2倍して，$-6 \cdot 2^x + 2^{2x} = 16$

$2^{2x} - 6 \cdot 2^x - 16 = 0$

$(2^x - 8)(2^x + 2) = 0$

$2^x > 0$ より，$2^x = 8$　ゆえに，$x = 3$

②′に代入して，$y = 2 \cdot 3 - 1 = 5$

よって解は，$x = 3$，$y = 5$

【中学校】

【1】(1)　ア　4　　イ　2　　ウ　6　　エ　0　　オ　0　　カ　0

(2)　キ　2　　ク　6　　ケ　1　　コ　5　　サ　1　　シ　3

ス　5　(3)　セ　1　　ソ　2　　タ　3　　チ　2　　ツ　2

テ　5　　ト　2

〈解説〉(1)　$x \geqq 0$，$y \geqq 0$，$2x + y \leqq 10$，$x + 3y \leqq 10$ を満たす x，y に対して，

$x + y = k$ とすると，k は $2x + y = 10$ と $x + 3y = 10$ の交点を通るとき（$x = 4$，

$y=2$のとき)最大値6となり，原点を通るとき($x=0$，$y=0$のとき)最小値0となる。

(2) 円の方程式：$x^2+ax+y^2+by+c=0$に$(x, y)=(4, -1)$，$(6, 3)$，$(-3, 0)$を代入し，連立方程式として(a, b, c)の値を得る。

$(a, b, c)=(-2, -6, -15)$となるので，中心$(1, 3)$，半径5の円となる。

(3) 2点$(4, 1)$，$(-3, 2)$を直径の両端とする円の中心は，2点の中点である。

また，半径は2点間の距離の半分となるため$\dfrac{\sqrt{50}}{2}$となり，中心は$\left(\dfrac{1}{2}, \dfrac{3}{2}\right)$，半径の2乗は$\dfrac{25}{2}$となる。

【2】(1) ア 0　イ 3　ウ 4　エ 2　(2) オ 2　カ 1
キ 4　ク 3　ケ 3　コ 9　サ 2　(3) シ 2
ス 7　セ 4

〈解説〉(1)　$f'(x)=3x^2+2ax+b$

$x=-1$，1で極値をとることより，$f'(-1)=0$，$f'(1)=0$とすると，

$f'(-1)=3-2a+b=0$

$f'(1)=3+2a+b=0$

これを解いて，$(a, b)=(0, -3)$

また，$f(-1)=-1+3+c=6$より，$c=4$

$f(x)=x^3-3x+4$となり，極小値$f(1)=2$

(2)　$f(x)=\left[\dfrac{1}{3}t^3-\dfrac{5}{2}t^2+6t\right]_0^x=\dfrac{1}{3}x^3-\dfrac{5}{2}x^2+6x$

$f'(x)=x^2-5x+6=(x-2)(x-3)=0$とすると，

$f(x)$は$x=2$で極大値$f(2)$，$x=3$で極小値$f(3)$をとる。

(3)　$f(x)=x^3-2x$とする。$f'(x)=3x^2-2$

$f'(1)=3-2=1$より，点$(-1, 1)$における接線の方程式は，$y=x+2$

$f(x)$と$y=x+2$のもう1つの交点のx座標は，$x^3-2x=x+2$を解いて$x=2$

$\displaystyle\int_{-1}^2(x+2-x^3+2x)dx=\left[-\dfrac{1}{4}x^4+\dfrac{3}{2}x^2+2x\right]_{-1}^2=-\dfrac{15}{4}+\dfrac{9}{2}+6=\dfrac{27}{4}$

【3】 (1)　点Aは関数$y=\frac{1}{4}x^2$のグラフ上の点より, y座標は$\frac{1}{4}p^2$

また, 点Bは点Aとy軸について対称な点より, 点Bの座標は$\left(-p, \frac{1}{4}p^2\right)$

点Dは関数$y=-\frac{1}{2}x^2$のグラフ上の点で, そのx座標はpより点Dの座標は$\left(p, -\frac{1}{2}p^2\right)$

したがって, $AB=p-(-p)=2p$　　$AD=\frac{1}{4}p^2-\left(-\frac{1}{2}p^2\right)=\frac{3}{4}p^2$

(2)　四角形ABCDは正方形だから,

AB＝AD

$2p=\frac{3}{4}p^2$

$3p^2-8p=0$

$p(3p-8)=0$

$p>0$より　$p=\frac{8}{3}$

よって, 求める点Aの座標は$\left(\frac{8}{3}, \frac{16}{9}\right)$

(3)　点Eを通り, 四角形ABCDの面積を2等分する直線は, 対角線AC, BDの交点を通る。

この交点の座標は, $\left(0, -\frac{9}{2}\right)$

よって, 2点$(6, 0)$, $\left(0, -\frac{9}{2}\right)$を通る直線と$x=-6$の交点は$(-6, -9)$

〈解説〉解答参照。

【4】 (1)　イ, ウ

(2)　①　△AHQと△ACPにおいて,

仮定より, ∠AQH＝∠APC＝90°　…ア

また, ∠Aは共通だから, ∠HAQ＝∠CAP　…イ

ア, イより2組の角がそれぞれ等しいから

△AHQ∽△ACP

よって，AH：AC＝AQ：AP

ここで，AH＝xとすると，

x：6＝2：(x＋1)

$x(x＋1)＝12$

$x^2＋x－12＝0$

$(x－3)(x＋4)＝0$

$x＞0$より　$x＝3$

したがって，AH＝3

② 三平方の定理を利用すると，HQ＝$\sqrt{5}$，HC＝$\sqrt{21}$，PC＝$2\sqrt{5}$

となる。

△HCQ＝$4×\sqrt{5}×\dfrac{1}{2}＝2\sqrt{5}$，△HCP＝$2\sqrt{5}×1×\dfrac{1}{2}＝\sqrt{5}$なので，

△QRH：△RPH＝△HCQ：△HCP＝2：1　…ウ

また，△AHQ＝$2×\sqrt{5}×\dfrac{1}{2}＝\sqrt{5}$，△AHR∽△CHPで相似比が

3：$\sqrt{21}$より面積比は9：21

△AHR＝△HCP×$\dfrac{9}{21}＝\sqrt{5}×\dfrac{9}{21}＝\dfrac{3}{7}\sqrt{5}$なので，

△PQH：△RPH＝△AHQ：△AHR＝7：3　…エ

ウ，エより　△PQH：△QRH：△RPH＝7：6：3

〈解説〉(1)　アは，問題Aで第2四分位数が60点未満であることから，60
点未満の受験者が200人いることが読み取れる。エは，問題Aについて
30点台の受験者がいるとは言えない。　(2)　解答参照。

【高等学校】

【1】(1)　ア 2　　イ 5　　ウ 2　　エ 1　　オ 2　　カ 9
　　　キ 2　　(2)　ク 2　　ケ 1　　コ 3　　サ 1　　シ 0
　　　ス 5　　セ 6

〈解説〉(1)　(与式)＝$3^2＋3^3＋\cdots＋3^n＋3^{n+1}＋3×\dfrac{1}{6}n(n＋1)(2n＋1)＋2×\dfrac{1}{2}$

$n(n＋1)－n$

$＝\left\{\dfrac{3(3^{n+1}－1)}{3－1}－3\right\}＋\dfrac{1}{2}n(2n^2＋3n＋1)＋n^2$

$$=\frac{1}{2}\cdot 3^{n+2}+n^3+\frac{5}{2}n^2+\frac{1}{2}n-\frac{9}{2}$$

(2)　$a_{n+1}=\dfrac{2a_n}{3a_n+4}$の逆数をとって，$\dfrac{1}{a_{n+1}}=\dfrac{3a_n+4}{2a_n}=\dfrac{3}{2}+\dfrac{2}{a_n}$

$$\left(\frac{1}{a_{n+1}}+\frac{3}{2}\right)=2\left(\frac{1}{a_n}+\frac{3}{2}\right)$$

よって数列$\left\{\dfrac{1}{a_n}+\dfrac{3}{2}\right\}$は，初項$\dfrac{1}{a_1}+\dfrac{3}{2}=2$，公比2の等比数列

ゆえに一般項は，$\dfrac{1}{a_n}+\dfrac{3}{2}=2\times 2^{n-1}=2^n$

$$\frac{1}{a_n}=2^n-\frac{3}{2}=\frac{2^{n+1}-3}{2}$$

$$a_n=\frac{2}{2^{n+1}-3}$$

(3)　平均は $\overline{x}=\dfrac{1+\cdots+6}{6}=\dfrac{21}{6}=\dfrac{7}{2}$なので，

標準偏差 $\sigma(X)=\sqrt{\dfrac{1}{n}\displaystyle\sum_{i=1}^{n}(x_i-\overline{x})^2}=\sqrt{\dfrac{1}{6}\left\{\left(1-\dfrac{7}{2}\right)^2+\cdots+\left(6-\dfrac{7}{2}\right)^2\right\}}$

$$=\sqrt{\frac{1}{6}\times\frac{5^2+3^2+1^2+1^2+3^2+5^2}{4}}=\frac{\sqrt{105}}{6}$$

(別解)　$\sigma(X)=\sqrt{E(X^2)-\{E(X)\}^2}=\sqrt{\dfrac{1}{6}(1^2+2^2+\cdots+6^2)-\left(\dfrac{7}{2}\right)^2}$

$$=\sqrt{\frac{1}{6}\times\frac{6\times 7\times 13}{6}-\frac{49}{4}}=\frac{\sqrt{105}}{6}$$

【2】(1)　ア 2　　(2)　イ 1　　ウ 4　　エ 3　　オ 4　　カ 3

　　キ 4　　ク 7　　ケ 3　　コ 6　　(3)　サ 3　　シ 1

　　ス 1　　セ 3　　ソ 1　　タ 1　　チ 3　　ツ 1　　テ 1

〈解説〉(1)　$\vec{a}\cdot\vec{b}=2\times 2\times\cos\dfrac{\pi}{3}=2$

(2)　$\overrightarrow{RQ}=\overrightarrow{OQ}-\overrightarrow{OR}=\dfrac{\overrightarrow{OA}+3\overrightarrow{OB}}{4}-\dfrac{3}{4}\overrightarrow{OC}$

$$=\frac{1}{4}\overrightarrow{OA}+\frac{3}{4}\overrightarrow{OB}-\frac{3}{4}\overrightarrow{OC}$$

$$\overrightarrow{RP} = \frac{3}{4}\overrightarrow{OC} - \frac{2}{3}\overrightarrow{OA}$$

$$|\overrightarrow{RP}|^2 = \frac{9}{16}\times 4 + \frac{4}{9}\times 4 - 2\times\frac{3}{4}\times\frac{2}{3}\times 2 = \frac{73}{36}$$

よって，$|\overrightarrow{RP}| = \dfrac{\sqrt{73}}{6}$

(3) 点Dは平面PQR上の点であることより，

$$\overrightarrow{OD} = s\overrightarrow{OP} + t\overrightarrow{OR} + (1-s-t)\overrightarrow{OQ}$$

となる実数s, tが存在する。

$$\overrightarrow{OD} = s\overrightarrow{OP} + t\overrightarrow{OR} + (1-s-t)\overrightarrow{OQ}$$

$$= \frac{2}{3}s\overrightarrow{OA} + \frac{3}{4}t\overrightarrow{OC} + (1-s-t)\left(\frac{1}{4}\overrightarrow{OA} + \frac{3}{4}\overrightarrow{OB}\right)$$

$$= \left(\frac{5}{12}s - \frac{1}{4}t + \frac{1}{4}\right)\overrightarrow{OA} + (1-s-t)\frac{3}{4}\overrightarrow{OB} + \frac{3}{4}t\overrightarrow{OC}$$

点DはOG上の点であることより，$\overrightarrow{OD} = k\overrightarrow{OG}$ となる実数kが存在する。

$$\overrightarrow{OD} = k\overrightarrow{OG} = \frac{1}{3}k\overrightarrow{OA} + \frac{1}{3}k\overrightarrow{OB} + \frac{1}{3}k\overrightarrow{OC}$$

$\overrightarrow{OA}$, $\overrightarrow{OB}$, $\overrightarrow{OC}$ は互いに一次独立であるから，係数比較して，

$$s = \frac{3}{11},\ t = \frac{4}{11},\ k = \frac{9}{11}$$

ゆえに，$\overrightarrow{OD} = \dfrac{3}{11}\overrightarrow{OA} + \dfrac{3}{11}\overrightarrow{OB} + \dfrac{3}{11}\overrightarrow{OC}$

【3】(1) 一般に$f'(a)=0$であっても，$f(a)$が極値であるとは限りません。例えば，$f(x)=x^3$について，$f'(0)=0$であるが，$f(0)$は極値になりません。$x=a$を境目として$f'(x)$の符号が変化しているとき，$f'(a)$は極値となります。

しかし，$f(x)=x^3$の場合，増減表をかくと，

x		0	
$f'(x)$	+	0	+
$f(x)$	↗	0	↗

となり，$f(0)$は極大値でも，極小値でもありません。

(2)　①　$y'=\dfrac{1-\log x}{x^2}$

$y'=0$とすると$x=e$

x	0		e	
$f'(x)$		+	0	−
$f(x)$		↗	極大	↘

増減表より

$x=e$のとき，極大値$\dfrac{1}{e}$をとる。

②　$\displaystyle\int\dfrac{\log x}{x}dx$について

$t=\log x$とおく。$\dfrac{dt}{dx}=\dfrac{1}{x}$より，$dx=xdt$

$$\int\dfrac{\log x}{x}dx=\int t\,dt=\dfrac{1}{2}t^2+C=\dfrac{1}{2}(\log x)^2+C \quad (C\text{は積分定数})$$

(2)　③　$\dfrac{1}{x}-\dfrac{\log x}{x}=\dfrac{1-\log x}{x}$より

$0<x<e$のとき　$\dfrac{1}{x}>\dfrac{\log x}{x}$

$x\geqq e$のとき　$\dfrac{1}{x}\leqq\dfrac{\log x}{x}$

$0<a<e$のとき

$$S=\int_a^e\left(\dfrac{1}{x}-\dfrac{\log x}{x}\right)dx$$

$$=\left[\log x-\dfrac{1}{2}(\log x)^2\right]_a^e$$

$$=\left(1-\dfrac{1}{2}\right)-\left\{\log a-\dfrac{1}{2}(\log a)^2\right\}$$

$$= \frac{1}{2} - \log a + \frac{1}{2}(\log a)^2$$

$e < a$ のとき

$$S = \int_e^a \left(\frac{\log x}{x} - \frac{1}{x} \right) dx$$

$$= \int_a^e \left(\frac{1}{x} - \frac{\log x}{x} \right) dx$$

$$= \frac{1}{2} - \log a + \frac{1}{2}(\log a)^2$$

$S = \frac{9}{2}$ のとき

$$\frac{1}{2} - \log a + \frac{1}{2}(\log a)^2 = \frac{9}{2}$$

$$(\log a + 2)(\log a - 4) = 0$$

$$\log a = -2, \quad \log a = 4$$

$$\therefore \quad a = \frac{1}{e^2}, \quad e^4$$

〈解説〉解答参照。

【4】(1)　$\alpha = 4 + 3i$,　$\beta = 6$ とし，A(α)，B(β) とする。

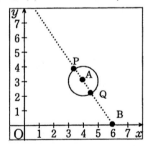

$|z - 6|$ は点 z と点 B の2点間の距離なので，

$|z - 6|$ は，点 z が点 P の位置にあるとき最大，点 z が点 Q の位置にあるとき最小となる。

最大値は，AB＋1より　$\sqrt{13} + 1$

最小値は，AB−1より　$\sqrt{13}-1$

(2)　$z^2-z+1=0$より

$$z=\frac{1}{2}\pm\frac{\sqrt{3}}{2}i$$

極形式で表すと

$$z=\cos\frac{\pi}{3}+i\sin\frac{\pi}{3}, \ \ z=\cos\left(-\frac{\pi}{3}\right)+i\sin\left(-\frac{\pi}{3}\right)$$

$$\frac{1}{z^{100}}=\cos\left(\mp\frac{100}{3}\pi\right)+i\sin\left(\mp\frac{100}{3}\pi\right)$$

$$=\cos\left(\mp\frac{4}{3}\pi\right)+i\sin\left(\left(\mp\frac{4}{3}\pi\right)\right)$$

$$\therefore \ \ \frac{1}{z^{100}}=-\frac{1}{2}\pm\frac{\sqrt{3}}{2}i$$

(3)　$\omega=z+\frac{1}{z}$が実数　$\Leftrightarrow$　$\omega=\overline{\omega}$　…①

①に$\omega=z+\frac{1}{z}$を代入

$$z+\frac{1}{z}=\overline{z}+\frac{1}{\overline{z}}$$

$$z|z|^2+\overline{z}=\overline{z}|z|^2+z$$

$$(z-\overline{z})|z|^2-(z-\overline{z})=0$$

$$(z-\overline{z})(|z|^2-1)=0$$

$$z=\overline{z}　または　|z|^2=1$$

よって，点zの動く図形は　実軸または単位円(ただし，$z\neq0$)

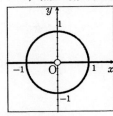

〈解説〉解答参照。

2019年度　実施問題

【中高共通】

【1】次の各問いに答えよ。

(1) xがすべての実数値をとりうるとき，関数$y=(x^2+1)^2+2(x^2+1)-1$の最小値は[　ア　]である。

(2) $1<a<2$のとき，$\sqrt{a^2-2a+1}+\sqrt{a^2-4a+4}$を簡単にすると，[　イ　]となる。

　　[　イ　]に当てはまるものを，次の①～⑤から1つ選べ。

　　① 1　　② $2a-3$　　③ -1　　④ 2　　⑤ 0

(3) $\sqrt{5}$ の小数部分をbとするとき，$b^2+4b+8=$[　ウ　]である。

(4) 9人の生徒を，5人，2人，2人の3つの組に分ける分け方は[　エオカ　]通りである。

(5) 1個のさいころを3回投げるとき，2の目が少なくとも1回は出る確立は$\dfrac{[\ キク\ ]}{[\ ケコサ\ ]}$である。

(6) 不等式$\left(\dfrac{1}{2}\right)^{3x}\leqq\left(\dfrac{1}{2}\right)^{x^2}$を解くと，[　シ　]となる。

　　[　シ　]に当てはまるものを次の①～⑤から1つ選べ。

　　① $0<x<3$　　② $0\leqq x\leqq3$　　③ $x\leqq0,\ 3\leqq x$

　　④ $x<0,\ 3<x$　　⑤ $x=3$

(7) 6^{100}は[　スセ　]桁の整数である。ただし，$\log_{10}2=0.3010$，$\log_{10}3=0.4771$とする。

(8) $\displaystyle\int_1^2 x\log x\,dx=$[　ソ　]$\log$[　タ　]$-\dfrac{[\ チ\ ]}{[\ ツ\ ]}$である。

(☆☆☆◎◎◎◎)

【2】$0\leqq\theta\leqq\pi$のとき，関数$y=\sin2\theta+2(\sin\theta+\cos\theta)-1\cdots$①について考える。

(1) $t=\sin\theta+\cos\theta$として，yをtの関数で表すと，

$y=t^2+[$ ア $]t-[$ イ $]$であり，tのとりうる値の範囲は，

$[$ ウエ $]\leqq t\leqq\sqrt{[$ オ $]}$となる。

(2) ①は，$\theta=\dfrac{\pi}{[$ カ $]}$のとき，最大値$[$ キ $]\sqrt{[$ ク $]}$をとり，

$\theta=\pi$のとき，最小値$[$ ケコ $]$をとる。

(☆☆☆◎◎◎◎)

【3】初項から第n項までの和S_nが$S_n=3n^2+4n$で表される数列$\{a_n\}$について考える。

(1) この数列の一般項a_nを求めると$a_n=[$ ア $]n+[$ イ $]$である。

(2) $a_{2018}+a_{2019}+a_{2020}=[$ ウエオカキ $]$である。

(3) $\displaystyle\sum_{k=1}^{n}a_ka_{k+1}=[$ クケ $]n^3+[$ コサ $]n^2+[$ シス $]n$である。

(☆☆☆◎◎◎◎)

【4】平行六面体OADB−CEGFにおいて，辺OAを3：2に内分する点をP，辺ADをk：$(1-k)$に内分する点をQ，辺DGを1：2に内分する点をR，辺OCの中点をMとする。

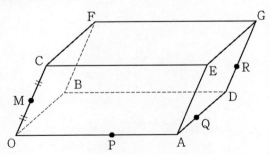

(1) $\overrightarrow{OA}=\vec{a}$，$\overrightarrow{OB}=\vec{b}$，$\overrightarrow{OC}=\vec{c}$とするとき，$\overrightarrow{PQ}$，$\overrightarrow{PR}$，$\overrightarrow{PM}$を$\vec{a}$，$\vec{b}$，$\vec{c}$を用いて表すと

$\overrightarrow{PQ}=\dfrac{[\ ア\ ]}{[\ イ\ ]}\vec{a}+k\vec{b}$

$$\overrightarrow{\text{PR}} = \frac{[\ \text{ウ}\ ]}{[\ \text{エ}\ ]}\vec{a} + \vec{b} + \frac{[\ \text{オ}\ ]}{[\ \text{カ}\ ]}\vec{c}$$

$$\overrightarrow{\text{PM}} = \frac{[\ \text{キク}\ ]}{[\ \text{ケ}\ ]}\vec{a} + \frac{[\ \text{コ}\ ]}{[\ \text{サ}\ ]}\vec{c}$$

である。

(2) 3点P，R，Mの定める平面と直線OGとの交点をHとするとき，
OH：HG＝[　シ　]：[　ス　]となる。

(3) 3点P，Q，Mの定める平面が辺FGと共有点をもつとき，kの値の
範囲は

$$\frac{[\ \text{セ}\ ]}{[\ \text{ソ}\ ]} \leq k \leq \frac{[\ \text{タ}\ ]}{[\ \text{チ}\ ]}$$

となる。

(☆☆☆◎◎◎◎)

【中学校】

【1】次の各問いに答えよ。

(1) 次の図のように，AB＝AC，∠A＝36°の二等辺三角形がある。
∠Cの二等分線と辺ABとの交点をDとすると，線分BDの長さが1と
なった。このとき，線分CDの長さを求めよ。

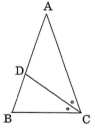

(2) 大，中，小の3つのさいころを同時に投げるとき，出る目をそれ
ぞれa，b，cとする。このとき，次の確率を求めよ。

① a＋b＋c＝6となる確率

② a＋b＝cとなる確率

③ a＞b＞cとなる確率

(☆☆☆◎◎◎)

【2】次の図のように，正三角形ABCの外接円において，点Aを含まない $\overset{\frown}{BC}$ 上に点Pをとると，PA＝BP＋PCが成り立つ。このことについて，下の各問いに答えよ。

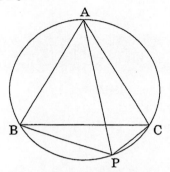

(1) BP＝CDとなる点Dを線分PCのC側の延長上にとる。このことを用いて，PA＝BP＋PCを証明せよ。

(2) (1)と異なる方法で，PA＝BP＋PCを証明せよ。

(☆☆☆◎◎◎)

【高等学校】

【1】関数 $f(x)$ はすべての実数 x に対して定義されている。次の各問いに答えよ。

(1) 関数 $f(x)$ が $x＝a$ において微分可能であることの定義を書け。

(2) $\displaystyle \lim_{x \to 0} \frac{\sin x}{x}＝1$ であることを証明せよ。

(3) 関数 $f(x)＝x \sin x$ が $x＝a$ において微分可能であることを証明せよ。

(☆☆☆◎◎◎)

【2】関数 $f(x)＝x-e^x$ とおく。t を実数とし，曲線 $y＝f(x)$ と x 軸，および2直線 $x＝t$，$x＝t＋1$ で囲まれた図形の面積 $S(t)$ とする。次の各問いに答えよ。

(1) すべての実数 x について $f(x)＜0$ であることを証明せよ。

(2) $S(t)$ を t の関数で表せ。

(3)　$S(t)$の最小値とそのときのtの値を求めよ。

(☆☆☆◎◎◎◎)

解答・解説

【中高共通】

【1】(1)　ア　2　　(2)　イ　①　　(3)　ウ　9　　(4)　エ　3　　オ　7
　　カ　8　　(5)　キ　9　　ク　1　　ケ　2　　コ　1　　サ　6
　　(6)　シ　②　　(7)　ス　7　　セ　8　　(8)　ソ　2　　タ　2
　　チ　3　　ツ　4

〈解説〉(1)　$t=x^2+1$とおく。$x^2\geqq0$より，$t\geqq1$
　また$y=t^2+2t-1$なので平方完成して，$y=(t+1)^2-2$
　したがって，定義域$t\geqq1$における$y=(t+1)^2-2$の最小値は$t=1$のときで，
　最小値は2となる。
　(2)　(与式)$=\sqrt{(a-1)^2}+\sqrt{(a-2)^2}=|a-1|+|a-2|$
　ここで，$1<a<2$より$a-1>0$，$a-2<0$なので
　(与式)$=(a-1)-(a-2)=-1+2=1$
　(3)　$\sqrt{5}$の整数部分は2なので小数部分は$b=\sqrt{5}-2$
　ここで$b+2=\sqrt{5}$として両辺を2乗すると，$b^2+4b+4=5$より
　$b^2+4b=1$
　したがって，$b^2+4b+8=1+8=9$
　(4)　3組とも区別がつくものとして分けるとすると，
　${}_9C_5\times{}_4C_2\times{}_2C_2=126\times6=756$となる。
　2人と2人の2組は区別がつかないので2!で割ると，
　$756\div2!=378$〔通り〕
　(5)　問題の事象の余事象は「3回のうち3回とも2の目以外の目が出る」
　ことなので，その確率は$\left(\dfrac{5}{6}\right)^3=\dfrac{125}{216}$である。

したがって，求める確率は，$1-\dfrac{125}{216}=\dfrac{91}{216}$

(6) 底 $\dfrac{1}{2}<1$ なので，不等式の指数部分より $3x\geqq x^2$ となり，

$x^2-3x\leqq0$ より，$x(x-3)\leqq0$　よって，$0\leqq x\leqq3$

(7) $\log6^{100}=100\times\log6=100\times\log(2\times3)$

$\qquad\qquad =100(\log2+\log3)$

$\qquad\qquad =100(0.3010+0.4771)=77.81$

したがって，$77<\log6^{100}<78$ より $10^{77}<6^{100}<10^{78}$ となるので，78桁。

(8) $\displaystyle\int_1^2 x\log x\,dx=\int_1^2\left(\dfrac{1}{2}x^2\right)'\log x\,dx$

$\qquad\qquad =\left[\dfrac{1}{2}x^2\log x\right]_1^2-\int_1^2\dfrac{1}{2}x^2(\log x)'dx$

$\qquad\qquad =2\log2-0-\int_1^2\dfrac{1}{2}x^2\times\dfrac{1}{x}dx$

$\qquad\qquad =2\log2-\int_1^2\dfrac{1}{2}x\,dx=2\log2-\left[\dfrac{1}{4}x^2\right]_1^2$

$\qquad\qquad =2\log2-\left(1-\dfrac{1}{4}\right)=2\log2-\dfrac{3}{4}$

【2】(1) ア 2　イ 2　ウ －　エ 1　オ 2

(2) カ 4　キ 2　ク 2　ケ －　コ 3

〈解説〉(1)　$t=\sin\theta+\cos\theta$ の両辺を2乗して

$t^2=\sin^2\theta+2\sin\theta\cos\theta+\cos^2\theta=1+2\sin\theta\cos\theta$ より

$\sin2\theta=2\sin\theta\cos\theta=t^2-1$ なので $y=t^2-1+2t-1$ つまり $y=t^2+2t-2$ となる。

また，$t=\sin\theta+\cos\theta=\sqrt{2}\sin\left(\theta+\dfrac{\pi}{4}\right)$ で，$0\leqq\theta\leqq\pi$ より

$\dfrac{\pi}{4}\leqq\theta+\dfrac{\pi}{4}\leqq\dfrac{5}{4}\pi$

よって，$-1\leqq\sqrt{2}\sin\left(\theta+\dfrac{\pi}{4}\right)\leqq\sqrt{2}$　つまり，$-1\leqq t\leqq\sqrt{2}$

(2)　(1)より $y=t^2+2t-2$（$-1\leqq t\leqq\sqrt{2}$）について最大値と最小値を考える。

$y=(t+1)^2-3$ なので，$t=\sqrt{2}$ のとき最大値 $2\sqrt{2}$，$t=-1$ のとき最小値 -3 である。

また $t=\sqrt{2}$ のとき $\sqrt{2}\sin\left(\theta+\dfrac{\pi}{4}\right)=\sqrt{2}$ となるので， $\sin\left(\theta+\dfrac{\pi}{4}\right)=1$

$0\leqq\theta\leqq\pi$ なので， $\theta+\dfrac{\pi}{4}=\dfrac{\pi}{2}$ より， $\theta=\dfrac{\pi}{4}$

【3】(1) ア 6　イ 1　(2) ウ 3　エ 6　オ 3　カ 4
キ 5　(3) ク 1　ケ 2　コ 4　サ 2　シ 3
ス 7

〈解説〉(1)　$n\geqq2$ のとき，

$a_n=S_n-S_{n-1}=(3n^2+4n)-\{3(n-1)^2+4(n-1)\}=6n+1$ より

$a_n=6n+1$　…①

また，$a_1=S_1=3\times1^2+4\times1=7$ なので，①は $n=1$ のときにも成り立つ。

(2)　$a_{2018}+a_{2019}+a_{2020}=(6\times2018+1)+(6\times2019+1)+(6\times2020+1)$

$\qquad\qquad\qquad\qquad\quad=6\times(2018+2019+2020)+3$

$\qquad\qquad\qquad\qquad\quad=6\times6057+3=36345$

(3)　$\displaystyle\sum_{k=1}^{n}a_ka_{k+1}=\sum_{k=1}^{n}(6k+1)\{6(k+1)+1\}=\sum_{k=1}^{n}(36k^2+48k+7)$

$\qquad\qquad\quad=36\times\dfrac{1}{6}n(n+1)(2n+1)+48\times\dfrac{1}{2}n(n+1)+7n$

$\qquad\qquad\quad=12n^3+42n^2+37n$

【4】(1) ア 2　イ 5　ウ 2　エ 5　オ 1　カ 3
キ －　ク 3　ケ 5　コ 1　サ 2　(2) シ 3
ス 4　(3) セ 1　ソ 4　タ 2　チ 3

〈解説〉(1)　$\overrightarrow{\mathrm{OP}}=\dfrac{3}{5}\vec{a}$ ，

$\overrightarrow{\mathrm{OQ}}=(1-k)\vec{a}+k\overrightarrow{\mathrm{OD}}=(1-k)\vec{a}+k(\vec{a}+\vec{b})=\vec{a}+k\vec{b}$ ，

$\overrightarrow{\mathrm{OR}}=\dfrac{2}{3}\overrightarrow{\mathrm{OD}}+\dfrac{1}{3}\overrightarrow{\mathrm{OG}}=\dfrac{2}{3}(\vec{a}+\vec{b})+\dfrac{1}{3}(\vec{a}+\vec{b}+\vec{c})$

$\qquad=\vec{a}+\vec{b}+\dfrac{1}{3}\vec{c}$ ，

$\overrightarrow{\mathrm{OM}}=\dfrac{1}{2}\vec{c}$

と表せる。したがって,

$$\overrightarrow{PQ} = \overrightarrow{OQ} - \overrightarrow{OP} = \vec{a} + k\vec{b} - \frac{3}{5}\vec{a} = \frac{2}{5}\vec{a} + k\vec{b},$$

$$\overrightarrow{PR} = \overrightarrow{OR} - \overrightarrow{OP} = \vec{a} + \vec{b} + \frac{1}{3}\vec{c} - \frac{3}{5}\vec{a} = \frac{2}{5}\vec{a} + \vec{b} + \frac{1}{3}\vec{c},$$

$$\overrightarrow{PM} = \overrightarrow{OM} - \overrightarrow{OP} = \frac{1}{2}\vec{c} - \frac{3}{5}\vec{a} = -\frac{3}{5}\vec{a} + \frac{1}{2}\vec{c}$$

(2) 点Hは3点P, R, Mの定める平面上にあるので,

$\alpha + \beta + \gamma = 1$ …①を満たす実数 α, β, γ を用いて,

$$\overrightarrow{OH} = \alpha\overrightarrow{OP} + \beta\overrightarrow{OR} + \gamma\overrightarrow{OM}$$

$$= \alpha\left(\frac{3}{5}\vec{a}\right) + \beta(\vec{a} + \vec{a} + \frac{1}{3}\vec{c}) + \gamma\left(\frac{1}{2}\vec{c}\right)$$

$$= \left(\frac{3}{5}\alpha + \beta\right)\vec{a} + \beta\vec{b} + \left(\frac{1}{3}\beta + \frac{1}{2}\gamma\right)\vec{c} \quad …②$$

と表せる。次に,3点O, H, Gは一直線上にあるので実数mを用いて,

$$\overrightarrow{OH} = m\overrightarrow{OG} = m(\vec{a} + \vec{b} + \vec{c}) = m\vec{a} + m\vec{b} + m\vec{c} \quad …③$$

と表せる。ここで,①,②,③について,$\vec{a}$, $\vec{b}$, $\vec{c}$ は互いに1次独立なので

$$\begin{cases} \alpha + \beta + \gamma = 1 & …① \\ \frac{3}{5}\alpha + \beta = m & …④ \\ \beta = m & …⑤ \\ \frac{1}{3}\beta + \frac{1}{2}\gamma = m & …⑥ \end{cases}$$

が成り立つ。これを解くと,$m = \frac{3}{7}$ となる。

したがって,$\overrightarrow{OH} = \frac{3}{7}\overrightarrow{OG}$ となるので,OH:HG=3:4

(3) i) 3点P, Q, Mの定める平面が辺FGと点Fで交わり,辺DGと点Sで交わるとする。点Sは実数sを用いて,線分DGを $s:(1-s)$ に内分するものとすると,

$$\overrightarrow{OS} = (1-s)\overrightarrow{OD} + s\overrightarrow{OG}$$

$$= (1-s)(\vec{a} + \vec{b}) + s(\vec{a} + \vec{b} + \vec{c}) = \vec{a} + \vec{b} + s\vec{c}$$

と表せる。このとき，次の図のようになり，$\overrightarrow{MP} /\!/ \overrightarrow{FS}$ となるので，実数tを用いて $\overrightarrow{FS} = t\overrightarrow{MP}$ と表せる。

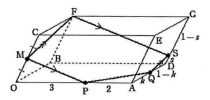

よって，$\overrightarrow{OS} - \overrightarrow{OF} = t(\overrightarrow{OP} - \overrightarrow{OM})$ なので

$$(\vec{a} + \vec{b} + s\vec{c}) - (\vec{b} + \vec{c}) = t\left(\frac{3}{5}\vec{a} - \frac{1}{2}\vec{c}\right)$$

整理して，$\vec{a} + (s-1)\vec{c} = \frac{3}{5}t\vec{a} - \frac{1}{2}t\vec{c}$ となり，$\vec{a}$，$\vec{c}$ は一次独立なので

$$\begin{cases} 1 = \dfrac{3}{5}t \\ s - 1 = -\dfrac{1}{2}t \end{cases}$$

となる。これを解いて，$s = \dfrac{1}{6}$，$t = \dfrac{5}{3}$

また，$\overrightarrow{MF} /\!/ \overrightarrow{QS}$ となるので実数uを用いて $\overrightarrow{QS} = u\overrightarrow{MF}$ と表せる。

よって，$\overrightarrow{OS} - \overrightarrow{OQ} = u(\overrightarrow{OF} - \overrightarrow{OM})$ なので

$$(\vec{a} + \vec{b} + s\vec{c}) - (\vec{a} + k\vec{b}) = u\left\{(\vec{b} + \vec{c}) - \frac{1}{2}\vec{c}\right\}$$

整理して，$(1-k)\vec{b} + s\vec{c} = u\vec{b} + \frac{1}{2}u\vec{c}$ となり，$\vec{b}$，$\vec{c}$ は一次独立なので

$$\begin{cases} 1 - k = u & \cdots ① \\ s = \dfrac{1}{2}u & \cdots ② \end{cases}$$

となる。

$s = \dfrac{1}{6}$を②に代入して

$$\begin{cases} 1-k=u & \cdots\text{①} \\ \dfrac{1}{6}=\dfrac{1}{2}u & \cdots\text{②}' \end{cases}$$

これを解いて，$u=\dfrac{1}{3}$，$k=\dfrac{2}{3}$

ii) 3点P，Q，Mの定める平面が辺FGと点Gで交わり，辺FCと点S'で交わるとする。点S'は実数s'を用いて，線分FCを$s':(1-s')$に内分するものとすると，

$$\overrightarrow{OS'}=(1-s')\overrightarrow{OF}+s'\overrightarrow{OC}$$

$$=(1-s')(\vec{b}+\vec{c})+s'\vec{c}=(1-s')\vec{b}+\vec{c}$$

と表せる。このとき，次の図のようになり，$\overrightarrow{PQ}/\!/\overrightarrow{S'G}$ となるので，実数t'を用いて $\overrightarrow{S'G}=t'\overrightarrow{PQ}$ と表せる。

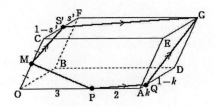

よって，$\overrightarrow{OG}-\overrightarrow{OS'}=t'(\overrightarrow{OQ}-\overrightarrow{OP})$なので

$$(\vec{a}+\vec{b}+\vec{c})-\{(1-s')\vec{b}+\vec{c}\}=t'\left\{(\vec{a}+k\vec{b})-\dfrac{3}{5}\vec{a}\right\}$$

整理して，$\vec{a}+s'\vec{b}=\dfrac{2}{5}t'\vec{a}+kt'\vec{b}$ となり，$\vec{a}$，$\vec{b}$ は1次独立なので

$$\begin{cases} 1=\dfrac{2}{5}t' \\ s'=kt' \end{cases}$$

が成り立つ。これを解いて，$t'=\dfrac{5}{2}$，$s'=\dfrac{5}{2}k$

また，$\overrightarrow{MS'}/\!/\overrightarrow{QG}$ となるので実数u'を用いて $\overrightarrow{QG}=u'\overrightarrow{MS'}$ と表せる。

よって，$\overrightarrow{OG}-\overrightarrow{OQ}=u'(\overrightarrow{OS'}-\overrightarrow{OM})$なので

$$(\vec{a}+\vec{b}+\vec{c})-(\vec{a}+k\vec{b})=u'\left\{(1-s')\vec{b}+\vec{c}-\frac{1}{2}\vec{c}\right\}$$

整理して，$(1-k)\vec{b}+\vec{c}=u'(1-s')\vec{b}+\frac{1}{2}u'\vec{c}$ となり，$\vec{b}$，$\vec{c}$ は一次独立なので

$$\begin{cases} 1-k=u'(1-s') \\ 1=\frac{1}{2}u' \end{cases}$$

となる。これを解いて，$u'=2$，$1-k=2(1-s')$

ここに$s'=\frac{5}{2}k$を代入して，$1-k=2\left(1-\frac{5}{2}k\right)$　よって，$k=\frac{1}{4}$

i），ii）の結果から3点P，Q，Mの定める平面が辺FGと共有点をもつとき，$\frac{1}{4}\leqq k\leqq\frac{2}{3}$ である。

【中学校】

【1】(1)　△ABCと△CBDにおいて，∠BAC＝∠BCD＝36°，∠Bは共通である。

2組の角がそれぞれ等しいから，△ABC∽△CBD

また，△DACは∠DAC＝∠DCA＝36°の二等辺三角形である。

AD＝CD＝CB＝aとすると，AB：BC＝CB：BDより$(a+1):a=a:1$

$a^2=a+1$より　$a^2-a-1=0$　$a>0$より$a=\dfrac{1+\sqrt{5}}{2}$

(2)　①　大，中，小の3つのさいころを同時に投げるときに起こりうるすべての場合の数は全部で$6^3＝216$通りである。

出る目の和が6となる3つの数の組合せは，｛1，1，4｝，｛1，2，3｝，｛2，2，2｝だから，それぞれのa，b，cの割りふり方は，順に3，6，1通りである。

求める確率は，$\dfrac{3+6+1}{6^3}=\dfrac{10}{216}=\dfrac{5}{108}$

②　$a+b=c$，つまり$1\leqq a+b\leqq 6$となるのは，次の表の○印の場合であり，1つの○ごとにcの値は1つに決まる。

b\a	1	2	3	4	5	6
1	○	○	○	○	○	
2	○	○	○	○		
3	○	○	○			
4	○	○				
5	○					
6						

求める確率は，$\dfrac{15}{6^3}=\dfrac{15}{216}=\dfrac{5}{72}$

③ $a>b>c$ となるのは，1～6から異なる3つの数を選び，大きい順に a，b，c とすればよい。この場合の数は，

$_6C_3=\dfrac{6\times5\times4}{3\times2\times1}=20$ 通り　よって求める確率は，$\dfrac{20}{6^3}=\dfrac{20}{216}=\dfrac{5}{54}$

〈解説〉解答参照。

【2】(1)　BP＝CDとなる点Dを線分PCのC側の延長上にとり，2点A，D を結ぶ。

△ABPと△ACDにおいて条件から　BP＝CD　…①

△ABCは正三角形だから，AB＝AC　…②

四角形ABPCは円に内接しているから

∠ABP＝∠ACD　…③

①，②，③より2辺とその間の角がそれぞれ等しいから

△ABP≡△ACD

よって，AP＝AD　…④

また，∠PAD＝∠PAC＋∠CAD

$\qquad\qquad$＝∠PAC＋∠BAP＝∠BAC＝60°　…⑤

④，⑤より△APDは正三角形である。

よって，PA＝PD

したがって，PA＝CD＋PC＝BP＋PC

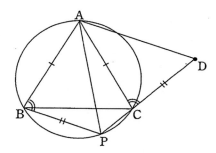

(2)　BP＝PEとなる点Eを線分AP上にとり，2点B，Eを結ぶ。

△ABEと△CBPにおいて，△ABCは正三角形だから

AB＝CB　…①

$\overparen{AB}$ に対する円周角は等しいから

∠BPA＝∠BCA＝60°

これと条件BP＝PEから，△PBEは正三角形である。

よって，BE＝BP　…②

また，∠ABE＝60°－∠EBC＝∠CBP　…③

①，②，③より2辺とその間の角がそれぞれ等しいから

△ABE≡△CBP

よって，EA＝PC

したがって，PA＝PE＋EA＝BP＋PC

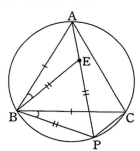

〈解説〉(1)　解答参照。　　(2)　(別解)　△ABPで余弦定理より，

AB²＝PA²＋PB²－2・PA・PB・cos60°

よって，$AB^2=PA^2+PB^2-PA \cdot PB$ …①

△ACPで余弦定理より，

$AC^2=PA^2+PC^2-2 \cdot PA \cdot PC \cdot \cos 60°$

よって，$AC^2=PA^2+PC^2-PA \cdot PC$ …②

$AB=AC$なので，①，②より，

$PA^2+PB^2-PA \cdot PB=PA^2+PC^2-PA \cdot PC$

整理して，$(PB+PC-PA)(PB-PC)=0$

$PB \neq PC$のとき，$PA=BP+PC$といえる。

$PB=PC$のとき，APは外接円の直径なので，$BP=PC=\dfrac{1}{2}AP$より

$PA=BP+PC$といえる。

【高等学校】

【1】(1) 関数$f(x)$について，極限値$\displaystyle\lim_{h \to 0}\dfrac{f(a+h)-f(a)}{h}$ が存在するとき，$f(x)$は$x=a$ で微分可能である。

(2) xにおいて，0近傍を考えれば良いので，$0<|x|<\dfrac{\pi}{2}$ としてよい。

I $0<x<\dfrac{\pi}{2}$のとき 点Oを中心とする半径1の円において，中心角xの扇形OABを考える。点BからOAに下ろした垂線をBH，点Aにおける円Oの接線がOBの延長と交わる点をTとすると，ATはOAに垂直で，面積について

△OAB＜扇形OAB＜△OAT

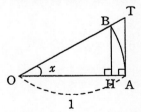

$BH=\sin x$，$AT=\tan x$ であるから

$\dfrac{1}{2} \cdot 1 \cdot \sin x<\dfrac{1}{2} \cdot 1^2 \cdot x<\dfrac{1}{2} \cdot 1 \cdot \tan x$

よって $\sin x<x<\tan x$

各辺を$\sin x$で割ると，$\sin x > 0$であるから　$1 < \dfrac{x}{\sin x} < \dfrac{1}{\cos x}$

ゆえに　$1 > \dfrac{\sin x}{x} > \cos x$

$\displaystyle \lim_{x \to +0} \cos x = 1$であるから　$\displaystyle \lim_{x \to +0} \dfrac{\sin x}{x} = 1$

Ⅱ　$-\dfrac{\pi}{2} < x < 0$のとき　$x = -\theta$とおくと

$\displaystyle \lim_{x \to -0} \dfrac{\sin x}{x} = \lim_{\theta \to +0} \dfrac{\sin(-\theta)}{-\theta} = \lim_{\theta \to +0} \dfrac{\sin \theta}{\theta} = 1$

Ⅰ，Ⅱから　$\displaystyle \lim_{x \to 0} \dfrac{\sin x}{x} = 1$

(3)　$f(x) = x \sin x$ について

$$\begin{aligned}
\lim_{h \to 0} \frac{f(a+h) - f(a)}{h} &= \lim_{h \to 0} \frac{(a+h)\sin(a+h) - a\sin a}{h} \\
&= \lim_{h \to 0} \frac{h\sin(a+h) + a\{\sin(a+h) - \sin a\}}{h} \\
&= \lim_{h \to 0} \left\{ \sin(a+h) + a\frac{2\cos\left(a+\dfrac{h}{2}\right)\sin\dfrac{h}{2}}{h} \right\} \\
&= \lim_{h \to 0} \left\{ \sin(a+h) + a\cos\left(a+\dfrac{h}{2}\right)\frac{\sin\dfrac{h}{2}}{\dfrac{h}{2}} \right\} \\
&= \sin a + a\cos a
\end{aligned}$$

よって，$\displaystyle \lim_{h \to 0} \dfrac{f(a+h) - f(a)}{h}$が存在するので，$f(x)$は$x = a$で微分可能である。

〈解説〉解答参照。

【２】(1)　$f'(x) = 1 - e^x$　$f'(x) = 0$とすると，$x = 0$である。

x	$\cdots$	0	$\cdots$
$f'(x)$	$+$	0	$-$
$f(x)$	↗	-1	↘

増減表より最大値が-1なので

すべての実数xについて　$f(x) < 0$　である。

(2)　(1)より$t \leqq x \leqq t+1$　において$f(x) < 0$

よって

$$S(t) = -\int_t^{t+1} (x - e^x)dx$$

$$= \int_t^{t+1} (e^x - x)dx$$

$$= \left[e^x - \frac{1}{2}x^2 \right]_t^{t+1}$$

$$= e^{t+1} - e^t - t - \frac{1}{2}$$

(3) $S'(t) = e^{t+1} - e^t - 1$

$S'(t) = 0$ とすると $e^t(e-1) = 1$

$$e^t = \frac{1}{e-1}$$

$$t = \log\frac{1}{e-1} = -\log(e-1) である。$$

x	$\cdots$	$-\log(e-1)$	$\cdots$
$S'(x)$	$-$	0	$+$
$S(x)$	↘	最小	↗

増減表より

$t = -\log(e-1)$ のとき $S(t)$ は最小となる。

$$S(-\log(e-1)) = \frac{e}{e-1} - \frac{1}{e-1} + \log(e-1) - \frac{1}{2}$$

$$= \log(e-1) + \frac{1}{2}$$

よって，$t = -\log(e-1)$ のとき，最小値 $\log(e-1) + \frac{1}{2}$ をとる。

〈解説〉解答参照。

2018年度　実施問題

【中高共通】

【1】一直線上にない3点O，A，Bがある。$\overrightarrow{OD}=3\overrightarrow{OA}$，$\overrightarrow{OE}=2\overrightarrow{OB}$ を満たす点D，Eを考え，線分BDとAEの交点をCとする。次の各問いに答えよ。

(1) ベクトル $\overrightarrow{OC}$ をベクトル $\overrightarrow{OA}$，$\overrightarrow{OB}$ を用いて表せ。

(2) 直線OCと線分ABとの交点をFとするとき，AF：FBを求めよ。

(3) $|\overrightarrow{OA}|=4$，$|\overrightarrow{OB}|=5$，$|\overrightarrow{OC}|=6$のとき，線分DEの長さを求めよ。

(☆☆☆◎◎◎◎)

【中学校】

【1】次の各問いに答えよ。

(1) $x+y=5$，$xy=-3$のとき，x^2+y^2の値を求めよ。

(2) 次の連立方程式を解け。

$$\begin{cases} 2x-3y-6z=0 \\ 3x+y+3z=18 \\ -x+y+2z=-1 \end{cases}$$

(3) $3ab-12a+9b-36$を因数分解せよ。

(4) $\dfrac{\sqrt{3}}{\sqrt{3}-2}$の分母を有理化せよ。

(5) 正多角形において，1つの外角の大きさが，1つの内角の大きさの$\dfrac{2}{7}$倍であるとき，この図形の名称を答えよ。

(6) 体積が$144\sqrt{2}$ cm³である正四面体の1辺の長さを求めよ。

(7) 次のデータは，あるバスケットボールチーム選手18名の身長である。このデータの四分位範囲を求めよ。

203　197　202　187　184　197　181　188　172　172　182　196
194　193　198　191　188　180　(単位はcm)

(8) 大人2人と子ども4人が，円形の6人席のテーブルに着席するとき，大人2人がとなり合うような並び方は何通りあるか。

(☆☆☆○○○)

【2】AB＝5，BC＝9，CA＝8である△ABCがある。△ABCの面積を次の方法で求めよ。

(1) 三角比を利用して求めよ。

(2) 中学生に教える場合の解き方(現行の中学校学習指導要領の内容)で求めよ。

(☆☆☆○○○)

【3】初項が－70，第15項が14である等差数列$\{a_n\}$がある。次の各問いに答えよ。

(1) この数列の公差dを求めよ。

(2) 第何項が初めて正の数になるか。

(3) 初項から第何項までの和が最小となるか。また，その和を求めよ。

(☆☆☆○○○)

【4】放物線$y＝x^2$と直線$y＝x＋2$との交点のうちx座標の小さい方をA，他方をBとする。また，この放物線上に2点C，DをAB//CDとなるようにとり，Cのx座標を$a(a＜0)$とする。あとの各問いに答えよ。

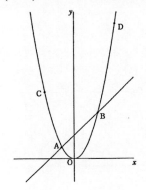

(1)　点Dの座標をaを用いて表せ。

(2)　$a=-2$のとき，四角形ABDCの面積を求めよ。

(3)　直線AB，直線CDとy軸との交点をそれぞれP，Qとする。四角形APQCと四角形BDQPの面積比が4：5になるとき，aの値を求めよ。

(4)　点$(-3，-1)$を通る傾きkの直線が放物線$y=x^2$と共有点をもつとき，kの値の範囲を求めよ。

（☆☆☆◎◎◎）

【5】次の各問いに答えよ。

(1)　次の図のように，頂角が鈍角でAB＝ACである二等辺三角形ABCが円Oに内接している。

　　辺BC上にBD＜CDとなるように点Dをとり，直線ADと円Oとの交点のうち，Aと異なる方をEとする。さらに，線分BD上に点Pをとり，Pを通り辺ACと平行な直線と線分CEとの交点をQとする。

　　このとき，4点D，E，P，Qは1つの円周上にあることを証明せよ。

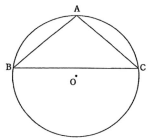

(2)　平行四辺形ABCDにおいて，辺ADを3：2に内分する点をE，辺DCを2：1に内分する点をFとする。また，対角線ACと線分BE，BFとの交点をそれぞれP，Qとするとき，あとの各問いに答えよ。

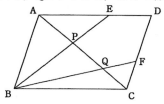

① AP：PQ：QCを最も簡単な整数の比で答えよ。

② 五角形DEPQFの面積と平行四辺形ABCDの面積の比を最も簡単な整数の比で答えよ。

(☆☆☆◎◎◎)

【高等学校】

【1】次の各問いに答えよ。

(1) 2つの集合$A=\{2,\ 5,\ a^2+5a+5\}$，$B=\{a-1,\ a+4,\ a^2+2a-1\}$について，$A\cap B=\{-1,\ 2\}$であるとき，実数$a$の値を求めよ。

(2) 大人2人と子ども4人が，円形の6人席のテーブルに着席するとき，大人2人が向かい合うような並び方は何通りあるか。

(3) 平面上に点Oを中心とする直径10の円と点Pがあり，点Pを通る直線が円Oと2点A，Bで交わっているとする。
OP＝8のとき，PA・PBの値を求めよ。

(4) 方程式$4^x-5\cdot2^x+6=0$を解け。

(5) 関数$y=\sqrt{x}\ \log x$の最小値を求めよ。

(☆☆☆◎◎◎)

【2】初項が-197，第15項が-155である等差数列$\{a_n\}$がある。次の各問いに答えよ。

(1) この数列の公差dを求めよ。

(2) 第何項が初めて正の数になるか。

(3) 初項から第何項までの和が最小となるか。また，その和を求めよ。

(☆☆◎◎◎)

【3】BC＝4，∠B＝90°である直角三角形ABCがあり，辺BC上にBD＝1を満たす点Dをとる。AB＝xとするとき，次の各問いに答えよ。

(1) 三角形ACDの面積をxの式で表せ。

(2) ∠CAD＝θとするとき，$\sin\theta$をxの式で表せ。

(3) (2)における$\sin\theta$の最大値を求めよ。また，そのときのxの値を求

めよ。

(☆☆☆◎◎◎)

【4】3次方程式$x^3-1=0$の解のうち，虚数であるものの1つをωとする。
次の各問いに答えよ。

(1) ω^3，$\omega^2+\omega$の値をそれぞれ求めよ。

(2) $\omega^2+\omega^4+\omega^6$の値を求めよ。

(3) Nを自然数とする。

① 和$\displaystyle\sum_{k=1}^{3N}\omega^{k-1}$を求めよ。

② 等式$\displaystyle\sum_{k=0}^{3N}{}_{3N}C_k\omega^k=(-1)^N$を示せ。

(☆☆☆◎◎◎)

【5】1，2，3，4の番号が1つずつ書かれた4枚の赤色のカードと，1，2，3，4，5の番号が1つずつ書かれた5枚の青色のカードがある。それぞれのカードには，次のルールで座標平面上の点を対応させる。

> ＜ルール＞ カード1枚に対する座標の決め方
> x座標：カードの番号
> y座標：カードの色が赤の場合は0，青の場合は1
> (例) 2番の青色のカードであれば，点(2，1)を対応させる。

次の各問いに答えよ。

(1) 赤色，青色からそれぞれ1枚ずつカードを取り出す。このとき，取り出したカードに対応する2点を結ぶ線分の長さが$\sqrt{2}$となる確率を求めよ。

(2) 赤色，青色からそれぞれ1枚ずつカードを取り出し，取り出したカードに対応する点をそれぞれP，Qとする。取り出したカードを元に戻さず，続いて赤色，青色からそれぞれ1枚ずつカードを取り出し，取り出したカードに対応する点をそれぞれR，Sとする。このとき，線分PQと線分RSが共有点をもつ確率を求めよ。

(3) 赤色と青色を合わせた合計9枚のカードから3枚のカードを同時に取り出すとき，取り出したカードに対応する3点が三角形の3つの頂点となる確率を求めよ。

(☆☆☆◎◎◎)

【6】mを定数とする。2つの曲線$C_1 : y=x^2+m$, $C_2 : y=x^3-5x$について，次の各問いに答えよ。

(1) 関数$y=x^3-5x$の増減を調べ，極値を求めよ。

(2) $m=-5$のとき，2つの曲線C_1, C_2で囲まれた図形の面積を求めよ。

(3) 2つの曲線C_1, C_2が点Aを通り，Aで共通の接線をもつとき，mの値を求めよ。また，そのときの点Aのx座標を求めよ。

(☆☆☆◎◎◎)

解答・解説

【中高共通】

【1】(1) BC : CD$=s : (1-s)$とすると

$$\overrightarrow{OC} = s\overrightarrow{OD} + (1-s)\overrightarrow{OB} = 3s\overrightarrow{OA} + (1-s)\overrightarrow{OB} \quad \cdots ①$$

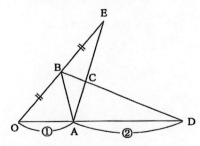

また AC : CE$=t : (1-t)$とすると

$$\overrightarrow{OC} = (1-t)\overrightarrow{OA} + t\overrightarrow{OE} = (1-t)\overrightarrow{OA} + 2t\overrightarrow{OB} \quad \cdots ②$$

$\overrightarrow{OA} \neq \overrightarrow{0}$，$\overrightarrow{OB} \neq \overrightarrow{0}$，$\overrightarrow{OA} \not\parallel \overrightarrow{OB}$ であるから①，②より

$3s = 1 - t$，$1 - s = 2t$

これを解くと　$s = \dfrac{1}{5}$，$t = \dfrac{2}{5}$　よって　$\overrightarrow{OC} = \dfrac{3}{5}\overrightarrow{OA} + \dfrac{4}{5}\overrightarrow{OB}$

(2)　$\overrightarrow{OF} = k\overrightarrow{OC}$ となる実数kがある。よって$\overrightarrow{OF} = \dfrac{3}{5}k\overrightarrow{OA} + \dfrac{4}{5}k\overrightarrow{OB}$

点Fは線分AB上にあるから　$\dfrac{3}{5}k + \dfrac{4}{5}k = 1$　ゆえに　$k = \dfrac{5}{7}$

よって　$\overrightarrow{OF} = \dfrac{3}{7}\overrightarrow{OA} + \dfrac{4}{7}\overrightarrow{OB} = \dfrac{3\overrightarrow{OA} \cdot 4\overrightarrow{OB}}{4 + 3}$

したがって　AF：FB＝4：3

(3)　$|\overrightarrow{OC}| = 6$ より　$|\overrightarrow{OC}|^2 = 36$

つまり　$\left| \dfrac{3}{5}\overrightarrow{OA} + \dfrac{4}{5}\overrightarrow{OB} \right|^2 = 36$

$\dfrac{9}{25}|\overrightarrow{OA}|^2 + \dfrac{24}{25}\overrightarrow{OA} \cdot \overrightarrow{OB} + \dfrac{16}{25}|\overrightarrow{OB}|^2 = 36$

$|\overrightarrow{OA}| = 4$，$|\overrightarrow{OB}| = 5$　より

$\dfrac{144}{25} + \dfrac{24}{25}\overrightarrow{OA} \cdot \overrightarrow{OB} + \dfrac{400}{25} = 36$

よって　$\overrightarrow{OA} \cdot \overrightarrow{OB} = \dfrac{89}{6}$

したがって

$|\overrightarrow{DE}|^2 = |\overrightarrow{OE} - \overrightarrow{OD}|^2 = |2\overrightarrow{OB} - 3\overrightarrow{OA}|^2$

$= 4|\overrightarrow{OB}|^2 - 12\overrightarrow{OA} \cdot \overrightarrow{OB} + 9|\overrightarrow{OA}|^2$

$= 100 - 12 \cdot \dfrac{89}{6} + 144 = 66$

$|\overrightarrow{DE}| > 0$であるから　$|\overrightarrow{DE}| = \sqrt{66}$

ゆえに　DE＝$\sqrt{66}$

〈解説〉解答参照。

(別解)　$\overrightarrow{OA} = \overrightarrow{a}$，$\overrightarrow{OB} = \overrightarrow{b}$ とし，この平面上にある任意の点Pに対

し，$\overrightarrow{OP} = x\overrightarrow{a} + y\overrightarrow{b}$

と表すことにする。

(1) Pが直線AE上にあるとき，$y=-2x+2$ ···①

直線BD上にあるとき，$y=-\dfrac{1}{3}x+1$ ···②

①，②より，$x=\dfrac{3}{5}$，$y=\dfrac{4}{5}$

よって，$\overrightarrow{OC}=\dfrac{3}{5}\overrightarrow{OA}+\dfrac{4}{5}\overrightarrow{OB}$

(2) Pが直線AB上にあるとき，$y=-x+1$ ···③

直線OC上にあるとき，(1)より，$y=\dfrac{4}{3}x$ ···④

③，④より，$x=\dfrac{3}{7}$，$y=\dfrac{4}{7}$

よって，$\overrightarrow{OF}=\dfrac{3}{7}\overrightarrow{OA}+\dfrac{4}{7}\overrightarrow{OB}$

ゆえに，$\overrightarrow{AF}=\overrightarrow{AO}+\overrightarrow{OF}=\dfrac{4}{7}\left(\overrightarrow{OB}-\overrightarrow{OA}\right)=\dfrac{4}{7}\overrightarrow{AB}$ より，

$AF：AB=\dfrac{4}{7}：1=4：7$

したがって，

$AF：FB=AF：(AB-AF)=4：(7-4)=4：3$

(3) （$\overrightarrow{OA}\cdot\overrightarrow{OB}=\dfrac{89}{6}$までは同じ）

$OD=4\times3=12$，$OE=2\times5=10$だから，△ODEにおいて余弦定理より，

$DE^2=OD^2+OE^2-2OD\cdot OE\cos\angle DOE$

$\quad=12^2+10^2-2\overrightarrow{OD}\cdot\overrightarrow{OE}$

$\quad=244-2(3\overrightarrow{OA})\cdot(2\overrightarrow{OB})$

$\quad=244-2\cdot3\cdot2\cdot\dfrac{89}{6}=66$

$DE>0$だから，$DE=\sqrt{66}$

　本問は，直交座標でA(1，0)，B(0，1)と考えれば，D(3，0)，E(0，2)となり，中学生でも難無く①～④が導け，簡単に解ける問題であることが分かる。

　上述の通り，直交座標ではなく斜交座標でも，(媒介変数を消去することで)直線の方程式①～④が導き出せる。

【中学校】

【１】 (1)　$x^2+y^2=(x+y)^2-2xy=5^2-2\times(-3)=25+6=31$

(2)　$2x-3y-6z=0$　…①，　$3x+y+3z=18$　…②，

$-x+y+2z=-1$　…③　とする。

$x=y+2z+1$　…③′

これを①，②に代入し，xを消去する。

$2(y+2z+1)-3y-6z=0$　より

$y+2z=2$　…①′

$3(y+2z+1)+y+3z=18$　より

$4y+9z=15$　…②′

これを解いて，$y=-12$，$z=7$

これを③′に代入して，$x=3$

よって，$x=3$，$y=-12$，$z=7$

(3)　$3ab-12a+9b-36=3(ab-4a+3b-12)$

$=3\{a(b-4)+3(b-4)\}$

$=3(a+3)(b-4)$

(4)　$\dfrac{\sqrt{3}}{\sqrt{3}-2}=\dfrac{\sqrt{3}}{\sqrt{3}-2}\times\dfrac{\sqrt{3}+2}{\sqrt{3}+2}=\dfrac{\sqrt{3}\,(\sqrt{3}+2)}{-1}=-\sqrt{3}\,(\sqrt{3}+2)$

$=-3-2\sqrt{3}$

(5)　1つの内角の大きさをa度とすると，$a+\dfrac{2}{7}a=180$より$a=140$

よって，1つの外角の大きさは40度である。

したがって，頂点の数は$360\div40=9$だから，正九角形である。

(6)　正四面体の1辺の長さを$x$cmとすると，

高さは，$\dfrac{\sqrt{6}}{3}x$cmであり，正三角形の面積は，$\dfrac{1}{2}\times x\times\dfrac{\sqrt{3}}{2}x=\dfrac{\sqrt{3}}{4}x^2$

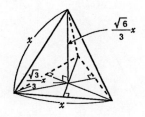

よって，体積をxを用いて表すと，

$$\frac{1}{3} \times \frac{\sqrt{3}}{4}x^2 \times \frac{\sqrt{6}}{3}x = \frac{\sqrt{2}}{12}x^3$$

ゆえに，$\frac{\sqrt{2}}{12}x^3 = 144\sqrt{2}$

これを解いて，$x = 12$

したがって，1辺の長さは12cm

(7) データを昇順に並べると，

172，172，180，181，$\boxed{182}$，184，187，188，188，191，193，194，196，$\boxed{197}$，197，198，202，203

第1四分位数は182cm，第3四分位数は197cmであるので，四分位範囲は，197－182＝15〔cm〕

(8) まず，大人2人(A，B)の席を固定して考えると，となり合う場合は2通りある。(ABとBA)

残り4つの席に子ども4人が座るので，子どもの並び方は

4！＝24通りある。ゆえに，求める並び方は　2×24＝48〔通り〕

〈解説〉解答参照。

【2】(1)　余弦定理より，$\cos B = \dfrac{5^2 + 9^2 - 8^2}{2 \times 5 \times 9} = \dfrac{7}{15}$

$\sin B > 0$より，$\sin B = \sqrt{1 - \cos^2 B} = \sqrt{1 - \left(\dfrac{7}{15}\right)^2} = \dfrac{4\sqrt{11}}{15}$

よって，三角形の面積は$\dfrac{1}{2} \times 5 \times 9 \times \dfrac{4\sqrt{11}}{15} = 6\sqrt{11}$

(2)　次の図のように，辺BCを底辺としたときの高さをhとすると，

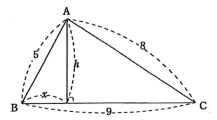

$h^2 = 5^2 - x^2$

$h^2 = 8^2 - (9 - x)^2$　だから，

$25 - x^2 = 64 - (81 - 18x + x^2)$

整理して，$18x = 42$　より　$x = \dfrac{7}{3}$

よって，$h^2 = 5^2 - \left(\dfrac{7}{3}\right)^2 = 25 - \dfrac{49}{9} = \dfrac{176}{9}$

$h > 0$より，$h = \dfrac{4\sqrt{11}}{3}$

したがって，三角形の面積は$\dfrac{1}{2} \times 9 \times \dfrac{4\sqrt{11}}{3} = 6\sqrt{11}$

〈解説〉解答参照。

【３】(1)　$a_{15} = 14$より　$-70 + 14d = 14$　これを解いて　$d = 6$

(2)　数列$\{a_n\}$の一般項は　$a_n = -70 + (n - 1) \times 6 = 6n - 76$

$a_n > 0$から　$n > \dfrac{76}{6} = 12.6\cdots\cdots$

よって，第13項が初めて正の数になる。

(3)　(2)より，初項から第12項までの和が最小となる。また，その和は

$\dfrac{1}{2} \times 12 \times \{2 \times (-70) + (12 - 1) \times 6\} = -444$

〈解説〉解答参照。

【4】(1)　直線ABの傾きは1より，直線CDの式は，

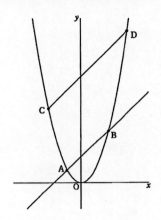

$y - a^2 = 1(x - a)$

$y = x - a + a^2$

点Dは放物線と直線CDとの交点だから

$x^2 = x - a + a^2$

$x^2 - x + a - a^2 = 0$

$(x - a)(x + a - 1) = 0$

これを解いて，$x = a$，$1 - a$

よって，点Dの座標は　$(1 - a,\ (1 - a)^2)$

(2)　$a = -2$のとき，C$(-2,\ 4)$，D$(3,\ 9)$となる。

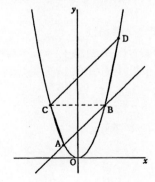

また，A(－1，1)，B(2，4)であり，直線CBがx軸と平行になるので，

$\triangle ABC=\dfrac{1}{2}\times4\times3=6$　　$\triangle BCD=\dfrac{1}{2}\times4\times5=10$

よって，四角形ABDCの面積は6＋10＝16

(3)　$a<0$より，$CQ=-\sqrt{2}\,a$　　$QD=\sqrt{2}\,(1-a)$

$AP+CQ=\sqrt{2}-\sqrt{2}\,a$

$PB+QD=2\sqrt{2}+\sqrt{2}\,(1-a)=3\sqrt{2}-\sqrt{2}\,a$

$(\sqrt{2}-\sqrt{2}\,a):(3\sqrt{2}-\sqrt{2}\,a)=4:5$

これを解いて，$a=-7$

(4)　点(－3，－1)を通る傾きkの直線の式は，$y=k(x+3)-1$と表される。

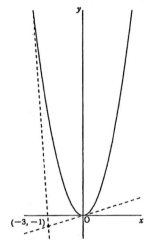

直線と放物線が共有点をもつのは，

$x^2=k(x+3)-1$　すなわち$x^2-kx-3k+1=0$が実数解をもつときである

ので，判別式Dが$D\geqq0$となるkの値の範囲を求めればよい。

$D=k^2-4(-3k+1)=k^2+12k-4$

$D\geqq0$を解いて，

$k\leqq-6-2\sqrt{10}$，$-6+2\sqrt{10}\leqq k$

〈解説〉解答参照。

【5】(1)　AB＝ACより，∠ABC＝∠ACB
AC//PQより，∠ACB＝∠CPQ

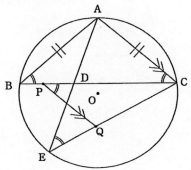

円周角の定理より，∠ABC＝∠AEC

よって，∠AEC＝∠CPQ

つまり，∠DPQ＝∠DEQである

円周角の定理の逆より，

4点D，E，P，Qは1つの円周上にある。

(2)　①　AD//BCより，AP：PC＝3：5

AB//DCより，AQ：QC＝3：1＝6：2

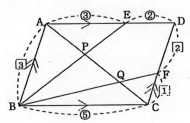

よってAP：PQ：QC＝3：3：2

②　①より，AP：PQ：QC＝3：3：2であるから，

△ABP：△PBQ：△CBQ＝3：3：2

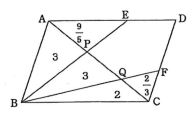

EP：PB＝3：5より△ABP：△APE＝5：3＝3：$\dfrac{9}{5}$

BQ：QF＝3：1より△CBQ：△CFQ＝3：1＝2：$\dfrac{2}{3}$

よって，五角形DEPQF：平行四辺形ABCD $= \left(8 - \dfrac{9}{5} - \dfrac{2}{3}\right) : 16$

$$= 83 : 240$$

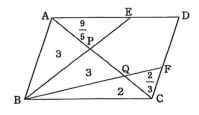

〈解説〉解答参照。

【高等学校】

【1】(1)　$A \cap B = \{-1, 2\}$から　$-1 \in A$　すなわち　$a^2 + 5a + 5 = -1$が必要である。

よって　$(a+2)(a+3) = 0$より　$a = -2$または-3が必要である。

$a = -2$のとき，$B = \{-3, -1, 2\}$となり確かに$A \cap B = \{-1, 2\}$となる。

$a = -3$のとき，$B = \{-4, 1, 2\}$となり，$-1 \notin B$であるから不適。

ゆえに，$a = -2$

(2)　まず，大人1人の位置を固定して考えると，もう1人の大人の位置はその向かい合う席に決まる。残りの席に子ども4人が座ればよいので，求める並び方は　$4! = 24$〔通り〕

(3)　直線OPと円の交点をQ，Rとすると，方べきの定理から

$$PA \cdot PB = PQ \cdot PR = (8-5) \cdot (8+5) = 39$$

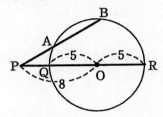

(4)　$(2^x-2)(2^x-3)=0$

よって　$2^x=2,\ 3$

ゆえに　$x=1,\ \log_2 3$

(5)　定義域は$x>0$

$$y' = \frac{1}{2\sqrt{x}} \cdot \log x + \sqrt{x} \cdot \frac{1}{x} = \frac{\log x + 2}{2\sqrt{x}}$$

$y'=0$とすると，$\log x = -2$から　$x = \dfrac{1}{e^2}$

したがって，yの増減表は次のようになる。

x	0	$\cdots$	$\dfrac{1}{e^2}$	$\cdots$
y'		$-$	0	$+$
y		$\searrow$	$-\dfrac{2}{e}$	$\nearrow$

よって，yは$x=\dfrac{1}{e^2}$で最小値$-\dfrac{2}{e}$をとる。

〈解説〉解答参照。

【2】(1)　$a_{15}=-155$より　$-197+14d=-155$

これを解いて　$d=3$

(2)　数列$\{a_n\}$の一般項は

$$a_n = -197+(n-1) \cdot 3 = 3n-200$$

$a_n>0$から　$n > \dfrac{200}{3} = 66.6\cdots\cdots$

よって，第67項が初めて正の数になる。

(3)　(2)より，初項から第66項までの和が最小となる。また，その和は

$\frac{1}{2} \cdot 66 \cdot \{2 \cdot (-197) + (66-1) \cdot 3\} = -6567$

〈解説〉(1)・(2)　解答参照。

(3)　(別解)　$a_{66} = 3 \cdot 66 - 200 = -2$ だから，その和は，$S_{66} = \frac{1}{2} \cdot 66 \cdot \{-197 + (-2)\} = -6567$

【3】(1)　三角形ACDの面積は　$\frac{1}{2} \cdot 3 \cdot x = \frac{3}{2}x$

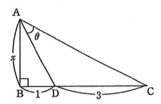

(2)　$AC = \sqrt{x^2 + 4^2} = \sqrt{x^2 + 16}$，$AD = \sqrt{x^2 + 1^2} = \sqrt{x^2 + 1}$ より三角形ACDの面積を θ を用いて表すと

$\frac{1}{2} \cdot AC \cdot AD \cdot \sin\theta = \frac{1}{2}\sqrt{x^2+1}\sqrt{x^2+16}\sin\theta$

$\frac{1}{2}\sqrt{x^2+1}\sqrt{x^2+16}\sin\theta = \frac{3}{2}x$ より

$\sin\theta = \frac{3x}{\sqrt{x^2+1}\sqrt{x^2+16}}$

(3)　$x > 0$ より

$\sin\theta = \frac{3x}{\sqrt{x^4+17x^2+16}} = \frac{3}{\sqrt{x^2+\frac{16}{x^2}+17}}$

$x^2 > 0$，$\frac{16}{x^2} > 0$ であるから，相加平均と相乗平均の大小関係により

$x^2 + \frac{16}{x^2} \geqq 2\sqrt{x^2 \cdot \frac{16}{x^2}}$

よって　$x^2 + \frac{16}{x^2} \geqq 8$

等号が成り立つのは，$x > 0$ かつ $x^2 = \frac{16}{x^2}$，すなわち，$x = 2$ のときである。

ゆえに，$\sin\theta \leqq \dfrac{3}{\sqrt{8+17}}=\dfrac{3}{5}$

したがって，$x=2$で$\sin\theta$は最大値$\dfrac{3}{5}$をとる。

〈解説〉解答参照。

【4】(1)　ωは方程式$x^3-1=0$の解であるから　$\omega^3=1$

また，$x^3-1=0$の左辺を因数分解して

$(x-1)(x^2+x+1)=0$

ωは$x^2+x+1=0$の解であるから，$\omega^2+\omega+1=0$

ゆえに　$\omega^3=1$，$\omega^2+\omega=-1$

(2)　(1)より　$\omega^3=1$，$\omega^2+\omega+1=0$

よって　$\omega^2+\omega^4+\omega^6=\omega^2+\omega^3\omega+(\omega^3)^2=\omega^2+\omega+1=0$

(3)　①　(1)より　$\omega^3=1$，$\omega\neq1$

よって　$\displaystyle\sum_{k=1}^{3N}\omega^{k-1}=\dfrac{1-\omega^{3N}}{1-\omega}=\dfrac{1-(\omega^3)^N}{1-\omega}=0$

②　(1)より　$1+\omega=-\omega^2$

二項定理により

$$\sum_{k=0}^{3N}{}_{3N}C_k\omega^k=(1+\omega)^{3N}=(-\omega^2)^{3N}$$
$$=\{(-1)^3(\omega^2)^3\}^N=\{(-1)(\omega^3)^2\}^N=(-1)^N$$

〈解説〉解答参照。

【5】(1)　赤色，青色からそれぞれ1枚ずつ取り出したカードに対応する2点の座標をそれぞれ，$(a,0)$，$(b,1)$とすると，条件を満たす(a,b)の組は，$(a,b)=(1,2),(2,3),(3,4),(4,5),(2,1),(3,2),(4,3)$の7通りある。

よって，求める確率は　$\dfrac{7}{5\cdot4}=\dfrac{7}{20}$

(2)　線分PQと線分RSが共有点をもつのは，線分PQ，RSが4点P，Q，R，Sを結んでできる四角形の対角線となる場合である。このとき，1組の2点P，Rに対し，条件を満たす2点Q，Sの組は$_5C_2$通りある。

よって，求める確率は　$\dfrac{4 \cdot 3 \cdot {}_5C_2}{4 \cdot 5 \cdot 3 \cdot 4} = \dfrac{1}{2}$

(3)　「3点が三角形の3つの頂点となる」事象は，「3点が一直線上にある」事象の余事象である。

3点が一直線上にある確率は　$\dfrac{{}_4C_3 + {}_5C_3}{{}_9C_3} = \dfrac{1}{6}$

ゆえに，求める確率は　$1 - \dfrac{1}{6} = \dfrac{5}{6}$

〈解説〉解答参照。

【6】(1)　$y' = 3x^2 - 5$

$y' = 0$とすると　$x = \pm \dfrac{\sqrt{15}}{3}$

yの増減表は次のようになる。

x	……	$-\dfrac{\sqrt{15}}{3}$	……	$\dfrac{\sqrt{15}}{3}$	……
y'	$+$	0	$-$	0	$+$
y	↗	極大 $\dfrac{10\sqrt{15}}{9}$	↘	極小 $-\dfrac{10\sqrt{15}}{9}$	↗

ゆえに，yは

$x = -\dfrac{\sqrt{15}}{3}$で極大値$\dfrac{10\sqrt{15}}{9}$，

$x = \dfrac{\sqrt{15}}{3}$で極小値$-\dfrac{10\sqrt{15}}{9}$

をとる。

(2)　$f(x) = x^2 + m$，$g(x) = x^3 - 5x$とおく。

$m = -5$であるから　$f(x) = x^2 - 5$

$f(x) = g(x)$　より　$x^2 - 5 = x^3 - 5x$

整理すると　$x^3 - x^2 - 5x + 5 = 0$

これを解くと，$(x-1)(x^2-5) = 0$から　$x = 1$，$\pm\sqrt{5}$

また，2つの曲線C_1，C_2は次の図のようになる。

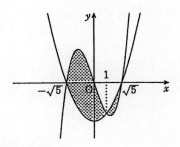

よって，求める面積は

$$\int_{-\sqrt{5}}^{1}\{(x^3-5x)-(x^2-5)\}dx+\int_{1}^{\sqrt{5}}\{(x^2-5)-(x^3-5x)\}dx$$

$$=\int_{-\sqrt{5}}^{1}(x^3-x^2-5x+5)dx-\int_{1}^{\sqrt{5}}(x^3-x^2-5x+5)dx$$

$$=\left[\frac{1}{4}x^4-\frac{1}{3}x^3-\frac{5}{2}x^2+5x\right]_{-\sqrt{5}}^{1}-\left[\frac{1}{4}x^4-\frac{1}{3}x^3-\frac{5}{2}x^2+5x\right]_{1}^{\sqrt{5}}$$

$$=\left(\frac{1}{4}-\frac{1}{3}-\frac{5}{2}+5\right)-\left(\frac{25}{4}+\frac{5}{3}\sqrt{5}-\frac{25}{2}-5\sqrt{5}\right)$$

$$\qquad-\left(\frac{25}{4}-\frac{5}{3}\sqrt{5}-\frac{25}{2}+5\sqrt{5}\right)+\left(\frac{1}{4}-\frac{1}{3}-\frac{5}{2}+5\right)$$

$$=\frac{52}{3}$$

(3) $f'(x)=2x,\ g'(x)=3x^2-5$

点Aのx座標をaとおく。条件から

$f(a)=g(a)$　かつ　$f'(a)=g'(a)$

$f(a)=g(a)$より　$a^2+m=a^3-5a$　…①

$f'(a)=g'(a)$より　$2a=3a^2-5$　…②

②より　$3a^2-2a-5=0$　$(3a-5)(a+1)=0$

よって　$a=-1,\ \dfrac{5}{3}$

①より　$m=a^3-a^2-5a$　…③

$a=-1$のとき，③に代入すると　$m=3$

$a=\dfrac{5}{3}$のとき，③に代入すると　$m=-\dfrac{175}{27}$

ゆえに　$m=3$のとき　点Aのx座標は-1,

$m = -\dfrac{175}{27}$ のとき　点Aのx座標は$\dfrac{5}{3}$

〈解説〉解答参照。

2017年度　実施問題

【中高共通】

【1】1辺の長さが1の正四面体OABCにおいて，$\overrightarrow{OA} = \vec{a}$，$\overrightarrow{OB} = \vec{b}$，$\overrightarrow{OC} = \vec{c}$とする。次の各問いに答えよ。

(1) △OABの面積を求めよ。

(2) △OABの重心をGとするとき，$\overrightarrow{OG}$を$\vec{a}$，$\vec{b}$を用いて表せ。

(3) $\overrightarrow{OG} = \vec{g}$とするとき，$(\vec{c} - \vec{g}) \cdot \vec{a} = 0$と$(\vec{c} - \vec{g}) \cdot \vec{b} = 0$となることを示せ。

(4) $\overrightarrow{GC}$の大きさを求めよ。

(5) 正四面体OABCの体積を求めよ。

(☆☆☆◎◎◎◎)

【中学校】

【1】次の各問いに答えよ。

(1) 次の図のように円周を6等分した点A，B，C，D，E，Fがある。この中から無作為に3点を選んで直線で結び，三角形を作るとき，その三角形が直角三角形になる確率を求めよ。

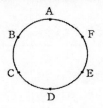

(2) 2次方程式$ax^2 + bx + c = 0$の解は$x = \dfrac{-b \pm \sqrt{b^2 - 4ac}}{2a}$となることを証明せよ。ただし，$a$，$b$，$c$は実数とする。

(3) $a > 0$，$a^{2x} = 5$のとき，$(a^{4x} - a^{-4x}) \div (a^x - a^{-x})$の値を求めよ。

(4) △ABCにおいて次の等式が成り立つとき，この三角形の最も大き

い角の大きさを求めよ。

$$\sin A : \sin B : \sin C = 7 : 5 : 3$$

(☆☆○○○○)

【２】次の図の△ABCにおいて，3直線AP，BQ，CRは1点Oで交わっている。

AR：RB＝3：2，AO：OP＝7：2であるとき，次の線分の比を求めよ。

(1)　BP：PC

(2)　AQ：QC

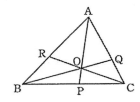

(☆☆○○○○)

【３】次のような5枚のカードがある。

$\boxed{1}$　$\boxed{2}$　$\boxed{3}$　$\boxed{4}$　$\boxed{5}$

この5枚のカード全てを次の規則に従って横1列に並べる。

[規則]

　左からn番目にはnで割って1余る数のカードは置かない。

次の各問いに答えよ。

(1)　左から2番目に置くことができるカードを全て書け。

(2)　$\boxed{1}$のカードは左から何番目に置けばよいか。

(3)　この規則に従った並べ方は全部で何通りあるか。

(☆☆☆○○○)

【4】次の図のように，△ABCの∠Aの2等分線と辺BCの交点をDとする
とき，BD：DC＝AB：ACが成り立つ。このことについて，下の各問
いに答えよ。

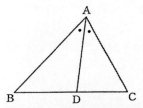

(1)　点Dを通って，辺ABに平行な直線を引き，辺ACとの交点をEとす
る。このことを用いて，BD：DC＝AB：ACを証明せよ。

(2)　(1)と違う方法で，BD：DC＝AB：ACを証明せよ。

(☆☆☆◎◎◎)

【5】次の図のように，AB＝9cm，AE＝3cm，EH＝6cmの直方体があり，
頂点Aから頂点Gまで，黒いひもを辺EFに交わるようにかける。黒い
ひもの長さが最も短くなるとき，黒いひもと辺EFが交わる点をPとす
る。次に，図の直方体に，頂点Bから頂点Dまで赤いひもを辺EF，HG
の順に交わるようにかける。赤いひもの長さが最も短くなるとき，赤
いひもと辺EFが交わる点をQ，赤いひもと辺HGが交わる点をR，赤い
ひもと黒いひもが交わる点をSとする。このとき，下の各問いに答え
よ。

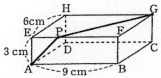

(1)　赤いひもの長さを求めよ。

(2)　HRの長さを求めよ。

(3)　RQの長さを求めよ。

(4)　RSの長さを求めよ。

(☆☆☆◎◎◎)

【6】2直線$2x+5y+4=0$……①，$6x-9y+4=0$……②があるとき，次の各問いに答えよ。

(1)　2直線①，②の交点の座標を求めよ。

(2)　(1)で求めた交点を通り直線$3x-2y+1=0$に垂直な直線の方程式を求めよ。

(3)　直線①，②と直線$mx+y=0$が三角形を作らないときのmの値を全て求めよ。

(☆☆☆☆◎◎◎)

【高等学校】

【1】次の各問いに答えよ。

(1)　△ABCにおいて次の等式が成り立つとき，この三角形の最も大きい角の大きさを求めよ。

$$\sin A : \sin B : \sin C = 7 : 5 : 3$$

(2)　方程式$\log_2(x+2)+\log_2(x-1)=2$を解け。

(3)　年利率3％，1年ごとの複利で，毎年初めに10000円ずつ積み立てるとき，10年後の年末における元利合計はいくらになるか。ただし$1.03^{11}=1.384$とする。

(4)　次の等式を満たす関数$f(x)$を求めよ。

$$f(x)=e^x-\int_0^1 tf(t)dt$$

(☆☆◎◎◎◎)

【2】次のような6枚のカードがある。

$\boxed{0}\ \boxed{1}\ \boxed{2}\ \boxed{4}\ \boxed{4}\ \boxed{5}$

これらの6枚のカード全てを左から右に並べてできる数をxとおく。例えば

$\boxed{5}\ \boxed{2}\ \boxed{4}\ \boxed{0}\ \boxed{4}\ \boxed{1}$　ならば，$x=524041$(この場合，xは6桁)

$\boxed{0}\ \boxed{4}\ \boxed{4}\ \boxed{5}\ \boxed{2}\ \boxed{1}$　ならば，$x=44521$(この場合，xは5桁)

である。次の各問いに答えよ。

(1)　5の倍数となる6桁のxは，いくつあるか。

(2)　小さい数から数えて135番目の数を求めよ。

(☆☆☆◎◎◎)

【3】　$|x^2-4x|\leqq x$を解け。

この問題を，ある生徒が次のように解いた。

$x^2-4x\geqq 0$のとき　　　　$x^2-4x<0$のとき

$x^2-4x\leqq x$　　　　　　　$-(x^2-4x)\leqq x$

$x^2-5x\leqq 0$　　　　　　　$x^2-3x\geqq 0$

$x(x-5)\leqq 0$　　　　　　　$x(x-3)\geqq 0$

$\therefore\ \ 0\leqq x\leqq 5\ \cdots\cdots①$　　　$\therefore\ \ x\leqq 0$　または　$3\leqq x\ \cdots\cdots②$

①，②の共通の範囲を求めて

$x=0$　または　$3\leqq x\leqq 5$

この解き方には誤りがある。正しい解き方を示せ。また，このような解き方をする生徒を正しい解き方に導くために何を理解させる必要があるか，簡潔に書け。

(☆☆☆◎◎◎◎)

【4】関数$f(x)=x^3-3x^2+6x$とおく。曲線$y=f(x)$上の異なる2点A(α, $f(\alpha)$)，B(β, $f(\beta)$)における接線が平行であるものとする。次の各問いに答えよ。

(1)　βをαの式で表せ。

(2)　2点A，Bを通る直線の方程式をαを用いて表せ。

(3)　αがどのような値をとっても，2点A，Bを通る直線は定点を通ることを示せ。

(☆☆☆☆◎◎◎)

【5】条件$a_1=2$，$b_1=6$，$a_{n+1}=2a_n+b_n$，$b_{n+1}=3a_n+4b_n$によって定められる数列$\{a_n\}$，$\{b_n\}$について，次の各問いに答えよ。

(1)　a_2, b_2, a_3, b_3の値を求めよ。

135

(2)　数列$\{a_n+b_n\}$，$\{3a_n-b_n\}$の一般項を求めよ。

(3)　数列$\{a_n\}$，$\{b_n\}$の一般項を求めよ。

(☆☆☆○○○)

【6】複素数$\alpha(\neq1)$を1の5乗根とする。次の各問いに答えよ。

(1)　$\alpha^2+\alpha+1+\dfrac{1}{\alpha}+\dfrac{1}{\alpha^2}=0$であることを証明せよ。

(2)　(1)を利用して，$t=\alpha+\overline{\alpha}$は，$t^2+t-1=0$を満たすことを証明せよ。

(3)　(2)を利用して，$\cos\dfrac{2}{5}\pi$の値を求めよ。

(☆☆☆☆○○○)

解答・解説

【中高共通】

【1】(1)　$\dfrac{1}{2}\times OA\times OB\times\sin60°$

$=\dfrac{1}{2}\times1\times1\times\dfrac{\sqrt{3}}{2}=\dfrac{\sqrt{3}}{4}$

(2)　$\overrightarrow{OG}=\dfrac{\overrightarrow{OO}+\overrightarrow{OA}+\overrightarrow{OB}}{3}=\dfrac{\overrightarrow{OA}+\overrightarrow{OB}}{3}=\dfrac{\vec{a}+\vec{b}}{3}$

(3)　$|\vec{a}|=|\vec{b}|=|\vec{c}|=1$

$\vec{a}\cdot\vec{b}=\vec{b}\cdot\vec{c}=\vec{c}\cdot\vec{a}=1\times1\times\cos60°=\dfrac{1}{2}$

$\vec{g}=\dfrac{\vec{a}+\vec{b}}{3}$

よって，$(\vec{c}-\vec{g})\cdot\vec{a}=\left(\vec{c}-\dfrac{\vec{a}+\vec{b}}{3}\right)\cdot\vec{a}$

$$= \vec{c} \cdot \vec{a} - \frac{1}{3} |\vec{a}|^2 - \frac{1}{3} \vec{a} \cdot \vec{b}$$

$$= \frac{1}{2} - \frac{1}{3} - \frac{1}{6}$$

$$= 0$$

$$(\vec{c} - \vec{g}) \cdot \vec{b} = \left(\vec{c} - \frac{\vec{a} + \vec{b}}{3} \right) \cdot \vec{b}$$

$$= \vec{c} \cdot \vec{b} - \frac{1}{3} \vec{a} \cdot \vec{b} - \frac{1}{3} |\vec{b}|^2$$

$$= \frac{1}{2} - \frac{1}{6} - \frac{1}{3}$$

$$= 0$$

したがって，$(\vec{c} - \vec{g}) \cdot \vec{a} = 0$，$(\vec{c} - \vec{g}) \cdot \vec{b} = 0$

(4) $|\overrightarrow{GC}|^2 = |\vec{c} - \vec{g}|^2$

$$= \left| -\frac{1}{3} \vec{a} - \frac{1}{3} \vec{b} + \vec{c} \right|^2$$

$$= \frac{1}{9} |\vec{a}|^2 + \frac{1}{9} |\vec{b}|^2 + |\vec{c}|^2 + \frac{2}{9} \vec{a} \cdot \vec{b} - \frac{2}{3} \vec{b} \cdot \vec{c} - \frac{2}{3} \vec{c} \cdot \vec{a}$$

$$= \frac{1}{9} + \frac{1}{9} + 1 + \frac{1}{9} - \frac{1}{3} - \frac{1}{3} = \frac{2}{3}$$

よって，$|\overrightarrow{GC}| = \sqrt{\frac{2}{3}} = \frac{\sqrt{6}}{3}$

(5) (3)から，$\overrightarrow{GC} \perp \overrightarrow{OA}$，$\overrightarrow{GC} \perp \overrightarrow{OB}$

よって，$\overrightarrow{GC}$ は平面OABに垂直であるから，

求める体積は，$\frac{1}{3} \times \triangle OAB \times |\overrightarrow{GC}| = \frac{1}{3} \times \frac{\sqrt{3}}{4} \times \frac{\sqrt{6}}{3} = \frac{\sqrt{2}}{12}$

〈解説〉(1) △OABは1辺の長さが1の正三角形であることを利用する。

(3) 正四面体の4つの面は全て，1辺の長さが1の合同な正三角形であることを利用する。

(4) s，t，uを実数とするとき，$|s\vec{a} + t\vec{b} + u\vec{c}|^2 = s^2|\vec{a}|^2 + t^2|\vec{b}|^2 +$

$u^2|\overrightarrow{c}|^2+2st\overrightarrow{a}\cdot\overrightarrow{b}+2tu\overrightarrow{b}\cdot\overrightarrow{c}+2us\overrightarrow{c}\cdot\overrightarrow{a}$ であることを利用する。

(5)　平面 α 上の2つのベクトルと垂直なベクトルは，平面 α に垂直であることを利用する。

【中学校】

【１】(1)　点A，B，C，D，E，Fの6点から無作為に選ぶ選び方は，${}_6C_3=$ 20通り。また，円の直径AD，BE，CFのそれぞれに対して，4つの直角三角形がかけ，その総数は $3\times4＝12$ 通り。よって，求める確率は，$\dfrac{12}{20}＝\dfrac{3}{5}$

(2)　$ax^2+bx+c＝0$

$$x^2+\frac{b}{a}x+\frac{c}{a}＝0 \quad (\because \quad a\neq0)$$

$$x^2+\frac{b}{a}x＝-\frac{c}{a}$$

$$x^2+\frac{b}{a}x+\left(\frac{b}{2a}\right)^2＝-\frac{c}{a}+\left(\frac{b}{2a}\right)^2$$

$$\left(x+\frac{b}{2a}\right)^2＝\frac{b^2-4ac}{4a^2}$$

$$x+\frac{b}{2a}＝\pm\frac{\sqrt{b^2-4ac}}{2a}$$

$$x＝\frac{-b\pm\sqrt{b^2-4ac}}{2a}$$

(3)　$a^{4x}-a^{-4x}＝(a^{2x})^2-(a^{-2x})^2＝(a^{2x}+a^{-2x})(a^{2x}-a^{-2x})$

$$＝(a^{2x}+a^{-2x})\{(a^x)^2-(a^{-x})^2\}$$

$$＝(a^{2x}+a^{-2x})(a^x+a^{-x})(a^x-a^{-x})$$

よって，$(a^{4x}-a^{-4x})\div(a^x-a^{-x})＝(a^{2x}+a^{-2x})(a^x+a^{-x})$

$$＝\left(a^{2x}+\frac{1}{a^{2x}}\right)\left(a^x+\frac{1}{a^x}\right)$$

ここで，$a^{2x}＝5$ から，$a^x＝\sqrt{5}$ $\quad(\because \quad a^x>0)$

ゆえに，与式 $＝\left(5+\dfrac{1}{5}\right)\left(\sqrt{5}+\dfrac{1}{\sqrt{5}}\right)＝\dfrac{26}{5}\left(\sqrt{5}+\dfrac{\sqrt{5}}{5}\right)＝\dfrac{26}{5}\cdot\dfrac{6\sqrt{5}}{5}$

$＝\dfrac{156\sqrt{5}}{25}$

(4)　正弦定理より，$a:b:c＝\sin A:\sin B:\sin C$

が成り立つから，$a:b:c=7:5:3$

となる。このとき，正の数kを用いて，

$a=7k$，$b=5k$，$c=3k$　と表すことができる。

aが最大辺であるから，その対角のAが最も大きい角である。

余弦定理により，

$$\cos A=\frac{(5k)^2+(3k)^2-(7k)^2}{2\cdot5k\cdot3k}=\frac{-15k^2}{2\cdot5k\cdot3k}=-\frac{1}{2}$$

よって，$0°<A<180°$より，$A=120°$

〈解説〉(1)　円の直径を一辺とする三角形が直角三角形になることに注意する。

(3)　与式を簡単にしてから，a^{2x}，a^xの値を代入する。

(4)　三角形の3辺の長さを，正の数kを用いて表した後，余弦定理を用いるが，三角形の最大辺の対角が最大角となることに注意する。

【2】(1)　△ABPと直線RCにメネラウスの定理を用いると，

$$\frac{BC}{CP}\cdot\frac{PO}{OA}\cdot\frac{AR}{RB}=1$$

すなわち，$\dfrac{BC}{CP}\cdot\dfrac{2}{7}\cdot\dfrac{3}{2}=1$

よって，$\dfrac{BC}{CP}=\dfrac{7}{3}$　ゆえに，$BC:CP=7:3$

したがって，$BP:PC=(7-3):3=4:3$

(2)　△ABCにチェバの定理を用いると，

$$\frac{BP}{PC}\cdot\frac{CQ}{QA}\cdot\frac{AR}{RB}=1$$

すなわち，$\dfrac{4}{3}\cdot\dfrac{CQ}{QA}\cdot\dfrac{3}{2}=1$

よって，$\dfrac{CQ}{QA}=\dfrac{1}{2}$

したがって，$AQ:QC=2:1$

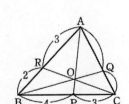

〈解説〉(1)はメネラウスの定理，(2)はチェバの定理を用いるが，どの三角形にそれぞれの定理を用いるのかを明確にすると，立式がしやすい。

【3】(1)　左から2番目には2で割って1余る数のカードは置けない。

1，2，3，4，5のうち2で割って1余る数は，1，3，5

よって，左から2番目に置くことができるカードは，$\boxed{2}$，$\boxed{4}$

(2)　1は1以外の数で割ると，必ず余りが1になる。

よって，左から1番目のみに置ける。$\boxed{1}$は左から1番目にしか置けない。

(3)　規則から，左から2番目には(1)より，$\boxed{2}$，$\boxed{4}$

・左から3番目には3で割って1余る数，すなわち$\boxed{1}$，$\boxed{4}$のカードは置けない。

よって，3番目には　$\boxed{2}$，$\boxed{3}$，$\boxed{5}$

・左から4番目には4で割って1余る数，すなわち$\boxed{1}$，$\boxed{5}$のカードは置けない。

よって，4番目には　$\boxed{2}$，$\boxed{3}$，$\boxed{4}$

・左から5番目には5で割って1余る数，すなわち$\boxed{1}$のカードは置けない。

よって，5番目には　$\boxed{2}$，$\boxed{3}$，$\boxed{4}$，$\boxed{5}$

が置ける。

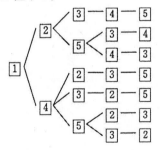

樹形図より，全部で7通り

〈解説〉nに1，2，3，4，5を代入して，具体的に考えることに注意する。

【4】(1)　△ABCと△EDCにおいて，

∠Cは共有　……①

AB//EDより，

∠BAC＝∠DEC　……②(同位角)

140

①，②より，2組の角がそれぞれ等しいから，

△ABC∽△EDC　が成り立つ。　……③

AB//EDより，

　∠BAD＝∠EDA(錯角)　……④

　∠BAD＝∠CAD＝∠EAD＝(ADは∠Aの2等分線)　……⑤

④，⑤より，∠EDA＝∠EAD

2つの角が等しいから，△EADはEA＝EDの二等辺三角形　……⑥

③，⑥より，BD：DC＝AE：EC

　　　　　　　　　　＝ED：EC

　　　　　　　　　　＝AB：AC

以上より，BD：DC＝AB：ACが成り立つ。

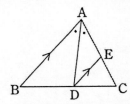

(2)　△ABDの面積をS，△ADCの面積をTとする。

点Aから直線BCにひいた垂線の足をEとすると，

$S : T = \frac{1}{2}BD \cdot AE : \frac{1}{2}DC \cdot AE = BD : DC$　……⑦

また，点Dから2辺AB，ACにひいた垂線の足をそれぞれF，Gとする。

線分ADは，∠Aの2等分線であるから，DF＝DGが成り立つ。

$S : T = \frac{1}{2}AB \cdot DF : \frac{1}{2}AC \cdot DG = AB : AC$　……⑧

⑦，⑧より，BD：DC＝AB：ACが成り立つ。

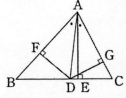

〈解説〉(1)　△ABC∽△EDCおよび△EADが，EA＝EDの二等辺三角形で
　あることを示せばよい。

141

(2)　角の二等分線上の点から両辺への距離は等しいことを利用する。
　△ABDと△ACDの面積の比を2通りの方法で表せばよい。

【5】(1)　赤いひもの長さが最も短くなるようにひもをかけると，
下の図のようになる。
　下の図の△ABDにおいて，三平方の定理により，

$BD^2=9^2+(3+6+3)^2=81+144$

∴　$BD^2=225$

BD＞0であるから，BD＝15〔cm〕

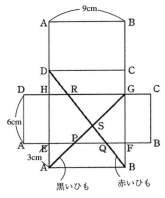

黒いひも　　赤いひも

(2)　HR//ABより，△DHR∽△DAB(2角相等)

∴　HR：AB＝DH：DA

　　　HR：9＝3：(3+6+3)

　　　HR：9＝1：4

よって，HR＝$\dfrac{9}{4}$〔cm〕

(3)　HR//EQ//ABより，△DHR∽△DEQ∽△DAB(2角相等)

∴　DR：RQ：QB＝DH：HE：EA

　　　　　　　　　　＝3：6：3

　　　　　　　　　　＝1：2：1　……①

RQ＝BD×$\dfrac{2}{1+2+1}$＝15×$\dfrac{1}{2}$＝$\dfrac{15}{2}$〔cm〕

(4)　$HR=\dfrac{9}{4}$〔cm〕より，$RG=9-\dfrac{9}{4}=\dfrac{27}{4}$〔cm〕

△SAB∽△SGR(2角相等)より，

$$SB：SR=AB：GR$$
$$=9：\dfrac{27}{4}$$
$$=4：3$$

$RS=RB\times\dfrac{3}{4+3}=BD\times\dfrac{2+1}{1+2+1}(\because　①)\times\dfrac{3}{7}=15\times\dfrac{3}{4}\times\dfrac{3}{7}=\dfrac{135}{28}$〔cm〕

〈解説〉展開図を書き，相似な三角形の相似比を求めることに気が付けばよい。

(2)△DHR∽△DAB，(3)△DHR∽△DEQ∽△DAB，(4)△SAB∽△SGR
を利用する。

【6】(1)　①×3から　$6x+15y+12=0$　……①′

①′−②より，

$$\begin{array}{r}6x+15y+12=0\\-\underline{)\,6x-9y+4=0}\\24y+8=0\end{array}$$

よって，$y=-\dfrac{1}{3}$

①に代入して，　$2x-\dfrac{5}{3}+4=0$　よって，$x=-\dfrac{7}{6}$

求める交点の座標は$\left(-\dfrac{7}{6},\ -\dfrac{1}{3}\right)$

(2)　$3x-2y+1=0$は$y=\dfrac{3}{2}x+\dfrac{1}{2}$なので，

求める直線の傾きは$-\dfrac{2}{3}$である。

よって，求める直線は，

$$y-\left(-\dfrac{2}{3}\right)=-\dfrac{2}{3}\left(x+\dfrac{7}{6}\right)$$
$$y=-\dfrac{2}{3}x-\dfrac{10}{9}$$

(もしくは，$6x+9y+10=0$)

(3)　$mx+y=0$……③とおくと題意を満たすmは，次の3種類がある。

[1]　①と③が平行。　　　[2]　②と③が平行。　　　[3]　①と②の交点

を③が通る。

①は，$y=-\dfrac{2}{5}x-\dfrac{4}{5}$

②は，$y=\dfrac{2}{3}x+\dfrac{4}{9}$

③は，$y=-mx$

なので，

[1]のとき　$m=\dfrac{2}{5}$

[2]のとき　$m=-\dfrac{2}{3}$

[3]のとき　(1)で求めた座標を③に代入して $-\dfrac{7}{6}m-\dfrac{1}{3}=0$ から

$m=-\dfrac{2}{7}$

ゆえに　$m=\dfrac{2}{5}，\ -\dfrac{2}{3}，\ -\dfrac{2}{7}$

〈解説〉(2)　垂直な2直線の傾きの積は，−1であることを利用する。

(3)　題意を満たす場合が3種類あることに注意し，平行な2直線の傾き
は等しいことを利用する。

【高等学校】

【1】(1)　正弦定理より，$a:b:c＝\sin A:\sin B:\sin C$

が成り立つから，$a:b:c＝7:5:3$

となる。このとき，正の数 k を用いて，

$a=7k，\ b=5k，\ c=3k$　と表すことができる。

a が最大辺であるから，その対角の A が最も大きい角である。

余弦定理により，

$\cos A=\dfrac{(5k)^2+(3k)^2-(7k)^2}{2\cdot 5k\cdot 3k}=\dfrac{-15k^2}{2\cdot 5k\cdot 3k}=-\dfrac{1}{2}$

よって，$0°<A<180°$ より，$A=120°$

(2)　真数は正であるから，$x+2>0$　かつ　$x-1>0$

よって，$x>-2$　かつ　$x>1$

すなわち，　　$x>1$　……①

方程式を変形すると，$\log_2(x+2)(x-1)=2\log_2 2$

144

よって，　　　　　　　$(x+2)(x-1)=2^2$

式を変形すると，　　　$x^2+x-6=0$

　　　　　　　　　　　$(x+3)(x-2)=0$

①より，　　　　　　　$x=2$

(3)　1年目の初めに積み立てた10000円の10年後の元利合計額は10000×1.03^{10}円である。

2年目の初めに積み立てた10000円の9年後の元利合計額は10000×1.03^{9}円である。

3年目の初めに積み立てた10000円の8年後の元利合計額は10000×1.03^{8}円である。

　　　⋮

10年目の初めに積み立てた10000円の1年後の元利合計額は10000×1.03円である。

これらを全て加えたものが求める元利合計なので，

$10000×1.03^{10}+10000×1.03^9+10000×1.03^8+\cdots+10000×1.03$

$=10000(1.03^{10}+1.03^9+1.03^8+\cdots+1.03)$

$=10000×\dfrac{1.03(1.03^{10}-1)}{1.03-1}$

$=10000×\dfrac{1.03^{11}-1.03}{0.03}$

$=10000×(1.384-1.03)×\dfrac{100}{3}$　$(\because\ 1.03^{11}=1.384)$

$=10000×\underset{0.354}{\cancel{0.354}}\overset{0.118}{}×\dfrac{100}{\cancel{3}}$

$=118000$〔円〕

(4)　$\displaystyle\int_0^1 tf(t)dt=k(k$は実数$)$とおくと，$f(x)=e^x-k$となる。

これより，$k=\displaystyle\int_0^1 t(e^t-k)dt$

　　　　　　$=\displaystyle\int_0^1 te^t dt-k\int_0^1 t dt$

　　　　　　$=\displaystyle\int_0^1 t(et)' dt-k\int_0^1 t dt$

$$=\left[te^t\right]_0^1 - \int_0^1 e^t dt - k\left[\frac{t^2}{2}\right]_0^1$$

$$=e-\left[e^t\right]_0^1 - \frac{k}{2}$$

$$=e-(e-1)-\frac{k}{2}$$

$$=1-\frac{k}{2}$$

したがって，$k=1-\dfrac{k}{2}$ より　$k=\dfrac{2}{3}$

よって，　$f(x)=e^x-\dfrac{2}{3}$

〈解説〉(1)　三角形の3辺の長さを正の数 k を用いて表した後，余剰定理を用いるが，三角形の最大辺の対角が最大角となることに注意する。

(2)　真数が正となる x の範囲を満たす値のみ解である。

(3)　求める元利合計は，等比数列の和となっていることに注意する。

(4)　$\displaystyle\int_0^1 tf(t)dt$ は定数なので，これを k とおく。その後 k の値を求めればよい。

【2】(1)　一の位が0のとき，$\dfrac{5!}{2!}=60$

一の位が5のとき，左端は0以外の数である。

i)　左端が1または2のとき，

残り，1または2と0，4，4を並べて，

$\dfrac{4!}{2!}\times2=24$

ii)　左端が4のとき，

残り，0，1，2，4を並べて，

$4!=24$

i) ii)より，$24+24=48$

よって，$60+48=108$個

(2)　初めの数字が0である数は　$\dfrac{5!}{2!}=60$ で，60個ある。

初めの数字が1である数は　$\dfrac{5!}{2!}=60$ で，60個ある。

20○○○○の形の数は　$\dfrac{4!}{2!}=12$で，12個ある。

ここまでの数字の個数は　$60×2+12=132$で，132個。

よって，135番目の数は21○○○○の形の数の3番目である。

21○○○○の形の数を小さい順に並べると，

　　　210445　　　210454　　　210544　……

したがって，135番目の数は，210544

〈解説〉(1)　整数が5の倍数となるのは，1の位の数字が0か5のときであることに注意をして，場合分けをすればよい。

(2)　場合の数の基本通りに，小さい数から順に数える。

【3】 $x^2-4x≧0$のとき，

$x(x-4)≧0$

$x≦0$　または　$4≦x$　……①

問いの不等式の絶対値記号をはずすと，

$x^2-4x≦x$

$x^2-5x≦0$

$x(x-5)≦0$

$0≦x≦5$　……②

①，②の共通の範囲を求めて，

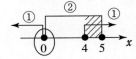

$x=0$　または　$4≦x≦5$　……③

$x^2-4x<0$のとき，

$x(x-4)<0$

$0<x<4$　……④

問いの不等式の絶対値記号をはずすと，

$-(x^2-4x)≦x$

$x^2-3x≧0$

$x(x-3)≧0$

$x \leqq 0$　または　$3 \leqq x$　……⑤

④，⑤の共通の範囲を求めて，

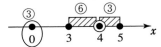

$3 \leqq x < 4$　……⑥

以上から求める範囲は③または⑥なので，

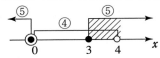

$x = 0$　または　$3 \leqq x \leqq 5$

絶対値記号の中が0以上，0未満で場合分けして絶対記号をはずして式変形するところまではよい。

しかし，絶対記号をはずした不等式の解が，場合分けに用いた条件に適するかどうか吟味されていない。

このような解き方をする生徒には，場合分け時の「かつ」と「または」の使い分けを理解させる必要がある。

〈解説〉場合分けをするとき，場合分けに用いた条件に適するもののみが解であることに注意をする。

【4】(1)　$f(x) = x^3 - 3x^2 + 6x$ なので，

$f'(x) = 3x^2 - 6x + 6$　曲線 $y = f(x)$ 上の異なる2点A，Bにおける接線が平行であるとき，

$f'(\alpha) = f'(\beta)$　よって，$3\alpha^2 - 6\alpha + 6 = 3\beta^2 - 6\beta + 6$

すなわち $(\alpha^2 - \beta^2) - 2(\alpha - \beta) = 0$

$(\alpha + \beta)(\alpha - \beta) - 2(\alpha - \beta) = 0$

よって，$(\alpha - \beta)(\alpha + \beta - 2) = 0$

$\alpha \neq \beta$ であるから $\alpha + \beta - 2 = 0$　したがって　$\beta = -\alpha + 2$

(2)　直線ABの傾きは，

$$\frac{f(\beta) - f(\alpha)}{\beta - \alpha} = \frac{(\beta^3 - 3\beta^2 + 6\beta) - (\alpha^3 - 3\alpha^2 + 6\alpha)}{\beta - \alpha}$$

$$=\frac{(\beta^3-\alpha^3)-3(\beta^2-\alpha^2)+6(\beta-\alpha)}{\beta-\alpha}$$

$$=\frac{(\beta-\alpha)(\beta^2+\beta\alpha+\alpha^2)-3(\beta+\alpha)(\beta-\alpha)+6(\beta-\alpha)}{\beta-\alpha}$$

$$=\frac{(\beta-\alpha)\{(\beta^2+\beta\alpha+\alpha^2)-3(\beta+\alpha)+6\}}{\beta-\alpha}$$

$$=(-\alpha+2)^2+(-\alpha+2)\alpha+\alpha^2-3(-\alpha+2+\alpha)+6$$

$$=\alpha^2-4\alpha+4-\alpha^2+2\alpha+\alpha^2+3\alpha-6-3\alpha+6$$

$$=\alpha^2-2\alpha+4$$

したがって，直線ABの方程式は，$y-(\alpha^3-3\alpha^2+6\alpha)$

$=(\alpha^2-2\alpha+4)(x-\alpha)$

すなわち，$y=(\alpha^2-2\alpha+4)x-\alpha^3+2\alpha^2-4\alpha+\alpha^3-3\alpha^2+6\alpha$

整理すると　$y=(\alpha^2-2\alpha+4)x-\alpha^2+2\alpha$　……①

(3)　①を α について整理すると，

$(x-1)\alpha^2-2(x-1)\alpha+4x-y=0$　……②

これが α の恒等式なので，$x-1=0$，$4x-y=0$　すなわち，

$x=1$，$y=4$である。

したがって，直線ABは定点(1，4)を通る。

〈解説〉(1)　2点A，Bにおける接線の傾きが等しいので，$f'(\alpha)=f'(\beta)$であることを用いる。

(2)　直線A，Bの方程式は，$y-f(\alpha)=\dfrac{f(\beta)-f(\alpha)}{\beta-\alpha}(x-\alpha)$であり，(1)の結果を用いる。

(3)　(2)の方程式が α の恒等式であることに注意する。

【5】(1)　$a_2=2a_1+b_1=2\times2+6=10$

$b_2=3a_1+4b_1=3\times2+4\times6=30$

$a_3=2a_2+b_2=2\times10+30=50$

$b_3=3a_2+4b_2=3\times10+4\times30=150$

(2)　$a_{n+1}=2a_n+b_n$　……①

$b_{n+1}=3a_n+4b_n$　……②　とおく。

①+②より，$a_{n+1}+b_{n+1}=5(a_n+b_n)$　$a_1+b_1=2+6=8$であるから，

数列$\{a_n+b_n\}$は，初項8，公比5の等比数列である。

よって，$a_n+b_n=8\cdot5^{n-1}$　……③

①×3−②より，$3a_{n+1}-b_{n+1}=6a_n+3b_n-(3a_n-4b_n)=3a_n-b_n$　したがって

$3a_n-b_n=3a_{n-1}-b_{n-1}=\cdots=3a_1-b_1=3\times2-6=0$　　よって，$3a_n-b_n=0$　……④

(3)　③+④より，$4a_n=8\cdot5^{n-1}$　よって　$a_n=2\cdot5^{n-1}$

このとき，④より　$b_n=3a_n=6\cdot5^{n-1}$

〈解説〉(1)　条件式にて$n=1$，2を代入すれば求まる。

(2)　$a_{n+1}=2a_n+b_n$　……①，$b_{n+1}=3a_n+4b_n$　……②のとき，

①+②および①×3−②を求めればよい。

(3)　(2)の結果を用いることに注意する。

【6】(1)　(証明)　$\alpha^5=1$なので$\alpha^5-1=0$，すなわち

$(\alpha-1)(\alpha^4+\alpha^3+\alpha^2+\alpha+1)=0$

$$\begin{array}{r}10000-1\ \lfloor 1 \\ \underline{1111\quad 1} \\ 11111\ \lfloor 0\end{array}$$

$\alpha\neq1$であるから　$\alpha^4+\alpha^3+\alpha^2+\alpha+1=0$

$\alpha\neq0$であるから，両辺をα^2で割ると

$\alpha^2+\alpha+1+\dfrac{1}{\alpha}+\dfrac{1}{\alpha^2}=0$　　(証明終)

(2)　(証明)　$\alpha^5=1$から　$|\alpha|^5=1$　よって，$|\alpha|=1$となり　$|\alpha|^2=1$

すなわち，$\alpha\,\overline{\alpha}=1$となり　$\overline{\alpha}=\dfrac{1}{\alpha}$

$$\begin{aligned}t^2+t-1&=(\alpha+\overline{\alpha})^2+(\alpha+\overline{\alpha})-1\\&=\alpha^2+2\alpha\,\overline{\alpha}+(\overline{\alpha})^2+\alpha+\overline{\alpha}-1\\&=\alpha^2+2\alpha\dfrac{1}{\alpha}+\left(\dfrac{1}{\alpha}\right)^2+\alpha+\dfrac{1}{\alpha}-1\\&=\alpha^2+2+\dfrac{1}{\alpha^2}+\alpha+\dfrac{1}{\alpha}-1\end{aligned}$$

$$= \alpha^2 + \alpha + 1 + \frac{1}{\alpha} + \frac{1}{\alpha^2}$$

$$= 0 \quad (\because \ (1)) \quad (証明終)$$

(3) $\alpha = \cos\frac{2}{5}\pi + i\sin\frac{2}{5}\pi$ とおくと,

$\alpha^5 = \cos\left(\frac{2}{5}\pi \times 5\right) + i\sin\left(\frac{2}{5}\pi \times 5\right) = \cos 2\pi + i\sin 2\pi = 1,\ \alpha \neq 1$ を満たす。

また, $\overline{\alpha} = \cos\frac{2}{5}\pi - i\sin\frac{2}{5}\pi$ なので,

$t = \alpha + \overline{\alpha}$

$\quad = \cos\frac{2}{5}\pi + i\sin\frac{2}{5}\pi + \cos\frac{2}{5}\pi - i\sin\frac{2}{5}\pi$

$\quad = 2\cos\frac{2}{5}\pi$

ここで, (2)より, $t = 2\cos\frac{2}{5}\pi$ は $t^2 + t - 1 = 0$ の正の解であるから, 2次

方程式を解いて, $2\cos\frac{2}{5}\pi = \dfrac{-1+\sqrt{5}}{2}$

したがって $\cos\frac{2}{5}\pi = \dfrac{-1+\sqrt{5}}{4}$

〈解説〉(1) $\alpha^5 = 1$ を因数分解すればよい。

(2) $\overline{\alpha}$ は α の共役複素数を表している。$|\alpha| = 1$ より $|\alpha|^2 = 1$

すなわち, $\overline{\alpha} = \dfrac{1}{\alpha}$ を利用する。

(3) $t = \alpha + \overline{\alpha} = 2\cos\frac{2}{5}\pi$ が, $t^2 - t - 1 = 0$ の正の解であることを利用

する。

2016年度　実施問題

【中高共通】

【1】△ABCの外心をO，重心をGとし，$\overrightarrow{OH} = \overrightarrow{OA} + \overrightarrow{OB} + \overrightarrow{OC}$ とする。ただし，△ABCは直角三角形ではないとする。次の問いに答えよ。

(1) 3点O，G，Hは一直線上にあることを証明せよ。

(2) BH⊥CAかつCH⊥ABであることを証明せよ。

(☆☆☆◎◎◎)

【中学校】

【1】次の各問いに答えよ。

(1) 九角形の対角線の本数を求めよ。

(2) 2桁の自然数がある。十の位の数字と一の位の数字の和は9で，この両方の数字を入れ替えてできる数ともとの数との積は2268になるという。このとき，もとの数を求めよ。

(3) 正八面体において，ある面に平行な平面で切って体積を2等分する。正八面体の1辺が6cmのとき，切り口の周の長さは何cmになるか求めよ。

(☆☆☆◎◎◎)

【2】「2つの奇数の積は奇数であることを証明せよ。」
このことを，ある生徒が次のように解答した。

> nが整数のとき，2つの奇数は$2n+1$，$2n+3$と表すことができ
> る。
> したがって，2つの奇数の積は
> $(2n+1)(2n+3)$
> $=4n^2+8n+3$
> $=2(2n^2+4n+1)+1$
> となる。$2n^2+4n+1$は整数であるから，2つの奇数の積は奇数
> である。

このような解答をする生徒に対してあなたならどのように説明する
か。具体的に書け。

(☆☆○○○)

【3】三平方の定理を証明せよ。

(☆☆○○○○)

【4】△ABCにおいて，AB＝4cm，BC＝5cm，CA＝3cmであり，点Mは
辺BCの中点である。次の問いに答えよ。
(1) 図1において，点Cから線分AMにひいた垂線と線分AMとの交点
をDとする。線分AM及び線分CDの長さを求めよ。

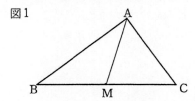

図1

(2) 図1の△ABCにおいて，△CAMを直線AMを軸として回転させた
ものが図2であり，PM＝CM，PA＝CAである。図2において，点Pか
ら3点A，B，Mを含む平面に下ろした垂線の足をHとする。点Hが
△ABMの辺上，または内部にあるとき，四面体PABMの体積の最小
値を求めよ。

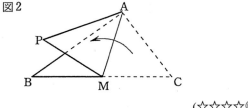

図2

(☆☆☆☆◎◎)

【5】赤玉3個，白玉2個が入っている袋から玉を1個取り出し，色を調べてからもとに戻す作業を何回か続けて行う。次の問いに答えよ。

(1) 作業を5回行ったとき，5回目に3度目の赤玉が出る確率を求めよ。

(2) 作業をn回$(n≧1)$行ったとき，n回目で初めて赤玉が出る確率を求めよ。

(3) 作業をk回行ったとき，k回目にm度目の赤玉が出る確率を求めよ。ただし，$1≦m≦k$とする。

(☆☆☆◎◎)

【6】aは定数とする。関数$f(x)=\log_{\frac{1}{2}}\left(\frac{1}{3}x^2-2x+a\right)$について，次の問いに答えよ。

(1) すべての実数xについて，$\frac{1}{3}x^2-2x+a>0$が成り立つ定数aの値の範囲を求めよ。

(2) $a=7$のとき，関数$f(x)$の最大値と，そのときのxの値を求めよ。

(3) 方程式$f(x)=-1$の解が1と2の間にあるように，定数aの値の範囲を定めよ。

(☆☆☆☆◎◎)

【高等学校】

【1】次の各問いに答えよ。

(1) 次の和Sを求めよ。
$$S=\frac{1}{1\cdot 2}+\frac{1}{2\cdot 3}+\frac{1}{3\cdot 4}+\cdots+\frac{1}{n(n+1)}$$

(2) $(1+\sqrt{3}\,i)^n$が実数となるような最小の正の整数nの値を求めよ。

(3) 方程式$233x+45y=1$を満たす整数解を1組求めよ。

(4) a, b, cは正の数で, $a\neq1$, $c\neq1$とするとき, $\log_a b=\dfrac{\log_c b}{\log_c a}$を示せ。

(☆☆☆◎◎◎)

【2】nは2以上の自然数とする。次の問いに答えよ。

(1) n^4+4を因数分解せよ。

(2) n^4+4は素数ではないことを証明せよ。

(☆☆◎◎◎)

【3】「$a>0$, $b>0$のとき, $(a+b)\left(\dfrac{1}{a}+\dfrac{9}{b}\right)$の最小値を求めよ。」

(1) この問題を, ある生徒が次のように解答した。

> $a>0$, $b>0$のとき, $\dfrac{1}{a}>0$, $\dfrac{9}{b}>0$であるから, 相加平均と相乗平均の関係より$a+b\geq2\sqrt{ab}$, $\dfrac{1}{a}+\dfrac{9}{b}\geq2\sqrt{\dfrac{9}{ab}}$が成り立つ。
>
> よって$(a+b)\left(\dfrac{1}{a}+\dfrac{9}{b}\right)\geq2\sqrt{ab}\times2\sqrt{\dfrac{9}{ab}}=12$
>
> したがって, 最小値は12

このような解答をする生徒に対してあなたならどのように誤りを指摘するか。具体的に書け。

(2) 相加平均と相乗平均の関係を用いずに, この問題を解け。

(☆☆☆◎◎)

【4】赤玉3個, 白玉2個が入っている袋から玉を1個取り出し, 色を調べてからもとに戻す作業をn回($n\geq1$)続けて行う。次の問いに答えよ。

(1) 作業をn回行ったとき, 赤玉が出る回数の期待値を和の記号Σを用いて表せ。

(2) 作業をn回行ったとき, n回目で初めて赤玉が出る確率を求めよ。

(3) 作業をn回行ったとき, n回目にk度目の赤玉が出る確率を求めよ。

ただし，$1 \leqq k \leqq n$とする。

（☆☆☆◎◎◎）

【5】曲線$y = x\sqrt{1-x^2}$（$0 \leqq x \leqq 1$）について

(1) 導関数y'を求めよ。

(2) この曲線とx軸で囲まれた図形をy軸の周りに1回転させてできる立体の体積Vを求めよ。

（☆☆☆☆◎◎◎）

解答・解説

【中高共通】

【1】(1) 点Gは△ABCの重心なので，$\overrightarrow{OG} = \dfrac{\overrightarrow{OA} + \overrightarrow{OB} + \overrightarrow{OC}}{3}$ …① である。

$\overrightarrow{OH} = \overrightarrow{OA} + \overrightarrow{OB} + \overrightarrow{OC}$ …②

①，②より，$\overrightarrow{OH} = 3\overrightarrow{OG}$ が成り立つ。

よって，3点O，G，Hは一直線上にある。

(2) $\overrightarrow{BH} \cdot \overrightarrow{CA} = (\overrightarrow{OH} - \overrightarrow{OB}) \cdot (\overrightarrow{OA} - \overrightarrow{OC})$

$\qquad\qquad = (\overrightarrow{OA} + \overrightarrow{OC}) \cdot (\overrightarrow{OA} - \overrightarrow{OC})$ （∵ ②）

$\qquad\qquad = |\overrightarrow{OA}|^2 - |\overrightarrow{OC}|^2$

点Oは△ABCの外心なので，OA＝OCであるから，$\overrightarrow{BH} \cdot \overrightarrow{CA} = 0$

よって BH⊥CA が成り立つ。

$\overrightarrow{CH} \cdot \overrightarrow{AB} = (\overrightarrow{OH} - \overrightarrow{OC}) \cdot (\overrightarrow{OB} - \overrightarrow{OA})$

$\qquad\qquad = (\overrightarrow{OB} + \overrightarrow{OA}) \cdot (\overrightarrow{OB} - \overrightarrow{OA})$ （∵ ②）

$\qquad\qquad = |\overrightarrow{OB}|^2 - |\overrightarrow{OA}|^2$

点Oは△ABCの外心なので，OA＝OBであるから，$\overrightarrow{CH} \cdot \overrightarrow{AB} = 0$

よって，CH⊥AB が成り立つ。

〈解説〉解答参照。

【中学校】

【1】(1) n角形の対角線の本数は，$\dfrac{n(n-3)}{2}$〔本〕なので，九角形の対角線は全部で，$\dfrac{9(9-3)}{2} = 27$〔本〕

(2) もとの数の十の位の数字をnとする。

このとき，もとの数の一の位の数字は$9-n$となる。

よって，もとの数は，$10n+(9-n)$

十の位と一の位を入れ替えた数は，$10(9-n)+n$

ゆえに，$\{10n+(9-n)\}\{10(9-n)+n\} = 2268$

整理すると，$n^2-9n+18=0$

よって，$(n-3)(n-6)=0$

ゆえに，$n=3$，6

したがって，もとの数は36または63

(3) 切り口は正六角形となり，その1辺の長さは正八面体の1辺の長さの半分であるから，$6 \times \dfrac{1}{2} = 3$

よって，切り口の周の長さは$3 \times 6 = 18$〔cm〕

〈解説〉解答参照。

【2】nに代入する値をかえることでいろいろな奇数を表すことができるが，この解答では隣りあう奇数しか表せていない。例えば3と7がこの文字式で表すことができるかを確かめさせることで，その間違いに気付かせることができる。

　2つの奇数を，例えば整数m，nを用いて$2m+1$，$2n+1$と表すことで隣りあう奇数だけでなく，それ以外の奇数の組も表すことができる。

〈解説〉解答参照。

【3】 次の図のように，△AOBと合同な直角三角形4つを，1辺がcの正方形のまわりにかくと，外側に1辺が$a+b$の正方形ができる。この図において，面積の関係を考えればよい。

1辺がcの正方形の面積は，(外側の正方形の面積)−(△AOBの面積)×4であるから，

$$c^2=(a+b)^2-\frac{1}{2}ab\times4$$
$$=(a^2+2ab+b^2)-2ab$$
$$=a^2+b^2$$

したがって，$c^2=a^2+b^2$

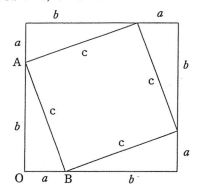

〈解説〉三平方の定理の証明には，他にもいろいろあるので，教科書などで確認しておくとよい。

【4】(1) $AB^2+CA^2=BC^2$が成り立つから，△ABCは，三平方の定理の逆より，∠A＝90°の直角三角形である。また，点Mは辺BCの中点であるから，点AはMを中心とし線分BCを直径とする円周上にある。

よって，$AM＝BM＝\frac{5}{2}$〔cm〕

△$ABC＝\frac{1}{2}\times3\times4=6$〔cm²〕であるから，△$AMC＝\frac{1}{2}$△$ABC＝3$〔cm²〕である。

一方，△$AMC＝\frac{1}{2}\times AM\times CD$であるから，$\frac{1}{2}\times\frac{5}{2}\times CD＝3$

したがって, $CD=\dfrac{12}{5}$ 〔cm〕

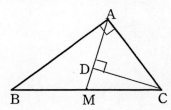

(2) 四面体PABMにおいて△ABMを底面としたとき, 高さはPHとなる。点Hが辺ABと直線CDの交点に一致するとき, PHの値は最小になるので, 四面体PABMの体積も最小となる。

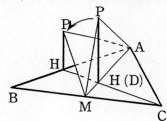

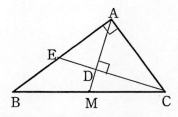

直線CDと辺ABの交点をEとする。

直角三角形ADCにおいて,

$AD^2=AC^2-CD^2=3^2-\left(\dfrac{12}{5}\right)^2=\dfrac{81}{25}$

AD＞0であるから,

$AD=\dfrac{9}{5}$ 〔cm〕

△AEC∽△DACが成り立つから,

$AE:DA=AC:DC$　　すなわち, $AE:\dfrac{9}{5}=3:\dfrac{12}{5}$

これを解いて，$AE = \dfrac{9}{4}$〔cm〕

点Hが点Eに一致するとき，直角三角形PHAにおいて，

$$PH^2 = PA^2 - AH^2 = CA^2 - AE^2 = 3^2 - \left(\dfrac{9}{4}\right)^2 = \dfrac{63}{16}$$

PH＞0であるから，$PH = \dfrac{3\sqrt{7}}{4}$〔cm〕

したがって，四面体PABMの体積は，

$$\dfrac{1}{3} \cdot \triangle ABM \cdot PH = \dfrac{1}{3} \cdot \triangle ACM \cdot PH = \dfrac{1}{3} \cdot 3 \cdot \dfrac{3\sqrt{7}}{4} = \dfrac{3\sqrt{7}}{4}$$〔cm³〕

〈解説〉解答参照。

【5】(1) ${}_4C_2\left(\dfrac{3}{5}\right)^2\left(\dfrac{2}{5}\right)^2 \times \dfrac{3}{5} = 6 \times \dfrac{108}{5^5} = \dfrac{648}{3125}$

(2) $\left(\dfrac{2}{5}\right)^{n-1} \times \dfrac{3}{5} = \dfrac{3 \cdot 2^{n-1}}{5^n}$

(3) ${}_{k-1}C_{m-1}\left(\dfrac{3}{5}\right)^{m-1}\left(\dfrac{2}{5}\right)^{k-m} \times \dfrac{3}{5} = \dfrac{(k-1)!}{(m-1)!(k-m)!} \times \dfrac{3^m \cdot 2^{k-m}}{5^k}$

〈解説〉

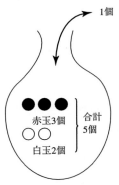

1個

赤玉3個 ┐
　　　　├ 合計
白玉2個 ┘ 5個

(1) 4回の作業までに赤玉が2度出た後，5回目の作業で3度目の赤玉が出ればよいので，

$${}_4C_2\left(\dfrac{3}{5}\right)^2\left(\dfrac{2}{5}\right)^2 \times \dfrac{3}{5}$$

$$= \dfrac{4 \cdot 3}{2} \cdot \dfrac{3^2 \cdot 2^2}{5^4} \times \dfrac{3}{5}$$

$$=\frac{81\times 8}{5^5}$$

$$=\frac{648}{3125}$$ である。

(2) $n-1$回の作業全てに白玉が出た後，次に赤玉が出ればよいので，

$$\left(\frac{2}{5}\right)^{n-1}\times\frac{3}{5}=\frac{3\cdot 2^{n-1}}{5^n}$$ である。

(3) $k-1$回の作業までに赤玉が$m-1$度出た後，次に赤玉が出ればよいので，

$$_{k-1}C_{m-1}\left(\frac{3}{5}\right)^{m-1}\left(\frac{2}{5}\right)^{(k-1)-(m-1)}\times\frac{3}{5}$$

$$=_{k-1}C_{m-1}\left(\frac{3}{5}\right)^{m-1}\left(\frac{2}{5}\right)^{k-m}\times\frac{3}{5}$$

$$=\frac{(k-1)!}{\{(k-1)-(m-1)\}!\cdot(m-1)!}\cdot\frac{3^{m-1}\cdot 2^{k-m}\cdot 3}{5^{m-1}\cdot 5^{k-m}\cdot 5}$$

$$=\frac{(k-1)!}{(k-m)!(m-1)!}\times\frac{3^m\cdot 2^{k-m}}{5^k}$$ である。

【6】(1) すべての実数xについて，$\frac{1}{3}x^2-2x+a>0$が成り立つのは，判別式$D<0$となるときである。

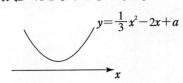

$$y=\frac{1}{3}x^2-2x+a$$

したがって，$D=(-2)^2-4\cdot\frac{1}{3}\cdot a<0$

これを解いて，$a>3$

(2) $a=7$により，$f(x)=\log_{\frac{1}{2}}\left(\frac{1}{3}x^2-2x+7\right)$

底が1より小さいから，この関数が最大値をもつのは，$\frac{1}{3}x^2-2x+7$が最小となるときである。

$g(x)=\frac{1}{3}x^2-2x+7$とおくと，

$g(x)=\frac{1}{3}x^2-2x+7=\frac{1}{3}(x-3)^2+4$より，

$g(x)$は$x=3$のとき最小値4をもつ。このとき，$f(x)=\log_{\frac{1}{2}}4=-2$

したがって，$x=3$のとき，$f(x)$は最大値-2

(3)　$\log_{\frac{1}{2}}\left(\dfrac{1}{3}x^2-2x+a\right)=-1$より，

$\dfrac{1}{3}x^2-2x+a=2$

整理して，$x^2-6x+3a-6=0$

$h(x)=x^2-6x+3a-6$とおくと，

$h(x)=(x-3)^2+3a-15$より，解が1と2の間にある条件は，グラフが図のようになればよいから，

$h(1)=3a-11>0$　かつ　$h(2)=3a-14<0$

したがって，$\dfrac{11}{3}<a<\dfrac{14}{3}$

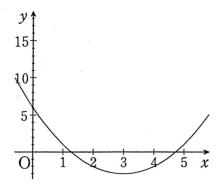

〈解説〉(1)　解答参照。

(2)　(別解)　$f'(x)=\dfrac{\left(\dfrac{1}{3}x^2-2x+7\right)'}{\left(\dfrac{1}{3}x^2-2x+7\right)\cdot\log\dfrac{1}{2}}$

$=\dfrac{2(x-3)}{(x^2-6x+21)\log 2}=0$とおくと，$x=3$である。

増減表は次のようになる。

x	$\cdots\cdots$	3	$\cdots\cdots$
$f'(x)$	$+$	0	$-$
$f(x)$	$\nearrow$	-2	$\searrow$

よって，$x=3$のとき最大値-2をとる。

(3) 解答参照。

【高等学校】

【1】(1) $S=\left(\dfrac{1}{1}-\dfrac{1}{2}\right)+\left(\dfrac{1}{2}-\dfrac{1}{3}\right)+\left(\dfrac{1}{3}-\dfrac{1}{4}\right)+\cdots+\left(\dfrac{1}{n}-\dfrac{1}{n+1}\right)$

$\qquad\quad =1-\dfrac{1}{n+1}$

$\qquad\quad =\dfrac{n}{n+1}$

(2) $1+\sqrt{3}\,i$を極形式で表わすと，$2\left(\cos\dfrac{\pi}{3}+i\sin\dfrac{\pi}{3}\right)$なので，ド・モアブルの定理を用いて，

$(1+\sqrt{3}\,i)^n=\left\{2\left(\cos\dfrac{\pi}{3}+i\sin\dfrac{\pi}{3}\right)\right\}^n=2^n\left(\cos\dfrac{n\pi}{3}+i\sin\dfrac{n\pi}{3}\right)$ $\cdots$①

①が実数となるのは，$\sin\dfrac{n\pi}{3}=0$

これをみたす最小の正の整数nは，$\dfrac{n\pi}{3}=\pi$のときであるから，$n=3$

(3) $(45\cdot 5+8)x+45y=1$

整理すると，$8x+45(5x+y)=1$

$5x+y=m$とおくと$8x+45m=1$

$8x+(8\cdot 5+5)m=1$

整理すると，$8(x+5m)+5m=1$

$x+5m=n$とおくと，$8n+5m=1$

この方程式を満たす1組の整数m，nは，$m=-3$，$n=2$

よって，$x=n-5m=17$，$y=m-5x=-88$

(4) $\log_a b=p$とおくと，$b=a^p$となる。

$b=a^p$の両辺について底がcの対数をとると，$\log_c b=\log_c a^p$となり，

$\log_c b=p\log_c a$である。

$\log_c a \neq 0$であるから，$p = \dfrac{\log_c b}{\log_c a}$より，$\log_a b = \dfrac{\log_c b}{\log_c a}$となる。

〈解説〉解答参照。

【２】(1)　$n^4 + 4 = n^4 + 4n^2 + 4 - 4n^2$
$= (n^2 + 2)^2 - (2n)^2$
$= (n^2 + 2n + 2)(n^2 - 2n + 2)$

(2)　$n^2 + 2n + 2 = (n+1)^2 + 1$，$n^2 - 2n + 2 = (n-1)^2 + 1$である。

nは2以上の自然数であるから，

$(n+1)^2 + 1 \geqq 2$，$(n-1)^2 + 1 \geqq 2$となる。

よって，$n^2 + 2n + 2$，$n^2 - 2n + 2$は共に2以上の自然数となるので，$n^4 + 4$は素因数を2つ以上もつ。

素数は1とその数以外に約数をもたないので，$n^4 + 4$は素数ではない。

〈解説〉解答参照。

【３】(1)　$a + b \geqq 2\sqrt{ab}$において等号が成立するのは，$a = b$　…①のときである。

$\dfrac{1}{a} + \dfrac{9}{b} \geqq 2\sqrt{\dfrac{9}{ab}}$において等号が成立するのは，$\dfrac{1}{a} = \dfrac{9}{b}$　すなわち

$b = 9a$　…②のときである。

$(a+b)\left(\dfrac{1}{a} + \dfrac{9}{b}\right) = 12$となるのは，①と②がともに成り立つとき，すなわち，$a = b$　かつ　$b = 9a$のときである。

しかし，$a > 0$，$b > 0$において，そのようなa，bは存在しないため，最小値は12ではない。

(2)　$(a+b)\left(\dfrac{1}{a} + \dfrac{9}{b}\right) = \dfrac{b}{a} + \dfrac{9a}{b} + 10$

$a > 0$，$b > 0$のとき，$\dfrac{b}{a} > 0$，$\dfrac{9a}{b} > 0$であるから，

$\dfrac{b}{a} + \dfrac{9a}{b} + 10 = \left(\sqrt{\dfrac{b}{a}} - 3\sqrt{\dfrac{a}{b}}\right)^2 + 16$

ここで，$\sqrt{\dfrac{b}{a}} = 3\sqrt{\dfrac{a}{b}}$　すなわち，$b^2 = 9a^2$

$a > 0$，$b > 0$より，$b = 3a$のとき，最小値16をとる。

〈解説〉解答参照。

【4】(1) 赤玉が出る回数をk回とすると，求める期待値は，

$$\sum_{k=0}^{n} {}_n\mathrm{C}_k \left(\frac{3}{5}\right)^k \left(\frac{2}{5}\right)^{n-k} \cdot k$$

と表される。

(2) $\left(\frac{2}{5}\right)^{n-1} \times \frac{3}{5} = \frac{3 \cdot 2^{n-1}}{5^n}$

(3) ${}_{n-1}\mathrm{C}_{k-1} \left(\frac{3}{5}\right)^{k-1} \left(\frac{2}{5}\right)^{n-k} \times \frac{3}{5} = \frac{(n-1)!}{(k-1)!(n-k)!} \times \frac{3^k \cdot 2^{n-k}}{5^n}$

〈解説〉

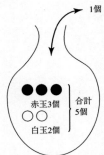

1個

赤玉3個
白玉2個
合計
5個

(1) n回の作業中に，赤玉が出る回数をk回とおく($0 \leqq k \leqq n$)。

n回の作業中に，赤玉が出る確率は，${}_n\mathrm{C}_k \left(\frac{3}{5}\right)^k \left(\frac{2}{5}\right)^{n-k}$なので，求める期待値は，

$$\sum_{k=0}^{n} {}_n\mathrm{C}_k \left(\frac{3}{5}\right)^k \left(\frac{2}{5}\right)^{n-k} \times k$$

$$= \sum_{k=0}^{n} {}_n\mathrm{C}_k \frac{3^k \cdot 2^{n-k}}{5^n} \cdot k である。$$

(2) i) $n=1$のとき，
求める確率は，$\frac{3}{5}$である。

ii) $n \geqq 2$のとき，

$n-1$回目の作業全てに白玉が出た後，次に赤玉が出ればよいので，

$\left(\frac{2}{5}\right)^{n-1} \times \frac{3}{5} = \frac{3 \cdot 2^{n-1}}{5^n}$である。

これは，$n=1$のとき，$\dfrac{3}{5}$となるので，$n\geqq1$で，$\dfrac{3\cdot2^{n-1}}{5^n}$である。

(3)　$n-1$回の作業までに赤玉が$k-1$回出た後，次に赤玉が出ればよいので，

$$_{n-1}\mathrm{C}_{k-1}\left(\dfrac{3}{5}\right)^{k-1}\left(\dfrac{2}{5}\right)^{(n-1)-(k-1)}\times\dfrac{3}{5}$$

$$=_{n-1}\mathrm{C}_{k-1}\left(\dfrac{3}{5}\right)^{k-1}\left(\dfrac{2}{5}\right)^{n-k}\times\dfrac{3}{5}$$

$$=\dfrac{(n-1)!}{\{(n-1)-(k-1)\}(k-1)!}\cdot\dfrac{3^{k-1}\cdot2^{n-k}\cdot3}{5^{k-1}\cdot5^{n-k}\cdot5}$$

$$=\dfrac{(n-1)!}{(n-k)!\cdot(k-1)!}\cdot\dfrac{3^k\cdot2^{n-k}}{5^n}\text{である。}$$

【5】(1)　$y=x\sqrt{1-x^2}$より，$y'=(1-x^2)^{\frac{1}{2}}+x\cdot\dfrac{1}{2}(1-x^2)^{-\frac{1}{2}}\cdot(-2x)$

$$=\sqrt{1-x^2}-x^2\cdot\dfrac{1}{\sqrt{1-x^2}}$$

$$=\dfrac{1-2x^2}{\sqrt{1-x^2}}$$

(2)　$y'=\dfrac{1-2x^2}{\sqrt{1-x^2}}$

$$=\dfrac{-2\left(x+\dfrac{1}{\sqrt{2}}\right)\left(x-\dfrac{1}{\sqrt{2}}\right)}{\sqrt{1-x^2}}$$

$0\leqq x\leqq1$における増減表は次のようになる。

x	0	$\cdots$	$\dfrac{1}{\sqrt{2}}$	$\cdots$	1
y'		$+$	0	$-$	
y	0	$\nearrow$	$\dfrac{1}{2}$	$\searrow$	0

よって，グラフは，次の図の通り。

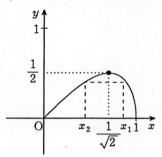

$$V= \pi \int_0^{\frac{1}{2}} (x_1^2 - x_2^2)dy$$

$$= \pi \int_0^{\frac{1}{2}} \left(\frac{1+\sqrt{1-4y^2}}{2} - \frac{1-\sqrt{1-4y^2}}{2} \right)dy$$

$$= \pi \int_0^{\frac{1}{2}} \sqrt{1-4y^2}dy$$

$$= 2\pi \int_0^{\frac{1}{2}} \sqrt{\left(\frac{1}{2}\right)^2 - y^2}dy$$

ここで，$y=\dfrac{1}{2}\sin\theta$ とおくと y と θ の対応は次の表のようになる。

y	$0 \;\rightarrow\; \dfrac{1}{2}$
θ	$0 \;\rightarrow\; \dfrac{\pi}{2}$

また，$dy=\dfrac{1}{2}\cos\theta\,d\theta$　　よって，

$$V=2\pi \int_0^{\frac{\pi}{2}} \frac{1}{4}\cos^2\theta\,d\theta = \frac{\pi}{2}\int_0^{\frac{\pi}{2}} \left(\frac{1}{2}+\frac{1}{2}\cos2\theta\right)d\theta$$

$$= \frac{\pi}{2}\left[\frac{1}{2}\theta + \frac{1}{4}\sin2\theta\right]_0^{\frac{\pi}{2}} = \frac{\pi^2}{8}$$

〈解説〉(1)　解答参照。

(2)　(別解)　(1)より，$y'=\dfrac{1-2x^2}{\sqrt{1-x^2}}=0$ とおくと，$x=\pm\dfrac{1}{\sqrt{2}}$ である。

x	0	……	$\dfrac{1}{\sqrt{2}}$	……	1
y'		$+$	0	$-$	
y	0	↗	$\dfrac{1}{2}$	↘	0

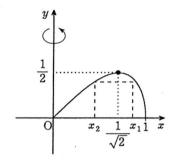

よってグラフは，図の通りであり，$0{\leqq}x{\leqq}1$，$0{\leqq}y{\leqq}\dfrac{1}{2}$　…①

ここで，$y=x\sqrt{1-x^2}$

$y^2=x^2(1-x^2)$　（∵　①）

$x^4-x^2+y^2=0$

∴　$x^2=\dfrac{1\pm\sqrt{1-4y^2}}{2}$

この2解をx_1，$x_2(x_1{>}x_2)$とおく。

よって，

$V=\pi\displaystyle\int_0^{\frac{1}{2}}(x_1{}^2-x_2{}^2)dy$

$=\pi\displaystyle\int_0^{\frac{1}{2}}\left(\dfrac{1+\sqrt{1-4y^2}}{2}-\dfrac{1-\sqrt{1-4y^2}}{2}\right)dy$

$=\pi\displaystyle\int_0^{\frac{1}{2}}\sqrt{1-4y^2}\,dy$

$y=\dfrac{1}{2}\sin\theta$とおく。

両辺yで微分して，

$1=\dfrac{1}{2}\cos\theta\cdot\dfrac{d\theta}{dy}$

$\therefore \quad dy = \dfrac{1}{2}\cos\theta \cdot d\theta$

y	$0 \;\rightarrow\; \dfrac{1}{2}$
θ	$0 \;\rightarrow\; \dfrac{\pi}{2}$

よって,

$$V = \pi \int_0^{\frac{\pi}{2}} \sqrt{1-\sin^2\theta} \cdot \dfrac{1}{2}\cos\theta\, d\theta$$

$$= \dfrac{\pi}{2} \int_0^{\frac{\pi}{2}} \cos^2\theta\, d\theta \quad (\because \quad \cos\theta > 0)$$

$$= \dfrac{\pi}{2} \int_0^{\frac{\pi}{2}} \dfrac{1+\cos 2\theta}{2} d\theta$$

$$= \dfrac{\pi}{4}\Big[\, \theta + \dfrac{1}{2}\sin 2\theta\, \Big]_0^{\frac{\pi}{2}}$$

$$= \dfrac{\pi}{4} \times \dfrac{\pi}{2}$$

$$= \dfrac{\pi^2}{8}\, である。$$

２０１５年度　実施問題

一次試験

【中学校】

【1】次の各問いに答えよ。

(1) $\left(-\dfrac{1}{2}\right)^2 - 2 \times \dfrac{3}{4}$ を計算せよ。

(2) $x=5$, $y=-\dfrac{1}{2}$ のとき, $\dfrac{3x+4y}{2} - \dfrac{2x-7y}{3}$ の値を求めよ。

(3) 連立方程式

$$\begin{cases} x:y=2:3 \\ 4x-3y=2 \end{cases}$$ を解け。

(4) $(2x+3)(2x-3)-(x-1)(3x+1)$ を因数分解せよ。

(5) $\dfrac{\sqrt{50-2n}}{3}$ が自然数になるとき, 自然数 n の値を求めよ。

(6) 対角線の本数が14本であるような正多角形は正何角形か, 求めよ。

(☆☆◎◎◎)

【2】次の各問いに答えよ。

(1) 次のアからオまでの中から y が x の関数でないものを一つ選び, その記号を書け。

ア　1個50円の消しゴムを x 個買うときの代金 y 円

イ　1.5Lのジュースを x 人で等分するときの1人分の量 y L

ウ　800m離れた目的地へ, 毎分 x mの速さで歩くときにかかる時間 y 分

エ　周りの長さが50cmの長方形の縦の長さが x cm, 横の長さが y cm

オ　自然数 x と12の公倍数 y

(2) 次の図のように, 関数 $y=\dfrac{1}{4}x^2$ のグラフ上に2点A, Bがあり, その x 座標はそれぞれ -4, 2である。また, 点Bを通り y 軸に平行な直線 l

170

上に点Cがあり，そのy座標は正の数である。

△OABの面積と△OBCの面積が等しいとき，点Cのy座標を求めよ。

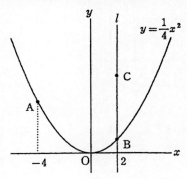

(☆☆◎◎◎)

【3】次の各問いに答えよ。

(1) 1から9までの自然数のうち異なる2つを選び，小さい方をa，大きい方をbとする。$\dfrac{1}{a} - \dfrac{1}{b} = \dfrac{1}{a \times b}$となるような$(a, b)$の組は全部で何通りあるか，求めよ。

(2) ある工場で大量に製造される品物から，200個を無作為に抽出し，品質検査を数回行ったところ，平均して4個が不良品だった。

同じ工場で，1日に50000個の品物を製造したとき，不良品は，およそ何個発生すると推測されるか，求めよ。

(☆☆☆◎◎◎)

【4】次の各問いに答えよ。

(1) 図1のような1辺6cmの立方体ABCD－EFGHがある。

対角線DF上に点PをDP：PF＝1：2となるようにとる。

このとき，四面体PEFGの体積を求めよ。

図1

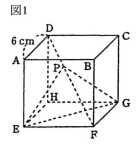

(2)　図2の△ABCにおいて，頂点B，Cから対辺にそれぞれ垂線BD，CEを引く。BC＝2DEであるとき，∠BACの大きさを求めよ。

図2

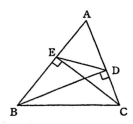

(3)　図3のように，長方形ABCDを，直線l上をすべらないように転がして，アの位置から順にイ，ウ，エ，オの位置へと移動させた。AB＝6cm，BC＝8cmのとき，点Aがえがいた線と直線lで囲まれた部分の面積を求めよ。ただし，円周率はπとする。

図3

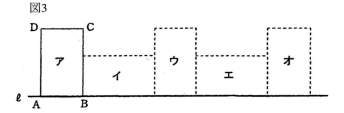

(4)　図4のような線分ABを直径とする半円Oがある。$\overset{\frown}{AB}$ 上に $\overset{\frown}{AC}$

172

：$\overset{\frown}{\text{CD}}$ ：$\overset{\frown}{\text{DB}}$ ＝3：2：1となる点C，Dをとり，さらに直径AB上に CP＋PDが最小となる点Pをとる。AB＝10cmのとき，線分OPの長さ を求めよ。

図4

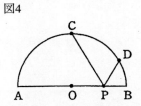

(5) 図5の△ABCの辺BC上に点D，辺AC上に点Eをとり，ADとBEの 交点をFとする。BD：DC＝2：1，BF：FE＝6：1のとき，△ABCの 面積と四角形CEFDの面積の比を最も簡単な整数の比で表せ。

図5

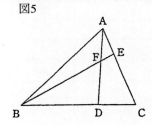

(☆☆☆◎◎)

【高等学校】

【1】次の各問いに答えよ。

(1) $x=\dfrac{\sqrt{3}-1}{\sqrt{3}+1}$ のとき，$x^2+\dfrac{1}{x^2}$ の値を求めよ。

(2) 不等式 $\log_{\frac{1}{3}}(x-1)\geqq 2$ を解け。

(3) $\alpha=\dfrac{\pi}{9}$ のとき，$\cos 3\alpha+\cos 4\alpha+\cos 5\alpha+\cos 6\alpha+\cos 9\alpha$ の値を 求めよ。

(4) 3点A(a，-1，5)，B(4，b，-7)，C(5，5，-13)が一直線上にあ

るように，定数a，bの値をそれぞれ求めよ。

(5) 放物線$y＝x^2＋4x＋5$を平行移動したものが，2点$(1，1)$，$(2，3)$を通るためには，x軸方向，y軸方向にそれぞれどれだけ平行移動すればよいか。

(6) 大中小3個のさいころを投げるとき，大，中，小の順に，出る目が小さくなる確率を求めよ。

(7) 次の表は，あるクラス40人の数学のテストの得点の度数分布表である。この度数分布表について，得点の平均値mのとりうる値の範囲を求めよ。

得点の階級(点)	度数
40以上49以下	2
50～59	9
60～69	11
70～79	10
80～89	5
90～99	3
計	40

(☆☆☆◎◎◎)

【2】次の各問いに答えよ。

(1) いくつかのあめを何人かで分ける。1人6個ずつ分けていくと38個残り，1人15個ずつ分けていくと最後の1人分が何個か不足した。人数とあめの個数を求めよ。

(2) 塔の真北の地点Aから塔の頂点Pを見上げる角を測ると60°で，地点Aから真西に20mの地点Bから点Pを見上げる角を測ると45°であった。塔の高さを求めよ。ただし，目の高さは考えないものとする。

(3) 方程式$z^3＝－i$を解け。ただし，iは虚数単位とする。

(4) $x^{99}＋3$を$x^2－1$で割ったときの余りを求めよ。

(5) 数列1，2，3，$\cdots$，nにおいて，異なる2つの項の積の和を求めよ。

(6) 関数$y=\dfrac{1-x}{(x+1)^2}\,(x\geqq0)$の最大値，最小値及びそのときの$x$の値をそれぞれ求めよ。

(☆☆☆◎◎◎)

二次試験

【中高共通】

【1】 $x+y+z=xy+yz+zx=2\sqrt{2}+1$，$xyz=1$を満たす実数$x$，$y$，$z$に対して，次の式の値を求めよ。

(1) $\dfrac{1}{x}+\dfrac{1}{y}+\dfrac{1}{z}$

(2) $x^2+y^2+z^2$

(3) $x^3+y^3+z^3$

(☆☆☆◎◎◎◎)

【2】 点(3, 1)から円$x^2+y^2=2$に引いた接線の方程式を2通りの方法で求めよ。

(☆☆☆◎◎◎◎)

【3】 実数x，yが$x^2+y^2=1$を満たすとき，$3x^2+2xy+y^2$のとり得る値の範囲を求めよ。

(☆☆☆◎◎◎)

【中学校】

【1】 正の数a，b，c，dが不等式$\dfrac{a}{b}>\dfrac{b}{c}>\dfrac{c}{d}>\dfrac{d}{a}$を満たしている。このとき，$a$，$b$，$c$，$d$の中で最も大きい数を答えよ。

(☆☆☆◎◎◎)

【2】さいころを振る操作を繰り返し，1の目が3回出たらこの操作を終了する。3以上の自然数nに対し，n回目にこの操作が終了する確率をp_nとするとき，p_nの値が最大となるnの値を求めよ。

(☆☆☆◎◎◎)

【3】a，b，cは整数とし，$a^2+b^2=c^2$とする。a，bのうち，少なくとも1つは3の倍数であることを証明せよ。

(☆☆☆◎◎)

【4】$x^2-2xy+2y^2-2x-3y+5=0$を満たす整数x，yの組をすべて求めよ。

(☆☆☆◎◎◎)

【5】四面体ABCDに関し，次の等式を満たす点Pはどのような位置にあるか答えよ。
$$\overrightarrow{\mathrm{AP}}+2\overrightarrow{\mathrm{BP}}-7\overrightarrow{\mathrm{CP}}-3\overrightarrow{\mathrm{DP}}=\overrightarrow{0}$$

(☆☆☆◎◎◎◎)

【高等学校】

【1】3種類の数字0，1，2を用いて表される自然数を次のように小さい方から順に並べる。

1，2，10，11，12，20，21，22，100，101，102，…

(1) 212番目の数を答えよ。
(2) 2212は何番目の数か答えよ。

(☆☆☆◎◎◎)

【2】次の各問いに答えよ。
(1) $k_nC_k=n_{n-1}C_{k-1}$($k=1$，2，3，…，n)が成り立つことを証明せよ。
(2) n人からk人($1\leqq k\leqq n$)を選んでグループを作り，さらにそのグループの中から代表を1人選ぶ。全部で何通りあるか求めよ。

(☆☆☆◎◎◎)

【3】 aを0でない定数とする。平面上の点P(0, a)と放物線$y=\dfrac{x^2}{a}$上の点Q との距離PQが最小であるとき，次の各問いに答えよ。

(1) 点Qの座標を求めよ。

(2) 定数aの値が変化するとき，点Qの軌跡を求めよ。

(☆☆☆◎◎◎)

【4】 2直線l : $3-x=\dfrac{y-5}{2}=\dfrac{z+5}{2}$, m : $x-2=\dfrac{y}{2}=z+1$がある。l上に点 P，m上に点Qをとるとき，線分PQの最小値を求めよ。また，そのとき のP，Qの座標を求めよ。

(☆☆☆◎◎◎)

【5】 曲線$y=e^{-x}$上でx座標がnの点をP_nとし，線分$P_{n-1}P_n$と曲線$y=e^{-x}$で囲 まれた部分の面積をS_nとするとき，次の各問いに答えよ。

(1) S_nをnの式で表せ。

(2) 次の無限級数の和を求めよ。

$$S=S_1+S_2+S_3+\cdots+S_n+\cdots$$

(☆☆☆◎◎◎◎)

解答・解説

一次試験

【中学校】

【1】 (1) $-\dfrac{5}{4}$　　(2) 2　　(3) $\begin{cases} x=-4 \\ y=-6 \end{cases}$　　(4) $(x+4)(x-2)$

(5) $n=7$　　(6) 正七角形

〈解説〉(1) 与式$=\dfrac{1}{4}-\dfrac{3}{2}=-\dfrac{5}{4}$

(2)　$\dfrac{3x+4y}{2}-\dfrac{2x-7y}{3}=\dfrac{5}{6}x+\dfrac{13}{3}y=\dfrac{5}{6}\cdot5+\dfrac{13}{3}\cdot\left(-\dfrac{1}{2}\right)=2$

(3)　$\begin{cases} x:y=2:3 \\ 4x-3y=2 \end{cases}$

第1式から，$x=2t$，$y=3t$　を第2式に代入して，

$8t-9t=2$，$t=-2$　　ゆえに，$x=-4$，$y=-6$　となる。

(4)　与式$=4x^2-9-(3x^2-2x-1)=x^2+2x-8=(x+4)(x-2)$

(5)　根号の中は偶数で0以上であるから，$50-2n\geqq0$　より，$n\leqq25$

そして$\sqrt{50-2n}$が整数となるのは，$50-2n=0$，4，16，36　であり，

かつ，$\sqrt{50-2n}$が3で割れるのは，36であるから，$n=7$

(6)　正n角形の対角線の数は${}_n\mathrm{C}_2-n$　であるから，

$\dfrac{n(n-1)}{2}-n=14$，　　$n^2-3n-28=0$，　　$(n-7)(n+4)=0$

nは正の整数だから，$n=7$　ゆえに，正七角形

【2】(1)　オ　　(2)　7

〈解説〉(1)　ア　$y=50x$；関数　イ　$y=\dfrac{1.5}{x}$；関数　ウ　$y=\dfrac{800}{x}$；関数

エ　$2x+2y=50$　より，$y=25-x$；関数　オ　自然数　1，2，3，4，5，

………と12の公倍数　12，24，36………の間には，関数の関係がない。

たとえば$x=1$のとき，yの値は12でも24でも36でもよい。

(2)　まず，A$(-4,\ 4)$，B$(2,\ 1)$であるから，

$\triangle\mathrm{OAB}=\dfrac{1}{2}(4+1)\cdot6-\dfrac{1}{2}\cdot4\cdot4-\dfrac{1}{2}\cdot2\cdot1=6$

点Cの座標をC$(2,\ p)$とすれば，$\triangle\mathrm{OBC}=\dfrac{1}{2}\cdot(p-1)\cdot2=p-1$

よって，$\triangle\mathrm{OAB}=\triangle\mathrm{OBC}$　より，$p-1=6$，　　$p=7$

ゆえに，点Cのy座標は7

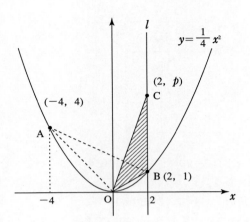

【3】(1)　8通り　　(2)　およそ1000個

〈解説〉(1)　$\dfrac{1}{a}-\dfrac{1}{b}=\dfrac{1}{a\times b}$より，$b-a=1(b>a)$

　　これより，$\begin{cases}a=1\\b=2\end{cases}$ $\begin{cases}a=2\\b=3\end{cases}$ $\begin{cases}a=3\\b=4\end{cases}$ …… $\begin{cases}a=8\\b=9\end{cases}$

　　であり，$(a,\ b)$　の組は全部で8通り

　　(2)　不良品の率は，$\dfrac{4}{200}=\dfrac{1}{50}$　したがって，50000個では，

　　およそ，$50000\times\dfrac{1}{50}=1000$個発生する。

【4】(1)　24cm³　　(2)　60°　　(3)　$(50\pi+48)$cm²　　(4)　$\dfrac{5\sqrt{3}}{3}$cm
　　(5)　7：2

〈解説〉(1)　図のように，点Pから，底面EFGHに垂線を下すとそれが四
　　面体PEFGの高さhとなる。
　　DP：PF＝1：2より，DF：PF＝3：2
　　よって，DH：h＝3：2　だから，h＝4
　　四面体PEFG＝$\dfrac{1}{3}\cdot\triangle$EFG$\cdot h=\dfrac{1}{3}\cdot\left(\dfrac{1}{2}\cdot6\cdot6\right)\cdot4=24$〔cm³〕

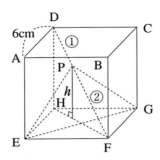

(2)　∠BEC＝∠BDC＝90°だから，辺BCの中点をOとすると，OB＝
OE＝OD＝DEとなり，

△OEDは正三角形。よって∠DOE＝60°

点Oは，4点B，C，D，Eを通る円の中心であるため，

∠DBE＝$\frac{1}{2}$∠DOE＝30°　　ゆえに，△ABDにおいて，

∠BAD＝180°−90°−30°＝60°

ゆえに，∠BAC＝60°

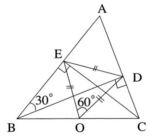

(3)　点Aの軌跡は，図のようになるから，

求める面積Sは，

$$S=\frac{1}{2}\cdot 6^2\cdot\frac{\pi}{2}+\frac{1}{2}\cdot 10^2\cdot\frac{\pi}{2}+\frac{1}{2}\cdot 8^2\cdot\frac{\pi}{2}+\left(\frac{1}{2}\cdot 8\cdot 6\right)\cdot 2$$

$$=50\pi+48 〔cm^2〕$$

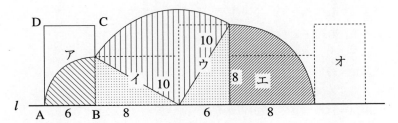

(4)　直線ABに関して，点Dの対称点Qをとれば，点Qは円周上に存在する。また，$\overset{\frown}{AC}:\overset{\frown}{CD}:\overset{\frown}{DB}=3:2:1$より，

各弧に対する中心角は90°，60°，30°である。

△OCDと△ODQは正三角形であり，四角形COQDはひし形であるから，点Pは△ODQの重心となる。

$$OE=\sqrt{5^2-\left(\frac{5}{2}\right)^2}=\frac{5\sqrt{3}}{2}\quad であり，$$

OP：PE＝2：1　だから，

$$OP=\frac{2}{3}\cdot OB=\frac{2}{3}\cdot\frac{5\sqrt{3}}{2}=\frac{5\sqrt{3}}{3}\ 〔cm〕$$

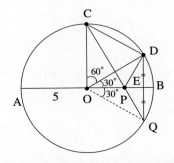

(5)　△BECと直線ADにおいて，メネラウスの定理から，

$$\frac{BD}{DC}\cdot\frac{CA}{AE}\cdot\frac{EF}{FB}=1,\quad \frac{2}{1}\cdot\frac{CA}{AE}\cdot\frac{1}{6}=1,\quad \frac{CA}{AE}=\frac{3}{1}$$

よって，AE：EC＝1：2

次に，△ADCと直線BEにおいて，

メネラウスの定理から，

$$\frac{CB}{BD}\cdot\frac{DF}{FA}\cdot\frac{AE}{EC}=1, \quad \frac{3}{2}\cdot\frac{DF}{FA}\cdot\frac{1}{2}=1, \quad \frac{DF}{FA}=\frac{4}{3}$$

よって，DF：FA＝4：3

これらより，△AEF＝sとおくと，

△ABF＝$6s$

よって，△ABE＝$7s$となり，

△BCE＝$14s$，また，△BDF＝$\frac{4}{3}$△ABF＝$8s$

これらより，△ABC＝△ABE＋△BCE＝$21s$

四角形CEFD＝△BCE－△BDF＝$6s$

したがって，△ABC：四角形CEFD＝$21s$：$6s$＝7：2

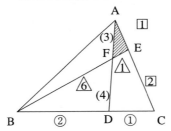

【高等学校】

【1】(1)　14　　(2)　$1<x\leqq\dfrac{10}{9}$　　(3)　-1　　(4)　$a=2,\ b=3$

(5)　x軸方向に$\dfrac{5}{2}$　y軸方向に$-\dfrac{1}{4}$だけ平行移動する。　　(6)　$\dfrac{5}{54}$

(7)　$64\leqq m\leqq73$

〈解説〉(1)　$x=\dfrac{\sqrt{3}-1}{\sqrt{3}+1}=2-\sqrt{3}$　　より，$\dfrac{1}{x}=\dfrac{1}{2-\sqrt{3}}=2+\sqrt{3}$

$x^2+\dfrac{1}{x^2}=\left(x+\dfrac{1}{x}\right)^2-2=(2-\sqrt{3}+2+\sqrt{3})^2-2=16-2=14$

(2)　$\log_{\frac{1}{3}}(x-1)\geqq2$

まず，真数は正より，$x-1>0$　よって，$x>1$……①

また，与えられた不等式より，底$\dfrac{1}{3}<1$　に注意して，

$x-1\leqq\left(\dfrac{1}{3}\right)^2,\quad x\leqq\dfrac{10}{9}$

よって，①から，$1<x\leqq\dfrac{10}{9}$

(3)　与式$=\cos\dfrac{\pi}{3}+\cos\dfrac{4\pi}{9}+\cos\dfrac{5\pi}{9}+\cos\dfrac{2\pi}{3}+\cos\pi$

$=\dfrac{1}{2}+\cos\dfrac{4\pi}{9}+\cos\left(\pi-\dfrac{4\pi}{9}\right)-\dfrac{1}{2}-1$

$=-1+\cos\dfrac{4\pi}{9}-\cos\dfrac{4\pi}{9}=-1$

(4)　3点A，B，Cが一直線上にあるとき，$\overrightarrow{\mathrm{AC}}=k\overrightarrow{\mathrm{BC}}$ と表せるため，

$(5-a,\ 6,\ -18)=k(1,\ 5-b,\ -6)$

よって，$\begin{cases}5-a=k\\6=(5-b)k\\-18=-6k\end{cases}$　　これらを解いて，$k=3,\ a=2,\ b=3$

(5)　x軸方向にa，y軸方向にbだけ平行移動すると，

$y-b=(x-a)^2+4(x-a)+5$　となる。

これが，点$(1,\ 1)$，$(2,\ 3)$を通るから，

$\begin{cases}a^2-6a+10=1-b\\a^2-8a+17=3-b\end{cases}$　　これらを解いて，$a=\dfrac{5}{2}$，$b=-\dfrac{1}{4}$

(6)　大，中，小の目を考え，大が3，4，5，6をとるときの場合の数を考え，

(大，中，小)$=(3,\ 2,\ 1),\ (4,\ 3,\ 2),\ (4,\ 3,\ 1),\ (4,\ 2,\ 1),$

$(5,\ 4,\ 3),\ (5,\ 4,\ 2),\ (5,\ 4,\ 1),\ (5,\ 3,\ 2),\ (5,\ 3,\ 1),\ (5,\ 2,\ 1),$

$(6,\ 5,\ 4),\ (6,\ 5,\ 3),\ (6,\ 5,\ 2),\ (6,\ 5,\ 1),\ (6,\ 4,\ 3),$

$(6,\ 4,\ 2),\ (6,\ 4,\ 1),\ (6,\ 3,\ 2),\ (6,\ 3,\ 1),\ (6,\ 2,\ 1)$

それぞれ，1，3，6，10通り，計20通りである。

ゆえに，求める確率は，$\dfrac{20}{6^3}=\dfrac{5}{54}$

(7)　平均値が最も小さい場合，その値は，

$\dfrac{1}{40}(40\times2+50\times9+60\times11+70\times10+80\times5+90\times3)=64$

平均値が最も大きい場合，その値は，

$\frac{1}{40}(49 \times 2 + 59 \times 9 + 69 \times 11 + 79 \times 10 + 89 \times 5 + 99 \times 3) = 73$

ゆえに，$64 \leqq m \leqq 73$

【２】 (1)　人数…5人　　あめの個数…68個　　(2)　$10\sqrt{6}$ m

(3)　$z = i$, $-\frac{\sqrt{3}}{2} - \frac{1}{2}i$, $\frac{\sqrt{3}}{2} - \frac{1}{2}i$　　(4)　$x + 3$

(5)　$\frac{1}{24}n(n+1)(n-1)(3n+2)$　　(6)　$x = 0$で最大値1，$x = 3$で最小

値$-\frac{1}{8}$

〈解説〉(1)　人数をx人，あめの個数をy個とすると，題意から，$6x + 38 = y$，$15(x-1) + z = y$，$0 < z < 15$　を満たす正の整数x, yを求めればよいことになる。

$6x + 38 = 15(x-1) + z$, $z = -9x + 53$, $0 < -9x + 53 < 15$

$\frac{38}{9} < x < \frac{53}{9}$　よって，$x = 4$, 5

$x = 4$のとき，$y = 62$, $z = 17$　これは不適。

$x = 5$のとき，$y = 68$, $z = 8$　これは適する。

ゆえに，人数5人，あめ68個

(2)　図から，高さをxとすると，

OAtan60°$= x$, OA$= \frac{x}{\sqrt{3}}$

よって，$x^2 - \left(\frac{x}{\sqrt{3}}\right)^2 = 20^2$

$x^2 = 600$, $x = 10\sqrt{6}$

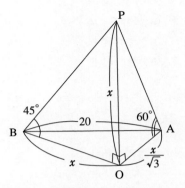

(3) $z=r(\cos\theta+i\sin\theta)$ $(r>0,\ 0\leqq\theta<2\pi)$ とおく。

$z^3=r^3(\cos\theta+i\sin\theta)^3=r^3(\cos3\theta+i\sin3\theta)$

また，$-i=\cos\left(\dfrac{3\pi}{2}\right)+i\sin\left(\dfrac{3\pi}{2}\right)$ であるから，

$r^3=1,\ 3\theta=\dfrac{3\pi}{2}+2k\pi$　よって，　$r=1$，　　$\theta=\dfrac{\pi}{2}+\dfrac{2k\pi}{3}$($k$は整数)

$0\leqq\theta<2\pi$　を満たすのは，$\theta=\dfrac{\pi}{2},\ \dfrac{7\pi}{6},\ \dfrac{11\pi}{6}$

ゆえに，$z=\cos\dfrac{\pi}{2}+i\sin\dfrac{\pi}{2}=i$

$z=\cos\dfrac{7\pi}{6}+i\sin\dfrac{7\pi}{6}=-\dfrac{\sqrt{3}}{2}-\dfrac{1}{2}i,\ z=\cos\dfrac{11\pi}{6}+i\sin\dfrac{11\pi}{6}$

$=\dfrac{\sqrt{3}}{2}-\dfrac{1}{2}i$

(4)　$x^{99}+3$を2次式x^2-1で割ったときの商を$g(x)$，余りを1次式$ax+b$

とすると，

$x^{99}+3=(x-1)(x+1)g(x)+ax+b$　となる。

$x=\pm1$を代入して

$\begin{cases} a+b=4 \\ -a+b=2 \end{cases}$　これを解いて，$a=1,\ b=3$

ゆえに，求める余りは，$x+3$

(5)　$(1+2+3+4+\cdots\cdots+(n-2)+(n-1)+n)^2$

$=1^2+2^2+3^2+4^2+\cdots\cdots+(n-2)+(n-1)^2+n^2$

$+2\{1\cdot2+1\cdot3+1\cdot4+\cdots\cdots+1\cdot(n-1)+1\cdot n$

$+2\cdot3+2\cdot4+\cdots\cdots+2\cdot(n-1)+2\cdot n$

$+3\cdot4+3\cdot5+\cdots\cdots+3\cdot(n-1)+3\cdot n$

$+4\cdot5+4\cdot6+\cdots\cdots+4\cdot(n-1)+4\cdot n$

$\cdots\cdots\cdots\cdots\cdots\cdots$

$+(n-3)\cdot(n-2)+(n-3)\cdot(n-1)+(n-1)\cdot n$

$+(n-2)\cdot(n-1)+(n-2)\cdot n$

$+(n-1)\cdot n\}$　であるから，

したがって，異なる2つの項の積の和は，

$\{1\cdot2+1\cdot3+1\cdot4+\cdots\cdots+1\cdot(n-1)+1\cdot n$

$+2\cdot3+2\cdot4+\cdots\cdots+2\cdot(n-1)+2\cdot n$

$+3\cdot4+3\cdot5+\cdots\cdots+3\cdot(n-1)+3\cdot n$

$+4\cdot5+4\cdot6+\cdots\cdots+4\cdot(n-1)+4\cdot n$

$\cdots\cdots\cdots\cdots\cdots\cdots$

$+(n-3)\cdot(n-2)+(n-3)\cdot(n-1)+(n-1)\cdot n$

$+(n-2)\cdot(n-1)+(n-2)\cdot n$

$+(n-1)\cdot n\}$

$=\dfrac{1}{2}\{(1+2+3+\cdots\cdots\cdots+(n-1)+n)^2-(1^2+2^2+3^2+\cdots\cdots\cdots$

$+(n-1)^2+n^2)\}$

$=\dfrac{1}{2}\left\{\left(\dfrac{n(n+1)}{2}\right)^2-\dfrac{n(n+1)(2n+1)}{6}\right\}$

$=\dfrac{n(n+1)}{2}\left\{\dfrac{n(n+1)}{4}-\dfrac{2n+1}{6}\right\}$

$=\dfrac{n(n+1)}{2}\cdot\left(\dfrac{3n^2-n-2}{12}\right)$

$=\dfrac{1}{24}n(n+1)(n-1)(3n+2)$

(6)　$y=\dfrac{1-x}{(x+1)^2}$　$(x\geqq0)$

$y'=\dfrac{-(x+1)^2-2(1-x)(x+1)}{(x+1)^4}=\dfrac{x-3}{(x+1)^3}$

増減表は次のようになる。

x	0	‥‥‥	3	‥‥‥
y'		$-$	0	$+$
y	1	↘	極小	↗

最小値　$-\dfrac{1}{8}(x=3)$

また，$\displaystyle\lim_{x\to\infty}\dfrac{1-x}{(x+1)^2}=\lim_{x\to\infty}\dfrac{\dfrac{1}{x^2}-\dfrac{1}{x}}{\left(1+\dfrac{1}{x}\right)^2}=0$　であるから，

最大値　$1(x=0)$,　　最小値　$-\dfrac{1}{8}(x=3)$

二次試験

【中高共通】

【1】(1)　$\dfrac{1}{x}+\dfrac{1}{y}+\dfrac{1}{z}=\dfrac{yz+zx+xy}{xyz}=2\sqrt{2}+1$

(2)　$x^2+y^2+z^2=(x+y+z)^2-2(xy+yz+zx)$
$=(2\sqrt{2}+1)^2-2(2\sqrt{2}+1)$
$=9+4\sqrt{2}-4\sqrt{2}-2$
$=7$

(3)　$x^3+y^3+z^3=(x+y+z)(x^2+y^2+z^2-xy-yz-zx)+3xyz$
が成り立つから，(2)より，
$x^3+y^3+z^3=(2\sqrt{2}+1)\{7-(2\sqrt{2}+1)\}+3$
$=2(2\sqrt{2}+1)(3-\sqrt{2})+3$
$=10\sqrt{2}+1$

〈解説〉解答参照。

【2】【解法1】

接点を$P(x_1, y_1)$とすると，

$x_1^2+y_1^2=2$　……①

点Pにおける接線の方程式は，

$x_1x+y_1y=2$　……②

この直線が点(3, 1)を通るから，

$3x_1+y_1=2$　……③

①, ③よりy_1を消去すると，

$x_1^2+(-3x_1+2)^2=2$

$5x_1^2-6x_1+1=0$

$(5x_1-1)(x_1-1)=0$

これより，$x_1=\dfrac{1}{5}, 1$

③より，$x_1=\dfrac{1}{5}$のとき，$y_1=\dfrac{7}{5}$

$x_1=1$のとき，$y_1=-1$

これを②に代入して，求める接線の方程式は，

$x+7y=10, x-y=2$

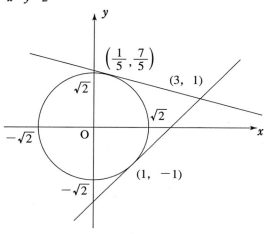

【解法2】

[1]　点(3，1)を通り，x軸に垂直な直線$x=3$は，円$x^2+y^2=2$の接線ではない。

[2]　点(3，1)を通り，傾きmの直線の方程式は，

$y-1=m(x-3)$　……①

これを円$x^2+y^2=2$に代入して，

$x^2+\{m(x-3)+1\}^2=2$

xについて整理すると，

$(m^2+1)x^2-2(3m^2-m)x+9m^2-6m-1=0$

判別式Dは，$\dfrac{D}{4}=(3m^2-m)^2-(m^2+1)(9m^2-6m-1)$

$\qquad\qquad\quad=-7m^2+6m+1$

直線①と円が接するための条件は，$D=0$

したがって，$(7m+1)(m-1)=0$

よって，$m=-\dfrac{1}{7},\ 1$

これを①に代入して，求める接線の方程式は，

$x+7y=10,\ x-y=2$

〈解説〉解答参照。

【3】$x^2+y^2=1$であるから，$x=\cos\theta$，$y=\sin\theta\ (0\leqq\theta<2\pi)$とおくことができる。

$3x^2+2xy+y^2=3\cos^2\theta+2\cos\theta\sin\theta+\sin^2\theta$

$\qquad\qquad\quad=3\cdot\dfrac{1+\cos2\theta}{2}+\sin2\theta+\dfrac{1-\cos2\theta}{2}$

$\qquad\qquad\quad=\sin2\theta+\cos2\theta+2$

$\qquad\qquad\quad=\sqrt{2}\sin\left(2\theta+\dfrac{\pi}{4}\right)+2$

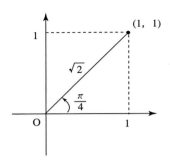

$0\leqq\theta<2\pi$ のとき $\dfrac{\pi}{4}\leqq 2\theta+\dfrac{\pi}{4}<4\pi+\dfrac{\pi}{4}$ であるから，

$$-1\leqq\sin\left(2\theta+\dfrac{\pi}{4}\right)\leqq 1$$

ゆえに，$-\sqrt{2}+2\leqq\sqrt{2}\sin\left(2\theta+\dfrac{\pi}{4}\right)+2\leqq\sqrt{2}+2$

よって，$3x^2+2xy+y^2$ のとり得る値の範囲は，

$-\sqrt{2}+2\leqq 3x^2+2xy+y^2\leqq\sqrt{2}+2$

〈解説〉以下を参考にされたい。

　最大値，最小値に対応する x，y の値を求めると，

$3x^2+2xy+y^2=-\sqrt{2}+2$ が成り立つとき，

$\sin\left(2\theta+\dfrac{\pi}{4}\right)=-1$　より，$2\theta+\dfrac{\pi}{4}=\dfrac{3\pi}{2}$, $\dfrac{7\pi}{2}$,　　$\theta=\dfrac{5\pi}{8}$, $\dfrac{13\pi}{8}$

$\theta=\dfrac{5\pi}{8}$ のとき，$\cos^2\theta=\dfrac{1+\cos\dfrac{5\pi}{4}}{2}=\dfrac{2-\sqrt{2}}{4}$, $\cos\theta<0$　より，

$\cos\theta=-\dfrac{\sqrt{2-\sqrt{2}}}{2}$

$\sin^2\theta=\dfrac{1-\cos\dfrac{5\pi}{4}}{2}=\dfrac{2+\sqrt{2}}{4}$, $\sin\theta>0$　より，$\sin\theta=\dfrac{\sqrt{2+\sqrt{2}}}{2}$

また，$\dfrac{13\pi}{8}=\pi+\dfrac{5\pi}{8}$　だから，$\cos\dfrac{13\pi}{8}=-\cos\dfrac{5\pi}{8}=\dfrac{\sqrt{2-\sqrt{2}}}{2}$

$\sin\dfrac{13\pi}{8}=-\sin\dfrac{5\pi}{8}=-\dfrac{\sqrt{2+\sqrt{2}}}{2}$

ゆえに, $(x, y)=\left(-\dfrac{\sqrt{2-\sqrt{2}}}{2}, \dfrac{\sqrt{2+\sqrt{2}}}{2}\right), \left(\dfrac{\sqrt{2-\sqrt{2}}}{2}, -\dfrac{\sqrt{2+\sqrt{2}}}{2}\right)$

$3x^2+2xy+y^2=\sqrt{2}+2$が成り立つとき, $\sin\left(2\theta+\dfrac{\pi}{4}\right)=1$ より,

$2\theta+\dfrac{\pi}{4}=\dfrac{\pi}{2}, \dfrac{5\pi}{2}, \qquad \theta=\dfrac{\pi}{8}, \dfrac{9\pi}{8}$

$\theta=\dfrac{\pi}{8}$のとき, $\cos^2\theta=\dfrac{1+\cos\dfrac{\pi}{4}}{2}=\dfrac{2+\sqrt{2}}{4}$, $\cos\theta>0$ より,

$\cos\theta=\dfrac{\sqrt{2+\sqrt{2}}}{2}$

$\sin^2\theta=\dfrac{1-\cos\dfrac{\pi}{4}}{2}=\dfrac{2-\sqrt{2}}{4}$, $\sin\theta>0$ より, $\sin\theta=\dfrac{\sqrt{2-\sqrt{2}}}{2}$

また, $\dfrac{9\pi}{8}=\pi+\dfrac{\pi}{8}$ だから, $\cos\dfrac{\pi}{8}=-\cos\dfrac{\pi}{8}=-\dfrac{\sqrt{2+\sqrt{2}}}{2}$

$\sin\dfrac{9\pi}{8}=-\sin\dfrac{\pi}{8}=-\dfrac{\sqrt{2+\sqrt{2}}}{2}$

ゆえに, $(x, y)=\left(\dfrac{\sqrt{2+\sqrt{2}}}{2}, \dfrac{\sqrt{2-\sqrt{2}}}{2}\right), \left(-\dfrac{\sqrt{2+\sqrt{2}}}{2}, -\dfrac{\sqrt{2-\sqrt{2}}}{2}\right)$

【中学校】

【1】 $\dfrac{a}{b}>\dfrac{b}{c}>\dfrac{c}{d}>\dfrac{d}{a}$において,

a, b, c, dは正の数で,

$\dfrac{a}{b}>\dfrac{d}{a}, \dfrac{b}{c}>\dfrac{c}{d}$であるから,

$a^2>bd, bd>c^2$

よって, $a^2>c^2$から$a>c$ ……①

このとき, $a^2>ac$

また, $\dfrac{a}{b}>\dfrac{b}{c}, \dfrac{c}{d}>\dfrac{d}{a}$から,

$ac>b^2, ac>d^2$

よって, $a^2>b^2, a^2>d^2$

したがって, $a>b, a>d$ ……②

①, ②から, 最も大きい数はa

〈解説〉解答参照。

【２】p_nは，$(n-1)$回までに1の目が2回，他の目が$(n-3)$回出て，n回目に1の目が出る確率であるから，

$$p_n = {}_{n-1}\mathrm{C}_2\left(\frac{1}{6}\right)^2\left(\frac{5}{6}\right)^{n-3}\times\frac{1}{6} = \frac{(n-1)(n-2)}{2}\cdot\frac{5^{n-3}}{6^n}$$

したがって，

$$\frac{p_{n+1}}{p_n} = \frac{n(n-1)}{2}\cdot\frac{5^{n-2}}{6^{n+1}}\times\frac{2}{(n-1)(n-2)}\cdot\frac{6^n}{5^{n-3}} = \frac{5}{6}\cdot\frac{n}{n-2}$$

$\dfrac{p_{n+1}}{p_n} < 1$とすると，$\dfrac{5n}{6(n-2)} < 1$

$6(n-2) > 0$であるから，$5n < 6(n-2)$　　　ゆえに，$n > 12$

よって，$n \geqq 13$のとき$p_n > p_{n+1}$

$\dfrac{p_{n+1}}{p_n} > 1$とすると，$5n > 6(n-2)$　　　ゆえに，$n < 12$

よって，$3 \leqq n \leqq 11$のとき，$p_n < p_{n+1}$

なお，$n = 12$のとき，$\dfrac{p_{n+1}}{p_n} = 1$となるから，$p_n = p_{n+1}$

ゆえに，$p_3 < p_4 < \cdots\cdots < p_{12} = p_{13} > p_{14} > \cdots\cdots$

よって，p_nの値が最大となるのは$n = 12$，13のときである。

〈解説〉解答参照。

【３】$a^2 + b^2 = c^2$において，a，bはともに3の倍数でないと仮定する。

このとき，a^2，b^2は，$(3k+1)^2 = 3(3k^2+2k)+1$，
　　　　　　　　　　　　$(3k+2)^2 = 3(3k^2+4k+1)+1$

のどちらかの式のkに適当な整数を代入すると，それぞれ表される。

$3k^2+2k$，$3k^2+4k+1$は整数であるから，3の倍数でない数a，bの2乗を3で割った余りはともに1である。

したがって，$a^2 + b^2$を3で割った余りは2である。　　……①

一方，cが3の倍数のとき，c^2は3で割り切れ，cが3の倍数でないとき，c^2を3で割った余りは1である。

すなわち，c^2を3で割った余りは0か1である。　　……②

①，②は，$a^2+b^2=c^2$であることに矛盾する。

ゆえに，$a^2+b^2=c^2$ならば，a，bのうち，少なくとも1つは3の倍数である。

〈解説〉解答参照。

【4】$x^2-2xy+2y^2-2x-3y+5=0$をxについて整理すると，

$x^2-2(y+1)x+2y^2-3y+5=0$ ……①

このxについての2次方程式の判別式をDとすると，

$\dfrac{D}{4}=\{-(y+1)\}^2-1\cdot(2y^2-3y+5)=-y^2+5y-4$

①の解は整数であるから少なくとも実数であるので，$D\geqq0$

よって，$-y^2+5y-4\geqq0$ $(y-1)(y-4)\leqq0$ ゆえに，$1\leqq y\leqq4$

yは整数であるから，$y=1$，2，3，4

$y=1$のとき，①は$x^2-4x+4=0$

よって，$(x-2)^2=0$ ゆえに，$x=2$

$y=2$のとき，①は$x^2-6x+7=0$ これを解いて，$x=3\pm\sqrt{2}$

$y=3$のとき，①は$x^2-8x+14=0$ これを解いて，$x=4\pm\sqrt{2}$

$y=4$のとき，①は$x^2-10x+25=0$ よって，$(x-5)^2=0$

ゆえに，$x=5$

x，yがともに整数であるものは，$(x, y)=(2, 1)$，$(5, 4)$

〈解説〉解答参照。

【5】$\overrightarrow{AP}+2(\overrightarrow{AP}-\overrightarrow{AB})-7(\overrightarrow{AP}-\overrightarrow{AC})-3(\overrightarrow{AP}-\overrightarrow{AD})=\overrightarrow{0}$

$-7\overrightarrow{AP}-2\overrightarrow{AB}+7\overrightarrow{AC}+3\overrightarrow{AD}=\overrightarrow{0}$

$\overrightarrow{AP}=\dfrac{1}{7}(-2\overrightarrow{AB}+7\overrightarrow{AC}+3\overrightarrow{AD})$

$\qquad=\dfrac{1}{7}\left(5\cdot\dfrac{-2\overrightarrow{AB}\cdot7\overrightarrow{AC}}{7-2}+3\overrightarrow{AD}\right)$

ここで，$\dfrac{-2\overrightarrow{AB}\cdot7\overrightarrow{AC}}{7-2}=\overrightarrow{AE}$ とすると，

$$\overrightarrow{AP} = \frac{1}{7}(5\overrightarrow{AE} + 3\overrightarrow{AD})$$

$$= \frac{8}{7} \cdot \frac{3\overrightarrow{AD} \cdot 5\overrightarrow{AE}}{5+3}$$

さらに，$\dfrac{3\overrightarrow{AD} \cdot 5\overrightarrow{AE}}{5+3} = \overrightarrow{AF}$ とすると，

$$\overrightarrow{AP} = \frac{8}{7}\overrightarrow{AF}$$

したがって，線分BCを7：2に外分する点をE，線分DEを5：3に内分する点をFとすると，点Pは線分AFを8：1に外分する位置にある。

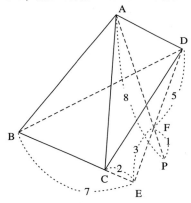

〈解説〉解答例では，Aを始点として考えているが，B，C，Dを始点とするといろいろな解答ができる。時間に余裕があれば試してみよう。

【高等学校】

【1】この数の列は，3進数の列と考えることができる。

(1)　$212 = 21212_{(3)}$ であるから，212番目の数は21212

(2)　$2212_{(3)} = 2 \cdot 3^3 + 2 \cdot 3^2 + 1 \cdot 3^1 + 2 \cdot 3^0 = 77$

　　よって，2212は77番目の数である。

〈解説〉数列　1，2，10，12，20，21，22，100，101，102，……
については，3進法の数列であると考えられ，各項を10進法に直すと，
1，2，3，4，5，6，7，8，9，10，11，……となる。

(1)　10進法の212は，$212＝2×3^4＋1×3^3＋2×3^2＋1×3^1＋2×3^0$

であるから，$212_{(10)}＝21212_{(3)}$

したがって，212番目の数は，21212である。

(2)　3進法の2212を10進法に直すと，$2212_{(3)}＝2×3^3＋2×3^2＋1×3^1＋2×3^0＝77_{(10)}$

したがって，2212は77番目の数である。

【2】(1)　$k_nC_k＝k×\dfrac{n！}{k！(n-k)！}＝\dfrac{n！}{(k-1)！(n-k)！}$

$n_{n-1}C_{k-1}＝n×\dfrac{(n-1)！}{(k-1)！\{(n-1)-(k-1)\}！}＝\dfrac{n！}{(k-1)！(n-k)！}$

したがって，$k_nC_k＝n_{n-1}C_{k-1}$

(2)　総数は，$\displaystyle\sum_{k=1}^{n}{}_nC_k・{}_kC_1＝\sum_{k=1}^{n}k_nC_k＝1_nC_1＋2_nC_2＋3_nC_3＋\cdots＋n_nC_n$　と

表される。

(1)を用いて，

$1_nC_1＝n_{n-1}C_{1-1}＝n_{n-1}C_0$

$2_nC_2＝n_{n-1}C_{2-1}＝n_{n-1}C_1$

$3_nC_3＝n_{n-1}C_{3-1}＝n_{n-1}C_2$

$\cdots$

$n_nC_n＝n_{n-1}C_{n-1}$　であるから

$1_nC_1＋2_nC_2＋3_nC_3＋\cdots＋n_nC_n$

$＝n_{n-1}C_0＋n_{n-1}C_1＋n_{n-1}C_2＋\cdots＋n_{n-1}C_{n-1}$

$＝n({}_{n-1}C_0＋{}_{n-1}C_1＋{}_{n-1}C_2＋\cdots＋{}_{n-1}C_{n-1})$

$＝n({}_{n-1}C_0＋{}_{n-1}C_1・1＋{}_{n-1}C_2・1^2＋\cdots＋{}_{n-1}C_{n-1}・1^{n-1})$

$＝n×(1+1)^{n-1}＝n・2^{n-1}$

$n・2^{n-1}$通り

〈解説〉(2)　$\displaystyle\sum_{k=1}^{n}k_nC_k＝n\sum_{k=1}^{n}{}_{n-1}C_{k-1}＝n\sum_{k=0}^{n-1}{}_{n-1}C_k＝n(1+1)^{n-1}＝n・2^{n-1}$

としてもよい。

【3】(1)　点Qの座標を$\left(t, \dfrac{t^2}{a}\right)$とおくと，

$$PQ^2 = t^2 + \left(\dfrac{t^2}{a} - a\right)^2$$

$$= \dfrac{t^4}{a^2} - t^2 + a^2$$

$$= \dfrac{1}{a^2}\left(t^2 - \dfrac{a^2}{2}\right)^2 + \dfrac{3}{4}a^2$$

よって，$t^2 = \dfrac{a^2}{2}$のときPQ²の値が最小となり，PQの値も最小となる。

$t^2 = \dfrac{a^2}{2}$より，$t = \pm\dfrac{a}{\sqrt{2}}$　　　したがって，点Qの座標は$\left(\dfrac{a}{\sqrt{2}}, \dfrac{a}{2}\right)$，

$\left(-\dfrac{a}{\sqrt{2}}, \dfrac{a}{2}\right)$

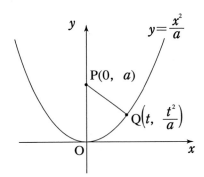

(2)　$x = \dfrac{a}{\sqrt{2}}$，$y = \dfrac{a}{2}$からaを消去すると$y = \dfrac{\sqrt{2}}{2}x$

$x = -\dfrac{a}{\sqrt{2}}$，$y = \dfrac{a}{2}$からaを消去すると$y = -\dfrac{\sqrt{2}}{2}x$

ただし，$a \neq 0$であるから，$(x, y) \neq (0, 0)$

よって求める軌跡は，2直線$y = \dfrac{\sqrt{2}}{2}x$，$y = -\dfrac{\sqrt{2}}{2}x$　ただし，原点を除く。

〈解説〉解答参照。

【4】 直線l上の点において，$3-x=\dfrac{y-5}{2}=\dfrac{z+5}{2}=s$とおくと，

$x=-s+3$，$y=2s+5$，$z=2s-5$

直線m上の点において，

$x-2=\dfrac{y}{2}=z+1=t$とおくと，$x=t+2$，$y=2t$，$z=t-1$

よって，P$(-s+3,\ 2s+5,\ 2s-5)$，Q$(t+2,\ 2t,\ t-1)$とおける。

$$PQ^2=\{(t+2)-(-s+3)\}^2+\{2t-(2s+5)\}^2+\{(t-1)-(2s-5)\}^2$$
$$=9s^2+(-10t+2)s+6t^2-14t+42$$
$$=9\Bigl(s-\dfrac{5t-1}{9}\Bigr)^2-\dfrac{(5t-1)^2}{9}+6t^2-14t+42$$
$$=9\Bigl(s-\dfrac{5t-1}{9}\Bigr)^2+\dfrac{29}{9}(t-2)^2+29$$

ゆえに，PQ^2の最小値は29である。

このとき，PQも最小となり，最小値は$\sqrt{29}$

PQが最小となるのは　$s=\dfrac{5t-1}{9}$，$t=2$　のとき，すなわち$s=1$，$t=2$

のときである。

ゆえに，PQが最小となるときのP，Qの座標はそれぞれ$(2,\ 7,\ -3)$，

$(4,\ 4,\ 1)$

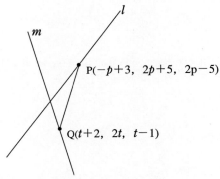

l

m

P$(-p+3,\ 2p+5,\ 2p-5)$

Q$(t+2,\ 2t,\ t-1)$

〈解説〉(別解)　直線l上の点P$(-s+3,\ 2s+5,\ 2s-5)$，

直線m上の点Q$(t+2,\ 2t,\ t-1)$において，

$\overrightarrow{PQ}=(t+s-1,\ 2t-2s-5,\ t-2s+4)$

また，直線lの方向ベクトルは，$\vec{a}=(-1,\ 2,\ 2)$

直線mの方向ベクトルは，$\vec{b}=(1,\ 2,\ 1)$であるから，PQが最小になるときは，$\vec{a}\perp\overrightarrow{PQ}$，$\vec{b}\perp\overrightarrow{PQ}$

したがって，$\vec{a}\cdot\overrightarrow{PQ}=0$，$\vec{b}\cdot\overrightarrow{PQ}=0$

$-t-s+1+4t-4s-10+2t-4s+8=0$，$t+s-1+4t-4s-10+t-2s+4=0$

よって，$-9s+5t-1=0$，$-5s+6t-7=0$から，$s=1$，$t=2$

ゆえに，P$(2,\ 7,\ -3)$，Q$(4,\ 4,\ 1)$となり，

最小値PQ$=\sqrt{2^2+(-3)^2+4^2}=\sqrt{29}$

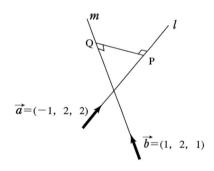

【5】(1)　P_{n-1}，P_nからx軸へ下ろした垂線を，それぞれ$P_{n-1}Q_{n-1}$，P_nQ_nとすると，

$$S_n=(\text{台形}P_{n-1}P_nQ_nQ_{n-1})-\int_{n-1}^{n}e^{-x}dx$$

$$=\frac{1}{2}(e^{-n+1}+e^{-n})+\left[e^{-x}\right]_{n-1}^{n}$$

$$=\frac{3}{2}e^{-n}-\frac{1}{2}e^{-n+1}=\frac{3-e}{2e^n}$$

(2)　$S=\dfrac{3-e}{2e}+\dfrac{3-e}{2e^2}+\dfrac{3-e}{2e^3}+\cdots$となる。

よって，Sは初項$\dfrac{3-e}{2e}$，公比$\dfrac{1}{e}$の無限等比級数となる。

$\left|\dfrac{1}{e}\right|<1$であるから，$S=\dfrac{\dfrac{3-e}{2e}}{1-\dfrac{1}{e}}=\dfrac{3-e}{2(e-1)}$

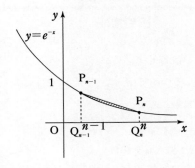

〈解説〉解答参照。

2014年度　実施問題

一次試験

【中学校】

【1】次の各問いに答えよ。

(1) $(-2)^2+2^3\div(-4)$ を計算せよ。

(2) 等式 $a=\dfrac{b-2c}{3}$ を c について解け。

(3) 連立方程式 $\begin{cases} \dfrac{2x-1}{3}=\dfrac{y+2}{4} \\ 2x-y=4 \end{cases}$ を解け。

(4) 2次方程式 $(x-6)(x+3)=4x$ を解け。

(5) $\dfrac{5}{2}<\sqrt{a}<3$ を満たす自然数 a をすべて求めよ。

(6) ある中学校の昨年度の生徒数は230人であった。今年度の生徒数は，昨年度と比べ，男子が10％増え，女子が5％減り，全体で5人増えた。今年度の男子，女子それぞれの生徒数を求めよ。

(☆☆☆◎◎◎)

【2】次の各問いに答えよ。

(1) y は x に反比例し，$x=2$ のとき $y=4$ である。x の変域が $5\leqq x\leqq 16$ のとき y の変域を求めよ。

(2) 直線 $y=3x-2$ に平行で，点 $(1，2)$ を通る直線の式を求めよ。

(3) 次の図のように，x 軸に平行な直線が，関数 $y=\dfrac{2}{5}x^2$ のグラフと2点A，Bで交わり，y 軸と点Cで交わっている。AB＝OCのとき，点Aの x 座標を求めよ。ただし，点Aの x 座標は正の数とする。

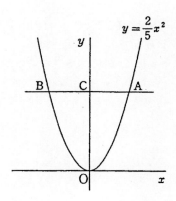

(☆☆☆◎◎◎)

【3】 次の各問いに答えよ。

(1)　4枚のカード $\boxed{1}$, $\boxed{1}$, $\boxed{2}$, $\boxed{3}$ が入っている袋から続けて2枚のカードを引く。ただし，引いたカードは元に戻さないものとする。このとき，1枚目に引いたカードの数字より2枚目に引いたカードの数字の方が大きくなる確率を求めよ。

(2)　袋の中に白い碁石だけがたくさん入っている。この白い碁石の個数を数える代わりに，同じ大きさの黒い碁石100個を白い碁石の入っている袋の中に入れ，よくかき混ぜた後，その中から50個の碁石を無作為に抽出して調べたら，黒い碁石が10個含まれていた。最初に袋の中に入っていた白い碁石の個数は，およそ何個か，求めよ。

(☆☆☆◎◎◎)

201

【4】次の各問いに答えよ。

(1) 図1で，円Oは線分ABを直径とする円である。2点C，Dは円Oの周上の点であり，点Eは直径AB上の点である。

∠ACD＝46°，∠ADE＝82°とするとき，∠AEDの大きさを求めよ。

図1

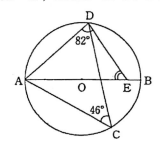

(2) 図2で，立体ABCD－EFGHは立方体である。この立方体の各面の対角線の交点を結んで正八面体をつくるとき，立方体の体積は正八面体の体積の何倍か，求めよ。

図2

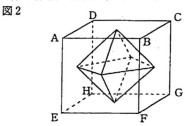

(3) 図3の平行四辺形ABCDで，辺AB，BC，CDの中点をそれぞれE，F，Gとする。また，線分DE，FGと対角線ACとの交点をそれぞれH，Iとする。AC＝18cmのとき，線分HIの長さを求めよ。

図3

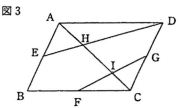

(4) 図4のように，底面の半径が4cmの円すいがある。この円すいを，図5のように平面上に置き，頂点Oが中心で母線の長さが半径となる円の上を，すべらないように1周ころがした。このとき，円すいは，ころがし始めてからもとの位置にもどるまでに，ちょうど4回転した。この円すいの高さを求めよ。

図4

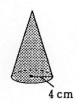

4 cm

図5

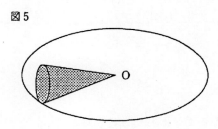

O

(☆☆☆◎◎◎)

【高等学校】

【1】次の各問いに答えよ。

(1) $2x^2+5xy+3y^2-3x-5y-2$を因数分解せよ。

(2) 2つの2次方程式$x^2-3x+m-1=0$，$x^2+(m-2)x-2=0$が共通な実数解をただ1つもつとき，mの値を求めよ。

(3) 1から5までの数字の中から，重複しないように2つの数字を無作為に選ぶ。大きいほうの数字をXとするとき，期待値$E(X)$を求めよ。

(4) $0\leq\theta<2\pi$のとき，関数$y=4\sin\theta\cos\theta+3\sin^2\theta$の最大値を求めよ。

(5) 次の和を求めよ。 $\displaystyle\sum_{k=1}^{n}\frac{2}{4k^2-1}$

(6)　$2^x＝3^y＝5^z$(ただし，x, y, zは正の実数)のとき，$2x$, $3y$, $5z$を小さいほうから順に左から並べよ。

(7)　点Pが円$x^2+y^2-2x-2y+1=0$の上を動き，点Qが直線$2x+y-8=0$の上を動くとき，線分PQの長さの最小値を求めよ。

(8)　方程式$x^3-1=0$の虚数解の1つをωとするとき，$\omega^{10}+\omega^{20}$の値を求めよ。

(9)　次の①〜④の散布図について相関係数を求めるとア〜エのいずれかの値となった。①〜④に対応するものをそれぞれア〜エの中から1つずつ選び，その記号を書け。

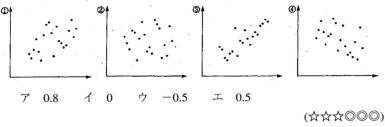

ア　0.8　　イ　0　　ウ　−0.5　　エ　0.5

(☆☆☆◎◎◎)

【2】次の各問いに答えよ。

(1)　$\sqrt{n^2+211}$が整数となるような自然数nを求めよ。

(2)　1辺の長さがaの正四面体の体積をaを用いて表せ。

(3)　平面上に4点O，A，B，Cがある。$\overrightarrow{OA}+\overrightarrow{OB}+\overrightarrow{OC}=\overrightarrow{0}$，OA＝2，OB＝1，OC＝$\sqrt{2}$のとき，△OABの面積を求めよ。

(4)　次の極限値を求めよ。　　$\displaystyle\lim_{n\to\infty}x^2\left(1-\cos\frac{1}{x}\right)$

(5)　関数$y=-\sqrt{2-x}$の定義域と値域を求めよ。

(6)　放物線$y=-x^2+4$とx軸で囲まれた部分を，y軸の周りに1回転させてできる立体の体積を求めよ。

(☆☆☆◎◎◎)

二次試験

【中高共通】

【1】 a を実数，$0 \leq \theta < 2\pi$ とする。θ についての方程式 $\cos 2\theta - 2\sin \theta + 1 = a$ について，次の各問いに答えよ。

(1) $\sin \theta = t$ とおき，この方程式の左辺を t で表せ。

(2) $a = \dfrac{1}{2}$ のとき，θ の値を求めよ。

(3) この方程式が $0 < \theta < 2\pi$ において，異なる3つの解をもつような a の値を求めよ。また，そのときの解を求めよ。

(☆☆☆◎◎◎)

【2】 x, y, z は，$x = 1 - y - z$, $x^2 = 1 + yz$ を満たす実数とする。次の各問いに答えよ。

(1) $x^3 + y^3 + z^3$ を x で表せ。

(2) x のとりうる値の範囲を求めよ。

(3) $x^3 + y^3 + z^3$ の最大値を求めよ。

(☆☆☆◎◎◎)

【中学校】

【1】 次の各問いに答えよ。

(1) $x = 1 - \sqrt{5}$ のとき，$x^4 - 5x^2 - 13x + 3$ の値を求めよ。

(2) 方程式 $|x| + |x - 1| = 3x + 2$ を解け。

(☆☆☆◎◎◎)

【2】 k は定数とする。2次関数 $y = 4x^2 + 8kx + 4k$ について，次の各問いに答えよ。

(1) この2次関数の最小値を m とする。m が正であるための k の値の範囲を求めよ。

(2) k の値を変化させたとき，(1)の m の値が最も大きくなるような k の値と，そのときの m の値を求めよ。

(☆☆☆◎◎◎)

【3】 AB＝10，AC＝6，∠BAC＝120°である△ABCの辺BCを4：3に内分する点をTとし，点Tを接点として辺BCに接する円が点Aで辺ACとも接しているとする。円と辺ABとの交点をDとして，次の各問いに答えよ。

(1)　BCの長さを求めよ。

(2)　∠ATDの大きさを求めよ。

(3)　△ATCの面積を求めよ。

(4)　ADの長さを求めよ。

(5)　この円の半径rを求めよ。

(☆☆☆◎◎◎)

【4】 次のデータは，ある店舗で1日あたりに売れた缶ジュースの本数である。ただし，aの値は0以上の整数である。

　109，102，91，97，89，117，105，111，100，a(単位は本)

(1)　1日あたりの本数の平均値が103本であるとき，aの値を求めよ。

(2)　aの値がわからないとき，1日あたりの本数の中央値として何通りの値が考えられるか答えよ。

(☆☆☆◎◎◎)

【5】 円周率が3よりも大きく$2\sqrt{3}$よりも小さいことを正多角形を利用して証明せよ。

(☆☆☆◎◎◎)

【高等学校】

【1】 ∠A＝60°，AB＝8，AC＝5である△ABCの内心をI，直線AIと辺BCの交点をDとする。$\overrightarrow{AB}＝\vec{b}$，$\overrightarrow{AC}＝\vec{c}$とするとき，次の各問いに答えよ。

(1)　$\overrightarrow{AD}$を$\vec{b}$，$\vec{c}$で表せ。

(2)　辺BCの長さを求めよ。

(3)　AB：BDを求めよ。

(4)　$\overrightarrow{\mathrm{AI}}$ を $\overrightarrow{b}$，$\overrightarrow{c}$ で表せ。

(☆☆☆◎◎◎)

【2】△ABCの辺BCの中点をMとすると$\mathrm{AB}^2+\mathrm{AC}^2=2(\mathrm{AM}^2+\mathrm{BM}^2)$であることを証明せよ。

(☆☆☆◎◎◎)

【3】原点Oを出発して数直線上を動く点Pがある。Pは，硬貨を投げて表が出たら正の向きに3だけ移動し，裏が出たら負の向きに2だけ移動する。硬貨を3回投げ終わったとき，表の出た回数をX，点Pの座標をTとする。次の各問いに答えよ。

(1)　TをXで表せ。

(2)　Tの期待値を求めよ。

(3)　Tの分散を求めよ。

(☆☆☆◎◎◎)

【4】関数$f_1(x)$，$f_2(x)$，……，$f_n(x)$，……を

$$\begin{cases} f_1(x)=x^2 \\ e^x f_{n+1}(x)=\dfrac{d}{dx}(e^x f_n(x))(n=1,\ 2\cdots\cdots) \end{cases}$$

によって定める。次の各問いに答えよ。

(1)　$f_2(x)$を求めよ。

(2)　$f_n(x)=x^2+a_n x+b_n$とおくとき，a_{n+1}，b_{n+1}をそれぞれa_n，b_nで表せ。

(3)　a_n，b_nをそれぞれnで表せ。

(☆☆☆◎◎◎)

【5】平面$\alpha：x+2y+3z=7$と，平面αについて同じ側にある2点A(1, 2, 3)，B(3, 2, 1)がある。平面α上に点Pをとり，線分APと線分BPの長さの和が最小となるようにしたい。点Pの座標を求めよ。

(☆☆☆◎◎◎)

解答・解説

一次試験

【中学校】

【1】(1)　2　　(2)　$c=\dfrac{b-3a}{2}$　　(3)　$x=-1$　　$y=-6$　　(4)　$x=9$,
$x=-2$　　(5)　7, 8　　(6)　男子の生徒数…121人　　女子の生徒数
…114人

〈解説〉(4)　左辺を展開すると，$(x-6)(x+3)=x^2-3x-18$
式を整理すると，$x^2-7x-18=(x-9)(x+2)$　　よって，$x=9$, $x=-2$

(5)　aは自然数なので，すべての辺を2乗すると，$\dfrac{25}{4}(=6.25)<a<9$
よって，$a=7$, 8

(6)　昨年度の男子の生徒数をx人，女子の生徒数をy人とすると，
$$\begin{cases} x+y=230 \\ 0.1x-0.05y=5 \end{cases}$$
これを解くと，$x=110$, $y=120$
よって，今年度の男子の生徒数は，$110\times1.1=121$〔人〕
今年度の女子の生徒数は，$120\times0.95=114$〔人〕

【2】(1)　$\dfrac{1}{2}\leqq y\leqq\dfrac{8}{5}$　　(2)　$y=3x-1$　　(3)　5

〈解説〉(3)　点Aのx座標をtとする。AB＝OCより，$2t=\dfrac{2}{5}t^2$
$t>0$より，$t=5$

【3】(1)　$\dfrac{5}{12}$　　(2)　およそ400個

〈解説〉(1)　4枚のカードから2枚のカードを引く場合は全部で12通り。
その中で，1枚目に引いたカードの数字より2枚目に引いたカードの数
字が大きくなるのは，(1, 2), (1, 3), (2, 3)の場合で，1のカードは2
枚あるので，(1, 2), (1, 3)の場合がそれぞれ2通りあり，全部で5通り。

(2) 白い碁石の個数をx個とすると，$\dfrac{50}{x+100}=\dfrac{10}{100}$

これを解くと，$x=400$　　よって，白い碁石の個数は，およそ400個。

【4】 (1) 54° 　 (2) 6倍 　 (3) 7.5cm 　 (4) $4\sqrt{15}$ cm

〈解説〉(1)　BとDを結ぶ。弧ADに対する円周角は等しいので，

∠ABD＝∠ACD＝46〔°〕

線分ABは円Oの直径なので，∠ADB＝90〔°〕

よって，∠EDB＝90－82＝8〔°〕

△EBDの内角と外角の関係から，∠AED＝∠EDB＋∠ABD＝54〔°〕

(2)　立方体の一辺を1とする。正八面体の体積は，一辺が$\dfrac{\sqrt{2}}{2}$の正方

形を底面とする高さ$\dfrac{1}{2}$の正四角すい2つの体積の和と等しい。

よって，$\dfrac{1}{3}\times\dfrac{\sqrt{2}}{2}\times\dfrac{\sqrt{2}}{2}\times\dfrac{1}{2}\times2=\dfrac{1}{6}$

したがって，立方体の体積は，正八面体の体積の6倍。

(3)　△HAE∽△HCDであるから，AH：CH＝AE：CD＝1：2

線分ACの中点をJとすると，△ICF≡△IJGから，JI：IC＝1：1

さらに，AJ：JC＝1：1であり，AI：IC＝3：1

よって，HI＝$18-18\times\left(1-\dfrac{1}{3}-\dfrac{1}{4}\right)=18-\dfrac{21}{2}=\dfrac{15}{2}$〔cm〕

(4)　円すいはもとの位置にもどるまでに4回転しているので，円Oの円周は円すいの底面の円周の4倍になる。よって，円Oの円周は，$8\pi\times4=32\pi$〔cm〕なので，円Oの半径は16cmである。円Oの半径は，円すいの母線の長さと等しいので，円すいの高さは三平方の定理より，$\sqrt{16^2-4^2}=4\sqrt{15}$〔cm〕

【高等学校】

【1】(1) $(x+y-2)(2x+3y+1)$ (2) 3 (3) 4 (4) 4

(5) $\dfrac{2n}{2n+1}$ (6) $3y,\ 2x,\ 5z$ (7) $\sqrt{5}-1$ (8) -1

(9) ① エ ② イ ③ ア ④ ウ

〈解説〉(1) $2x^2+5xy+3y^2-3x-5y-2$

$=2x^2+(5y-3)x+(y-2)(3y+1)$

$=(x+y-2)(2x+3y+1)$

(2) 2つの方程式の差をとると，$(-m-1)x=-m-1$

$m\neq-1$のとき，$x=1$　　$x=1$を1つ目の式に代入すると，$m=3$

$m=-1$は，2つの方程式がともに$x^2-3x-2=0$となり，共通な実数解が

2つ存在し，不適。

(3) $E(X)=1\times0+2\times\dfrac{2}{5\times4}+3\times\dfrac{4}{5\times4}+4\times\dfrac{6}{5\times4}+5\times\dfrac{8}{5\times4}=4$

(4) $y=4\sin\theta\cos\theta+3\sin^2\theta$

$\qquad=\dfrac{4\sin2\theta}{2}+\dfrac{3(1-\cos2\theta)}{2}$

$\qquad=\dfrac{5}{2}\left(\dfrac{4}{5}\sin2\theta-\dfrac{3}{5}\cos2\theta\right)+\dfrac{3}{2}$

$\qquad=\dfrac{5}{2}(\cos\alpha\sin2\theta-\sin\alpha\cos2\theta)+\dfrac{3}{2}\qquad\left(\cos\alpha=\dfrac{4}{5},\ \sin\alpha=\dfrac{3}{5}\right)$

$\qquad=\dfrac{5}{2}\sin(2\theta-\alpha)+\dfrac{3}{2}$

$0\leqq\theta<2\pi$から，$-\alpha\leqq2\theta-\alpha<4\pi-\alpha$　　このことから，$0\leqq2\theta<$

2πがいえて，$-1\leqq\sin(2\theta-\alpha)\leqq1$となり，最大値は4

(5) $\displaystyle\sum_{k=1}^{n}\dfrac{2}{4k^2-1}=\sum_{k=1}^{n}\left(\dfrac{1}{2k-1}-\dfrac{1}{2k+1}\right)=\dfrac{1}{2\cdot1-1}-\dfrac{1}{2n+1}$

$=\dfrac{2n}{2n+1}$

(7) 円と直線をそれぞれx方向に-1，y方向に-1平行移動すると，円

の方程式は$x^2+y^2=1$…①，直線の方程式は$2x+y=5$…②になる。

②の直線と原点との距離は，$\dfrac{|2\cdot0+0-5|}{\sqrt{2^2+1^2}}=\sqrt{5}$

点Qを，原点からの距離が$\sqrt{5}$となるようにとり，点Pを，原点と点Q

を結ぶ線分上にとることで，線分PQの長さは，最小値$\sqrt{5}-1$をとる。

(8) $\omega^3=1$…①，$\omega^2+\omega+1=0$…②が成り立つ。

①，②を $\omega^{10}+\omega^{20}$ に代入すると， $\omega^{10}+\omega^{20}=(\omega^3)^3\omega+(\omega^3)^6\omega^2=\omega+\omega^2=\omega+\omega^2+1-1=-1$

(9) x が増えると y も増えるとき，x,y は正の相関があるといい，x が増えると y が減るとき，x,y は負の相関があるという。直線的な関係に近いとき，強い相関があるといい，幅が広がるほど相関は弱くなる。値が1，−1に近いほど相関は強くなり，0に近いほど相関は弱くなる。

【2】 (1) 105　　(2) $\dfrac{\sqrt{2}}{12}a^3$　　(3) $\dfrac{\sqrt{7}}{4}$　　(4) $\dfrac{1}{2}$　　(5) 定義域…$x\leqq2$　値域…$y\leqq0$　(6) 8π

〈解説〉(1) $\sqrt{n^2+211}=k(k：整数)$ とおく。両辺を2乗すると，$n^2+211=k^2$ なので，$(k+n)(k-n)=211$　　211は素数なので，

(i) $k+n=1$, $k-n=211$, または，

(ii) $k+n=211$, $k-n=1$　が成り立つ。n は自然数なので，(i)は不適。よって，(ii)より，$n=105$

(2) 正四面体の底面は正三角形なので，底面積は，$\dfrac{\sqrt{3}}{4}a^2$　　また，高さは，$\dfrac{\sqrt{6}}{3}a$ なので，正四面体の体積は，$\dfrac{1}{3}\times\dfrac{\sqrt{3}}{4}a^2\times\dfrac{\sqrt{6}}{3}a=\dfrac{\sqrt{2}}{12}a^3$

(3) $\overrightarrow{OA}+\overrightarrow{OB}=-\overrightarrow{OC}$ より，両辺を2乗すると，

$|\overrightarrow{OA}|^2+|\overrightarrow{OB}|^2+2\overrightarrow{OA}\cdot\overrightarrow{OB}=|\overrightarrow{OC}|^2$

よって，$\overrightarrow{OA}\cdot\overrightarrow{OB}=-\dfrac{3}{2}$

$|\overrightarrow{OA}|^2\cdot|\overrightarrow{OB}|^2-(\overrightarrow{OA}\cdot\overrightarrow{OB})^2=4\times1-\dfrac{9}{4}=\dfrac{7}{4}$ より，$\triangle OAB=\dfrac{1}{2}\sqrt{\dfrac{7}{4}}=\dfrac{\sqrt{7}}{4}$

(4) $x^2\left(1-\cos\dfrac{1}{x}\right)=x^2\dfrac{1-\cos^2\dfrac{1}{x}}{1+\cos\dfrac{1}{x}}=\dfrac{\dfrac{\sin\dfrac{1}{x}}{\dfrac{1}{x}}\cdot\dfrac{\sin\dfrac{1}{x}}{\dfrac{1}{x}}}{1+\cos\dfrac{1}{x}}\rightarrow\dfrac{1}{2}\quad(x\rightarrow\infty)$

(6) 求める体積を V とすると，$V=\pi\displaystyle\int_0^4 x^2dy=\pi\int_0^4(4-y)dy=8\pi$

二次試験

【中高共通】

【１】(1)　(左辺)$=1-2\sin^2\theta-2\sin\theta+1=1-2t^2-2t+1=-2t^2-2t+2$

(2)　$-2t^2-2t+2=\dfrac{1}{2}$　$4t^2+4t-3=0$　$(2t-1)(2t+3)=0$　$2t+3\neq0$

より　$t=\dfrac{1}{2}$

$\sin\theta=\dfrac{1}{2}$　より　$\theta=\dfrac{\pi}{6},\ \dfrac{5}{6}\pi$

(3)　$y=-2t^2-2t+2=-2\left(t+\dfrac{1}{2}\right)^2+\dfrac{5}{2}$

tとθの対応について　$t=-1,\ 1$のときθは1個　$-1<t<1$のときθは2個

$-1\leqq t\leqq1$において$y=a$との共有点を考えると，$a=2$のとき条件を満たす。

このとき$t=-1,\ 0$　すなわち　$\sin\theta=-1,\ 0$

したがって　$\theta=0,\ \pi,\ \dfrac{3}{2}\pi$

〈解説〉(1)　倍角の定理　$\cos2\theta=1-2\sin^2\theta$　を用いる。

(2)　$-1\leqq t\leqq1$　であることから，$2t+3\geqq1$となり，$2t+3\neq0$がいえる。

(3)　方程式　$-2t^2-2t+2=a$　が，$t=1$　または　$t=-1$　で成立し，かつ，$-1<t<1$の領域に1つ解をもつ。

$t=1$で，この方程式が成立するとき，$-2\cdot1^2-2\cdot1+2=a$　となり，$a=-2$

このとき方程式は，$t^2+t-2=0$と変形できて，解は$t=1$　および，$t=-2$

これは，$-1<t<1$の領域に解をもつことに反する。

$t=-1$でこの方程式が成立するとき，$-2\cdot(-1)^2-2\cdot(-1)+2=a$となり，$a=2$

このとき方程式は，$t^2+t=0$と変形できて，解は$t=-1,\ 0$

$t=\sin\theta$から，$\theta=0,\ \pi,\ \dfrac{3}{2}\pi$

【2】 (1) $x^3+y^3+z^3=x^3+(y+z)^3-3yz(y+z)$

$=x^3+(1-x)^3-3(x^2-1)(1-x)$

$=x^3+1-3x+3x^2-x^3+3(x^3-x^2-x+1)$

$=3x^3-6x+4$

(2) $x=1-y-z$, $x^2=1+yz$から

$y+z=1-x$, $yz=x^2-1$

よって，y, zは，tについての2次方程式$t^2+(x-1)t+x^2-1=0$の実数解である。

この2次方程式の判別式をDとすると

$D=(x-1)^2-4(x^2-1)$

$=(x-1)\{(x-1)-4(x+1)\}$

$=-(3x+5)(x-1)$

$D\geqq0$から$(3x+5)(x-1)\leqq0$

したがって$-\dfrac{5}{3}\leqq x\leqq1$

(3) $f(x)=3x^3-6x+4\left(-\dfrac{5}{3}\leqq x\leqq1\right)$とおくと

$f'(x)=9x^2-6=3(3x^2-2)$

$f'(x)=0$とすると$x=\pm\dfrac{\sqrt{6}}{3}$

$f(x)$の増減表は次のようになる。

x	$-\dfrac{5}{3}$	$\cdots$	$-\dfrac{\sqrt{6}}{3}$	$\cdots$	$\dfrac{\sqrt{6}}{3}$	$\cdots$	1
$f'(x)$		$+$	0	$-$	0	$+$	
$f(x)$	$\dfrac{1}{9}$	↗	極大	↘	極小	↗	1

ここで$f\left(-\dfrac{\sqrt{6}}{3}\right)=3\left(-\dfrac{\sqrt{6}}{3}\right)^3-6\left(-\dfrac{\sqrt{6}}{3}\right)+4=\dfrac{12+4\sqrt{6}}{3}$　から

$f\left(-\dfrac{\sqrt{6}}{3}\right)>f(1)$

したがって，$f(x)$すなわち$x^3+y^3+z^3$の最大値は$\dfrac{12+4\sqrt{6}}{3}$である。

〈解説〉(1) $x=1-y-z$から，$y+z=1-x$が，$x^2=1+yz$から，$yz=x^2-1$がいえることを用いる。

(3)　$x^3+y^3+2^3$をxの式で表すことで，微分を使って値の変化を見ることができる。

【中学校】

【1】(1)　$x=1-\sqrt{5}$　より　$x-1=-\sqrt{5}$　　両辺を平方し整理すると
$x^2-2x-4=0$
$x^4-5x^2-13x+3=(x^2-2x-4)(x^2+2x+3)+x+15$
$x=1-\sqrt{5}$のとき　求める値は$x+15=1-\sqrt{5}+15=16-\sqrt{5}$

(2)　(i)　$x\geqq1$のとき　$x+(x-1)=3x+2$　より$x=-3$　(不適)

(ii)　$0\leqq x<1$のとき　$x-(x-1)=3x+2$　より$x=-\dfrac{1}{3}$　(不適)

(iii)　$x<0$のとき　$-x-(x-1)=3x+2$　より$x=-\dfrac{1}{5}$　(適する)

以上より求める解は$x=-\dfrac{1}{5}$

〈解説〉(1)　この問題では，まず，$x=1-\sqrt{5}$を$x-1=-\sqrt{5}$と変形して両辺を2乗することで値が常に0の2次式が得られる。得られた2次式で4次式を割ると，余りの1次式が残る。
あとは，余りの部分に$x=1-\sqrt{5}$を代入すればよい。
(2)　$x\geqq1$，$0\leqq x<1$，$x<0$の場合に分けて，絶対値記号をはずしてから方程式を解けばよい。

【2】(1)　$y=4x^2+8kx+4k=4(x+k)^2-4k^2+4k$なので$m=-4k^2+4k$
$m>0$より$-4k^2+4k>0$　$k(k-1)<0$　これを解いて　$0<k<1$
(2)　$m=-4k^2+4k=-4\left(k-\dfrac{1}{2}\right)^2+1$　なので　mは$k=\dfrac{1}{2}$のとき最大値1をとる。

〈解説〉(1)　右辺を平方完成すると，2次関数の頂点のy座標は，$-4k^2+4k$とわかる。この2次関数は下に凸より，頂点のy座標$-4k^2+4k$が最小値となる。
最小値が正なので，$-4k^2+4k>0$となるので，あとはこの不等式を解いて，kの値の範囲を求めればよい。

【3】(1) $BC^2 = 10^2 + 6^2 - 2 \cdot 10 \cdot 6 \cdot \cos 120° = 196$ $BC > 0$ より

$BC = \sqrt{196} = 14$

(2) CAの延長線上に点Eをとると $\angle ATD = \angle DAE = 60°$

(3) $\triangle ATC = \dfrac{3}{7} \triangle ABC = \dfrac{3}{7} \cdot \dfrac{1}{2} \cdot 10 \cdot 6 \cdot \sin 60° = \dfrac{45\sqrt{3}}{7}$

(4) $BT = \dfrac{4}{7} BC = 8$ $BT^2 = BA \times BD$ より $BD = \dfrac{8^2}{10} = \dfrac{32}{5}$

よって $AD = 10 - BD = \dfrac{18}{5}$

(5) $\dfrac{AD}{\sin \angle ATD} = 2r$ より $r = \dfrac{1}{2} \cdot \dfrac{18}{5} \cdot \dfrac{1}{\sin 60°} = \dfrac{18}{5\sqrt{3}} = \dfrac{6\sqrt{3}}{5}$

〈解説〉(1) 1つの角と2つの辺がわかっているとき，残りの辺を求めるには余弦定理を用いる。 (2) 接弦定理を用いる。 (3) まず，△ABCの面積を求める。その後，高さの同じ三角形の面積比は，底辺の長さの比に等しいことを用いる。 (4)(5) 法べきの定理および正弦定理を用いる。

【4】(1) $\dfrac{1}{10}(89 + 91 + 97 + 100 + 102 + 105 + 109 + 111 + 117 + a) = 103$

より $a = 109$

(2) (i) $a \leqq 100$のとき，小さいほうから5番目の本数は100本，6番目の本数は102本である。

中央値は，$\dfrac{100 + 102}{2} = 101$〔本〕

(ii) $a \geqq 105$のとき，小さいほうから5番目の本数は102本，6番目の本数は105本である。

中央値は，$\dfrac{102 + 105}{2} = 103.5$〔本〕

(iii) $101 \leqq a \leqq 104$のとき，aの値は4通りあり，中央値も4通りある。これらは(i)(ii)と異なる。

以上より，6通りとなる。

〈解説〉(2) データは10個あるので，中央値は5番目と6番目の平均値になる。よって，aが小さい方から5番目または6番目になるかならないかで場合分けすればよい。

【5】　円Oの半径をr，円Oに内接する正六角形の一辺の長さをl_1，円Oに外接する正六角形の一辺の長さをl_2とする。

l_1，l_2をrを用いて表すと，$l_1=r$，$l_2=\dfrac{2\sqrt{3}}{3}r$となる。

2つの正六角形の辺の長さの和$6l_1$，$6l_2$と円周の長さを比較すると，

$6r<2\pi r<6\cdot\dfrac{2\sqrt{3}}{3}r$となる。ここで$r>0$より$3<\pi<2\sqrt{3}$となり題意が示された。

〈解説〉正六角形の内側に円が内接している場合と外側に円が外接している場合を考える。内接している場合は，円周より正六角形の6つの辺の長さの和が大きいことから不等式を作り，外接している場合は，円周の方が正六角形の6つの辺の長さの和より大きいことから不等式を作ればよい。

【高等学校】

【1】　(1)　ADは∠Aの二等分線であるから

BD：DC＝AB：AC＝8：5

よって　$\overrightarrow{\mathrm{AD}}=\dfrac{5\overrightarrow{b}+8\overrightarrow{c}}{13}$

(2)　余弦定理により

$\mathrm{BC}^2=8^2+5^2-2\cdot8\cdot5\cdot\cos60°=49$

よって　BC＝7

(3)　$\mathrm{BD}=\dfrac{8}{8+5}\mathrm{BC}=\dfrac{56}{13}$

よって　$\mathrm{AB}:\mathrm{BD}=8:\dfrac{56}{13}=13:7$

(4)　BIは∠Bの二等分線であるから

AI：ID＝AB：BD＝13：7

よって　$\overrightarrow{\mathrm{AI}}=\dfrac{13}{13+7}\overrightarrow{\mathrm{AD}}=\dfrac{5\overrightarrow{b}+8\overrightarrow{c}}{20}$

〈解説〉(1)　点Dは∠Aの二等分線と辺BCとの交点なので，BD：DC＝8：5ということを用いて表せばよい。

(2)　∠Aについて余弦定理を用いると導かれる。

(3)　点Dは辺BCを8：5に内分することから導かれる。

(4) 点Iは内心なので，線分ADを $8：\dfrac{56}{13}$ に内分する。よって，$AI＝\dfrac{13}{20}$ ADと(1)から導かれる。

【2】Mを原点とし，直線BCをx軸にとると，三角形の頂点A，B，Cの座標はそれぞれ$A(a,\ b)$，$B(-c,\ 0)$，$C(c,\ 0)$とおける。このとき$AB^2＋AC^2＝\{(a+c)^2＋b^2\}＋\{(a-c)^2＋b^2\}＝2(a^2＋b^2＋c^2)$

$AM^2＋BM^2＝(a^2＋b^2)＋c^2＝a^2＋b^2＋c^2$

ゆえに　$AB^2＋AC^2＝2(AM^2＋BM^2)$

〈解説〉(別解)　$\overrightarrow{AM}＝\dfrac{1}{2}\overrightarrow{AB}＋\dfrac{1}{2}\overrightarrow{AC}$，$\overrightarrow{BM}＝\dfrac{1}{2}\overrightarrow{AC}－\dfrac{1}{2}\overrightarrow{AB}$ と表わされる。

$|\overrightarrow{AM}|^2＝\dfrac{1}{4}|\overrightarrow{AB}|^2＋\dfrac{1}{4}|\overrightarrow{AC}|^2＋\dfrac{1}{2}\overrightarrow{AB}\cdot\overrightarrow{AC}$

$|\overrightarrow{BM}|^2＝\dfrac{1}{4}|\overrightarrow{AB}|^2＋\dfrac{1}{4}|\overrightarrow{AC}|^2－\dfrac{1}{2}\overrightarrow{AC}\cdot\overrightarrow{AB}$

よって，$2(|\overrightarrow{AM}|^2＋|\overrightarrow{BM}|^2)＝|\overrightarrow{AB}|^2＋|\overrightarrow{AC}|^2$

【3】(1)　表がX回出るとき，裏は$(3-X)$回出る。

よって$T＝3X－2(3-X)＝5X－6$

(2)　Xの確率分布は，次の表のようになる。

X	0	1	2	3	計
P	$\dfrac{1}{8}$	$\dfrac{3}{8}$	$\dfrac{3}{8}$	$\dfrac{1}{8}$	1

よって　$E(X)＝0\cdot\dfrac{1}{8}＋1\cdot\dfrac{3}{8}＋2\cdot\dfrac{3}{8}＋3\cdot\dfrac{1}{8}＝\dfrac{3}{2}$

ゆえに　$E(T)＝E(5X－6)＝5E(X)－6＝\dfrac{3}{2}$

(3)　$E(X^2)＝0^2\cdot\dfrac{1}{8}＋1^2\cdot\dfrac{3}{8}＋2^2\cdot\dfrac{3}{8}＋3^2\cdot\dfrac{1}{8}＝3$

であるから　$V(X)＝E(X^2)－\{E(X)\}^2＝\dfrac{3}{4}$

よって　$V(T)＝V(5X－6)＝5^2V(X)＝\dfrac{75}{4}$

〈解説〉(2)(3)　a，bを定数とすると，期待値$E(X)$と分散$V(X)$は，

$E(aX+b)=aE(X)+b$

$V(aX+b)=a^2V(X)$

$V(X)=E(X^2)-(E(X))^2$

と表わされることを用いればよい。

【4】 (1)　$e^xf_2(x)=\dfrac{d}{dx}(e^xf_1(x))$

ここで　$\dfrac{d}{dx}(e^xf_1(x))=\dfrac{d}{dx}(x^2e^x)=2xe^x+x^2e^x=(x^2+2x)e^x$

よって　$f_2(x)=x^2+2x$

(2)　$e^xf_{n+1}(x)=\dfrac{d}{dx}(e^xf_n(x))$　から

$e^xf_{n+1}(x)=e^x\{f_n(x)+f_n{}'(x)\}$

よって　$f_{n+1}(x)=f_n(x)+f_n{}'(x)$

$f_n(x)=x^2+a_nx+b_n$, $f_n{}'(x)=2x+a_n$, $f_{n+1}(x)=x^2+a_{n+1}x+b_{n+1}$であるから

$x^2+a_{n+1}x+b_{n+1}=x^2+(a_n+2)x+(a_n+b_n)$

これがxについての恒等式であるから

$a_{n+1}=a_n+2$……①

$b_{n+1}=a_n+b_n$……②

(3)　(2)の①から$a_{n+1}-a_n=2$

また，$f_1(x)=x^2$であるから$a_1=0$

よって，数列$\{a_n\}$は初項0，公差2の等差数列であるから

$a_n=0+(n-1)\cdot2=2(n-1)$

さらに，(2)の②から$b_{n+1}-b_n=a_n$

したがって数列$\{b_n\}$の階差数列が$\{a_n\}$であり，$b_1=0$であるから，$n\geqq2$のとき

$b_n=b_1+\displaystyle\sum_{k=1}^{n-1}a_k=0+\sum_{k=1}^{n-1}(2k-2)=2\cdot\dfrac{1}{2}n(n-1)-2(n-1)$

$=(n-1)(n-2)$

$b_1=0$であるから，これは$n=1$のときにも成り立つ。

よって　$b_n=(n-1)(n-2)$

〈解説〉(1)(2)　xの関数$f(x)$, $g(x)$の積の微分は，

$$\frac{d}{dx}(f(x)g(x))=f'(x)g(x)+f(x)g'(x)$$

で表わされる。このことを用いて，計算すればよい。

(3)　となり合う項の差を考えたとき，その差が一定であれば等差数列で，差が一定でない場合は階差数列になる。階差数列は，$n \geq 2$ で定義されていることに注意する。

【5】平面 α について，点Aと対称な点A′を考える。

点Pは，直線A′Bと平面 α の交点となる。

点A′の座標を (p, q, r) とおく。

線分AA′の中点の座標は $\left(\dfrac{1+p}{2}, \dfrac{2+q}{2}, \dfrac{3+r}{2}\right)$

この点が平面 α 上にあるから

$$\frac{1+p}{2}+2\times\frac{2+q}{2}+3\times\frac{3+r}{2}=7$$

すなわち $p+2q+3r=0$ ……①

また，AA′$\perp \alpha$ であるから $\overrightarrow{AA'}$ // $(1, 2, 3)$

$\overrightarrow{AA'}=(p-1, q-2, r-3)$ より

$q-2=2(p-1)$　すなわち　$q=2p$ ……②

$r-3=3(p-1)$　すなわち　$r=3p$ ……③

①，②，③より $p=0$，$q=0$，$r=0$

したがって，点A′の座標は $(0, 0, 0)$ であるから，直線A′Bの方程式は $\dfrac{x}{3}=\dfrac{y}{2}=z$

$\dfrac{x}{3}=\dfrac{y}{2}=z=t$ とおくと $x=3t$，$y=2t$，$z=t$

これを α の方程式に代入して

$3t+2\times2t+3\times t=7$

これを解いて $t=\dfrac{7}{10}$

よって，点Pの座標は $\left(\dfrac{21}{10}, \dfrac{7}{5}, \dfrac{7}{10}\right)$

〈解説〉解答参照。

2013年度　実施問題

一次試験

【中学校】

【1】次の各問いに答えよ。

(1)　$-2^3-\dfrac{1}{3}\times(-3)^2$ を計算せよ。

(2)　連立方程式 $\begin{cases} 9x-2y=12 \\ y=3x \end{cases}$ を解け。

(3)　2次方程式 $(x-3)(x-6)=2x^2+8$ を解け。

(4)　$2.3<\sqrt{a}<3$ をみたす自然数 a をすべて求めよ。

(5)　次の図のような，縦の長さが x，横の長さが y の長方形がある。

このとき，$2(x+y)$ は，何を表しているか。次のア〜オのうち，最も適切なものを1つ選び，その記号を書け。

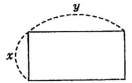

ア　長方形の面積　　　　　　　イ　長方形の面積の2倍
ウ　長方形の周の長さ　　　　　エ　長方形の周の長さの2倍
オ　長方形の対角線の長さの2倍

(6)　何人かの生徒で，あめを同じ数ずつ分ける。5個ずつ分けると12個余り，7個ずつ分けると4個たりない。生徒の人数とあめの個数をそれぞれ求めよ。

(☆☆☆◎◎◎)

【2】 次の各問いに答えよ。

(1)　yがxに反比例し，xとyの値が次の表のように対応しているとき，表のAに当てはまる数を求めよ。

x	$\cdots$	1	2	3	$\cdots$
y	$\cdots$	12	6	A	$\cdots$

(2)　方程式$3x+2y=6$のグラフの傾きと，y軸上の切片をそれぞれ求めよ。

(3)　関数$y=ax^2$のグラフの特徴として適切なものを，次のア～エからすべて選び，その記号を書け。

ア　原点を通る放物線である。

イ　aの絶対値が大きいほど，グラフの開き方は大きくなる。

ウ　x軸について対称である。

エ　$a>0$，$x>0$のとき，xの値が増加するとyの値も増加する。

(☆☆☆◎◎◎)

【3】 次の各問いに答えよ。

(1)　3枚の硬貨を同時に投げるとき，2枚が表で1枚が裏となる確率を求めよ。

(2)　標本調査をするとき，性質を調べたい集団全体を[　ア　]といい，調査のために取り出した一部の資料を[　イ　]という。

[　ア　]，[　イ　]に当てはまる言葉を書け。

(☆☆☆◎◎◎)

【4】 次の各問いに答えよ。

(1)　次の図1は，三角柱の展開図である。この展開図を組み立てて三角柱をつくるとき，辺ABとねじれの位置になる辺をすべて書け。

図1

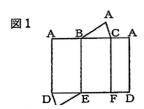

(2) n角形の内角の和を，nを用いた式で表せ。

(3) 次の□□□内は中点連結定理について述べたものである。┊┄┄┄┊に当てはまる式を書け。

△ABCの辺AB，AC上にそれぞれ中点D，Eをとるとき，次のことが成り立つ。

(4) 次の図2は，底面の直径が6cm，母線の長さが7cmの円すいである。この円すいの体積を求めよ。ただし，円周率はπとする。

図2

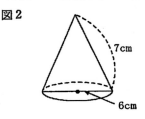

7cm

6cm

(☆☆☆○○○)

222

【高等学校】

【1】次の各問いに答えよ。

(1) 等式$24x+17y=1$を満たす整数x, yの組を1つ求めよ。

(2) 次の図1は2次関数$y=ax^2+bx+c$のグラフである。

図1

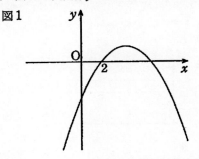

次のア～オのうち，正しいものをすべて選び，その記号を書け。

ア $a>0$

イ $b>0$

ウ $c>0$

エ $a+b+c>0$

オ $b^2-4ac>0$

(3) △ABCにおいて，$\dfrac{\sin A}{5}=\dfrac{\sin B}{7}=\dfrac{\sin C}{8}$が成り立っている。△ABCの最も小さい角の余弦の値を求めよ。

(4) 7人の生徒を3人，2人，2人の3組に分ける方法は何通りあるか。

(5) 次の図2において，APの長さxを求めよ。

図2

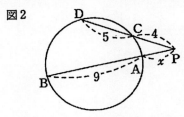

(6) $\sin\theta-\sqrt{3}\cos\theta$ を$r\sin(\theta+\alpha)$の形に変形せよ。ただし，$r>0$，$-\pi<\alpha\leqq\pi$とする。

(7)　関数$f(x)=x^3+kx^2-3kx+2$が，常に増加するように，定数kの値の範囲を定めよ。

(8)　2次方程式$x^2-x-\log_2a=0$が解$\log_2a$，$\log_2b$をもつとき，定数a，bの値を求めよ。

(9)　次の①～④のそれぞれの箱ひげ図について，同じデータを使って表示したヒストグラムをア～エの中から1つずつ選び，その記号を書け。

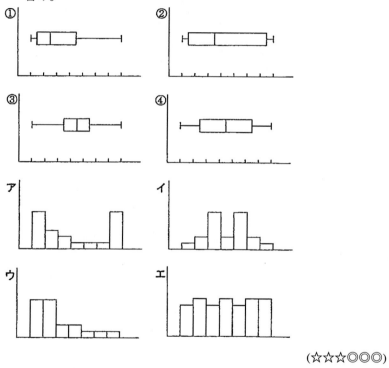

(☆☆☆○○○)

【2】次の各問いに答えよ。

(1) 次の条件によって定められる数列$\{a_n\}$の一般項を求めよ。

$$a_1=1, \quad a_{n+1}=9-2a_n$$

(2) $\left(\dfrac{1}{2}+\dfrac{\sqrt{3}}{2}i\right)^6$ を求めよ。

(3) 平面上に$\triangle ABC$がある。次の条件を満たす点Pの存在範囲の面積は，$\triangle ABC$の面積の何倍か。

$$\overrightarrow{AP}=s\overrightarrow{AB}+t\overrightarrow{AC}, \quad 0\leqq s\leqq 2, \quad 0\leqq t\leqq 2, \quad s+t\geqq 1$$

(4) 数列$\{ar^{n-1}\}$が収束するようなa, rの値の範囲を求めよ。

(5) 次の曲線と直線で囲まれた部分の面積を求めよ。

$$y=\dfrac{e^x+e^{-x}}{2}, \quad x=-1, \quad x=1, \quad x軸$$

(6) 焦点が$(4, 0)$，準線がy軸である放物線の方程式を求めよ。

(☆☆☆◎◎◎)

二次試験

【中高共通】

【1】次の各問いに答えよ。

(1) $\dfrac{1}{x}+\dfrac{2}{y}=\dfrac{1}{4}$を満たす正の整数の組$(x, y)$をすべて求めよ。

(2) 次の条件を満たす数列$\{a_n\}$の一般項を求めよ。

$$a_1=3, \quad a_2=2, \quad a_n=\dfrac{2a_{n+1}\cdot a_{n-1}}{a_{n+1}+a_{n-1}}(n=2, 3, \cdots)$$

(3) 次の関数の極限を求めよ。

$$\lim_{(x, y)\to(0, 0)}\dfrac{2x^3-y^3+x^2+y^2}{x^2+y^2}$$

(4) 行列$A=\begin{pmatrix} -2 & 5 \\ 2 & 1 \end{pmatrix}$について，次の各問いに答えよ。

① Aの固有値と，それに対する固有ベクトルを求めよ。

② A^nを求めよ。ただし，nは自然数とする。

(☆☆☆◎◎◎)

【2】

曲線C：$\begin{cases} x=a\cos^3t \\ y=a\sin^3t \end{cases}\left(0\leqq t\leqq\dfrac{\pi}{2}\right)$

について，次の各問いに答えよ。ただし，aは正の定数とする。

(1) $I_n=\displaystyle\int_0^{\frac{\pi}{2}}\sin^n t\,dt$（$n$は0以上の整数)とする。$n\geqq2$のとき，$I_n$を，$n$，$I_{n-2}$ で表せ。

(2) 曲線Cとx軸およびy軸によって囲まれた部分の面積Sを求めよ。

(3) 曲線C上の各点$\left(0<t<\dfrac{\pi}{2}\right)$における接線が，$x$軸および$y$軸によって 切りとられる線分の長さは一定であることを示せ。

(☆☆☆◎◎◎)

【中学校】

【1】3点A$(-2,\ 1)$，B$(3,\ 0)$，C$(2,\ 4)$を頂点とする△ABCの面積を3通 りの方法で求めよ。

(☆☆☆◎◎◎)

【2】次の各問いに答えよ。

(1) 直線$y=-2x+a$が放物線$y=x^2-4x$によって切り取られる線分の長 さが10となるような定数aの値を求めよ。

(2) $0\leqq x\leqq6$のとき，関数$f(x)=(x+1)(x-1)(x-3)(x-5)$の最大値，最小 値を求めよ。

(☆☆☆◎◎◎)

【3】箱の中に1から20までの20枚の番号札が入っている。この箱の中か ら無作為にn枚の番号札を一度に取り出すとき，次の各問いに答えよ。

(1) $n=3$のとき，取り出した番号札の中に1の番号札が含まれる確率 を求めよ。

(2) 取り出した番号札の中に1の番号札が含まれる確率が$\dfrac{2}{3}$以上とな るようなnの値をすべて求めよ。

(☆☆☆◎◎◎)

【高等学校】

【1】 ABCにおいて，各頂点から対辺，またはその延長に下ろした3本の垂線が1点で交わることを2通りの方法で示せ。

(☆☆☆◎◎◎)

【2】 関数$y=4^x+4^{-x}-2^{3+x}-2^{3-x}+14$について，次の各問いに答えよ。

(1) $t=2^x+2^{-x}$とおくとき，yをtの式で表せ。また，tのとりうる値の範囲を求めよ。

(2) yの最小値を求め，そのときのxの値を求めよ。

(3) aは定数とする。方程式$4^x+4^{-x}-2^{3+x}-2^{3-x}+14-a=0$の実数解の個数を調べよ。

(☆☆☆◎◎◎)

【3】 座標平面上の点Pの移動を大小2つのサイコロを同時に投げて決める。大きいサイコロの目が3の倍数のとき，Pをx軸の正の方向に1だけ動かし，その他の場合はx軸の負の方向に1だけ動かす。更に，小さいサイコロの目が1のとき，Pをy軸の正の方向に1だけ動かし，その他の場合はy軸の負の方向に1だけ動かす。最初，点Pが原点にあり，この試行をn回繰り返した後のPの座標を(x_n, y_n)とするとき，次の各問いに答えよ。

(1) x_nの平均と分散を求めよ。

(2) x_n^2の平均を求めよ。

(3) 原点と点(x_n, y_n)を結んだ線分の長さをlとする。l^2の平均を求めよ。ただし，$(x_n, y_n)=(0, 0)$のときは$l=0$とする。

(☆☆☆◎◎◎)

解答・解説

一次試験

【中学校】

【１】(1)　-11　　(2)　$x=4$, $y=12$　　(3)　$x=1$, $x=-10$　　(4)　6,
7, 8　　(5)　ウ　　(6)　生徒の人数…8人　　あめの個数…52個

〈解説〉(1)　(与式)$=-8-\dfrac{1}{3}\times 9$

$=-8-3$

$=-11$

(2)　$\begin{cases} 9x-2y=12 & \cdots ① \\ y=3x & \cdots ② \end{cases}$

②を①に代入して，

$9x-2\cdot(3x)=12$

$9x-6x=12$

$3x=12$

$x=4$

②に代入して，

$y=3\times 4=12$

よって，$x=4$, $y=12$

(3)　$(x-3)(x-6)=2x^2+8$

$x^2-9x+18=2x^2+8$

$x^2+9x-10=0$

$(x+10)(x-1)=0$

$x=1$, -10

(4)　$2.3<\sqrt{a}<3$

すべて0より大きいので，2乗しても大小関係は変わらないので，辺々
2乗すると，

$5.29<a<9$

228

これを満たす自然数aは，

$a=6$，7，8

(5)　ア　xy　　イ　$2xy$　　ウ　$2(x+y)$　　エ　$4(x+y)$

オ　$2\sqrt{x^2+y^2}$となる。よって，ウ

(6)　生徒の人数をx人とすると，

$5x+12=7x-4$

$2x=16$

$x=8$

あめの個数は，

$5\times8+12=52$

よって，

生徒の人数　8人

あめの個数　52個

【2】(1)　4　　(2)　グラフの傾き$\cdots-\dfrac{3}{2}$　　y軸上の切片$\cdots3$

(3)　ア，エ

〈解説〉(1)　yがxに反比例するので，$y=\dfrac{a}{x}$　$\cdots$①とおける。

$x=1$のとき，$y=12$なので，①に代入すると，

$12=\dfrac{a}{1}$

$a=12$

よって，$y=\dfrac{12}{x}$

$x=3$のとき，$y=\dfrac{12}{3}=4$

Aに当てはまる数は4

(2)　$3x+2y=6$

$2y=-3x+6$

$y=-\dfrac{3}{2}x+3$

よって，グラフの傾き　$-\dfrac{3}{2}$　　y軸上の切片　3

(3)　イ$\cdots$誤り。aの絶対値が大きくなるとグラフの開き方は小さくなる。

ウ…誤り。y軸について対称である。

【3】(1) $\dfrac{3}{8}$　　(2) ア　母集団　　イ　標本(サンプル)

〈解説〉(1)　${}_3C_1\left(\dfrac{1}{2}\right)^2\cdot\dfrac{1}{2}=\dfrac{3}{8}$

【4】(1) CF, DF, EF　　(2) $180°×(n-2)$

　　(3) DE//BC, DE$=\dfrac{1}{2}$BC　　(4) $6\sqrt{10}\,\pi\;\text{cm}^3$

〈解説〉(1)　図1の展開図を組み立てると次の図のようになる。図より，

辺ABとねじれの位置になる辺は，

CF, DF, EF

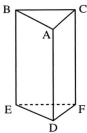

(2)　n角形の1つの頂点から対角線を引いてできる三角形の数は，

$n-2$個

よってn角形の内角の和は，

$180°×(n-2)$

(3)　(証明)　△ADEと△ABCについて，∠Aは共通。

AD：AB＝1：2

AE：AC＝1：2

2組の辺の比が等しく，そのはさむ角が等しいので，

△ADE∽△ABC

よって，∠ADE＝∠ABCより同位角が等しいので，DE//BC

また，対応する辺の比は等しいので，DE：BC＝1：2

(DE＝$\frac{1}{2}$BCはDE：BC＝1：2でも可)

(4) 円すいの高さを$h$cmとすると，

$h＝\sqrt{7^2-3^2}＝\sqrt{40}＝2\sqrt{10}$ [cm]

$\frac{1}{3}\pi \cdot 3^2 \times 2\sqrt{10} ＝6\sqrt{10}\ \pi$ [cm³]

【高等学校】

【1】 (1) $x＝5$，$y＝-7$　　(2) イ，オ　　(3) $\cos A＝\frac{11}{14}$

(4) 105通り　　(5) $x＝3$　　(6) $2\sin\left(\theta-\frac{\pi}{3}\right)$　　(7) $-9\leqq k\leqq 0$

(8) $(a,\ b)＝(1,\ 2),\ \left(4,\ \frac{1}{2}\right)$　　(9) ① ウ　　② ア　　③ イ

④ エ

〈解説〉(1)　24の倍数　0，24，48，72，96，⑫⓪，144，…

17の倍数　0，17，34，51，68，85，102，⑪⑨，136，…

これらを見比べ，差が1となるのは，120と119のとき，

$24\times5+17\times(-7)＝1$となる。

よって，$x＝5$，$y＝-7$

(参考)　$24x+17y＝1$を満たす整数x，yの組は無数にある。($x＝5$，$y＝-7$)はそのうちの1つである。

$24(x-5)+17(y+7)＝0$

$24(x-5)＝-17(y+7)$　…①

ここで，24と17は互いに素なので，

$x-5＝17m$　（mは整数）

$x＝17m+5$

これを①に代入して，

$24\cdot17m＝-17(y+7)$

$y+7＝-24m$

$y＝-7-24m$

$x＝17m+5$，$y＝-7-24m$　（mは整数）

(2)　・グラフが上に凸なので，$a<0$

・$y=a\left(x+\dfrac{b}{2a}\right)^2-\dfrac{b^2}{4a}+c$ より，軸は$x=-\dfrac{b}{2a}>0$

ここで$a<0$より，$b>0$

・グラフはy軸と$y<0$の部分で交わっているので，$c<0$

・グラフより$x=1$のとき，$y<0$なので，$a+b+c<0$

・x軸と異なる2点で交わるので，判別式$D=b^2-4ac>0$

よって，正しいのはイ，オ

(3)　$\dfrac{\sin A}{5}=\dfrac{\sin B}{7}=\dfrac{\sin C}{8}$の逆数をとると，

$\dfrac{5}{\sin A}=\dfrac{7}{\sin B}=\dfrac{8}{\sin C}$

正弦定理から，正の実数kを用いて，$BC=5k$，$CA=7k$，$AB=8k$とおける。

ここで，BCが最も短いことから，$\angle A$が最も小さい角となる。

よって，

$\cos A=\dfrac{(7k)^2+(8k)^2-(5k)^2}{2\cdot 7k\cdot 8k}=\dfrac{49+64-25}{2\cdot 7\cdot 8}=\dfrac{88}{2\cdot 7\cdot 8}=\dfrac{11}{14}$

(4)　${}_7C_3\times{}_4C_2\times{}_2C_2\times\dfrac{1}{2}=\dfrac{7\cdot 6\cdot 5}{3\cdot 2}\cdot\dfrac{4\cdot 3}{2}\cdot\dfrac{1}{2}=105$[通り]

(5)　△PAC∽△PDBより，対応する辺の比は等しいので，

PA：PC＝PD：PB

$x:4=9:(9+x)$

$x(x+9)=36$

$x^2+9x-36=0$

$(x-3)(x+12)=0$

$x>0$より，$x=3$

(6)　(与式)$=2\left(\dfrac{1}{2}\sin\theta-\dfrac{\sqrt{3}}{2}\cos\theta\right)$

$\qquad\qquad=2\left(\cos\dfrac{\pi}{3}\sin\theta-\sin\dfrac{\pi}{3}\cos\theta\right)$

$\qquad\qquad=2\sin\left(\theta-\dfrac{\pi}{3}\right)$

(7)　$f'(x)=3x^2+2kx-3k$が常に0以上になればよい。判別式をDとすると，

$\dfrac{D}{4}=k^2-3\cdot(-3k)\leqq 0$

$k(k+9)\leqq0$

$-9\leqq k\leqq0$

(8)　解と係数の関係より,

$$\begin{cases} \log_2 a+\log_2 b=1 \quad\cdots① \\ (\log_2 a)(\log_2 b)=-\log_2 a \quad\cdots② \end{cases}$$

　②式より,

$\log_2 a=0$　または, $\log_2 b=-1$

$\log_2 a=0$のとき, $a=1$

①式に代入して,

$\log_2 b=1$　　∴　$b=2$

$\log_2 b=-1$のとき, $b=\dfrac{1}{2}$

①式に代入して,

$\log_2 a=2$　　∴　$a=4$

よって, $(a, b)=(1, 2)$, $\left(4, \dfrac{1}{2}\right)$

(9)

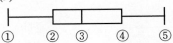

①　　②　③　　④　　⑤

箱ひげ図では,

①最小値　②第1四分位点(25%)　③中央値　④第3四分位点(75%)

⑤最大値

を表す。

【2】 (1)　$a_n=(-2)^n+3$　　(2)　1　　(3)　7倍　　(4)　$a=0$　または

$-1<r\leqq1$　　(5)　$e-\dfrac{1}{e}$　　(6)　$y^2=8x-16$

〈解説〉(1)　$a_{n+1}-3=-2(a_n-3)$と変形できるので,

$\{a_n-3\}$は初項$a_1-3=1-3=-2$, 公比-2の等比数列。

$a_n-3=-2\cdot(-2)^{n-1}$

$a_n=(-2)^n+3$

(2)　(与式)$=(\cos60°+i\sin60°)^6$

$=\cos(60°×6)+i\sin(60°×6)$

$$=\cos 360^\circ + i\sin 360^\circ$$
$$=1$$

(3)　条件を満たす点Pの存在範囲は次の図の斜線部分である。

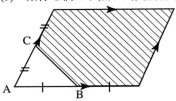

△ABCの面積をsとすると，斜線部分の面積Sは，

$$S=2\times 2^2 s - s = 7s$$

よって，7倍

(4)　$\{ar^{n-1}\}$は$a=0$のとき，収束

$a\neq 0$のとき，$-1<r\leqq 1$のとき収束

よって，$a=0$　または　$-1<r\leqq 1$

(5)　$y'=\dfrac{e^x-e^{-x}}{2}$

$y'=0$となるのは，$x=0$のとき

x	-1	$\cdots$	0	$\cdots$	1
y'		$-$	0	$+$	
y		↘	1	↗	

$-1\leqq x\leqq 1$で，$y>0$で，$y=\dfrac{e^x+e^{-x}}{2}$は，x軸対称となるので，求める面積は，

$$2\int_0^1 \frac{e^x+e^{-x}}{2}dx=\Big[e^x-e^{-x}\Big]_0^1 = e-\frac{1}{e}$$

(6)　放物線は焦点と準線からの距離が等しい点の軌跡なので，

$$x=\sqrt{(x-4)^2+y^2}$$
$$x^2=(x-4)^2+y^2$$
$$x^2=x^2-8x+16+y^2$$
$$y^2=8x-16$$

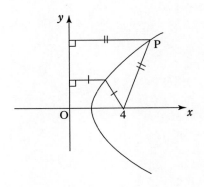

二次試験

【中高共通】

【1】 (1) (5, 40), (6, 24), (8, 16), (12, 12), (20, 10), (36, 9)

(2) $a_n = \dfrac{6}{n+1}$　　(3) 極限…1　　(4) ① Aの固有値をkとする(kは実数)。

$A - kE = \begin{pmatrix} -2-k & 5 \\ 2 & 1-k \end{pmatrix}$

$\Delta(A - kE) = (-2-k)(1-k) - 2 \cdot 5 = k^2 + k - 12 = (k-3)(k+4) = 0$ より，

$k = -4,\ 3$

固有ベクトルを $\begin{pmatrix} x \\ y \end{pmatrix}$ とする。

(i) $k = -4$のとき，

$\begin{pmatrix} 2 & 5 \\ 2 & 5 \end{pmatrix}\begin{pmatrix} x \\ y \end{pmatrix} = \begin{pmatrix} 0 \\ 0 \end{pmatrix}$　$\begin{pmatrix} x \\ y \end{pmatrix} = s\begin{pmatrix} -5 \\ 2 \end{pmatrix}$　sは0でない任意の実数

(ii) $k = 3$のとき，

$\begin{pmatrix} -5 & 5 \\ 2 & -2 \end{pmatrix}\begin{pmatrix} x \\ y \end{pmatrix} = \begin{pmatrix} 0 \\ 0 \end{pmatrix}$　$\begin{pmatrix} x \\ y \end{pmatrix} = t\begin{pmatrix} 1 \\ 1 \end{pmatrix}$　tは0でない任意の実数

② $P = \begin{pmatrix} -5 & 1 \\ 2 & 1 \end{pmatrix}$ とする。

このとき，$P^{-1} = \dfrac{1}{-7}\begin{pmatrix} 1 & -1 \\ -2 & -5 \end{pmatrix} = \dfrac{1}{7}\begin{pmatrix} -1 & 1 \\ 2 & 5 \end{pmatrix}$

$$P^{-1}AP=\frac{1}{7}\begin{pmatrix} -1 & 1 \\ 2 & 5 \end{pmatrix}\begin{pmatrix} -2 & 5 \\ 2 & 1 \end{pmatrix}\begin{pmatrix} -5 & 1 \\ 2 & 1 \end{pmatrix}=\frac{1}{7}\begin{pmatrix} 4 & -4 \\ 6 & 15 \end{pmatrix}\begin{pmatrix} -5 & 1 \\ 2 & 1 \end{pmatrix}$$

$$=\frac{1}{7}\begin{pmatrix} -28 & 0 \\ 0 & 21 \end{pmatrix}=\begin{pmatrix} -4 & 0 \\ 0 & 3 \end{pmatrix}$$

$B=\begin{pmatrix} -4 & 0 \\ 0 & 3 \end{pmatrix}$とする。$P^{-1}AP=B$の両辺を$n$乗すると，

$(P^{-1}AP)^n=B^n$　ゆえに　$P^{-1}A^nP=B^n$

$$A^n=PB^nP^{-1}=\frac{1}{7}\begin{pmatrix} -5 & 1 \\ 2 & 1 \end{pmatrix}\begin{pmatrix} (-4)^n & 0 \\ 0 & 3^n \end{pmatrix}\begin{pmatrix} -1 & 1 \\ 2 & 5 \end{pmatrix}$$

$$=\frac{1}{7}\begin{pmatrix} -5\cdot(-4)^n & 3^n \\ 2\cdot(-4)^n & 3^n \end{pmatrix}\begin{pmatrix} -1 & 1 \\ 2 & 5 \end{pmatrix}$$

$$=\frac{1}{7}\begin{pmatrix} 5\cdot(-4)^n+2\cdot3^n & -5\cdot(-4)^n+5\cdot3^n \\ -2\cdot(-4)^n+2\cdot3^n & 2(-4)^n+5\cdot3^n \end{pmatrix}$$

〈解説〉(1)　$\dfrac{1}{x}+\dfrac{2}{y}=\dfrac{1}{4}$の両辺に$4xy$をかけると，

$4y+8x=xy$

$xy-8x-4y=0$

$(x-4)(y-8)=32$　…①

x，yは正の整数であることより，$x-4\geqq-3$，$y-8\geqq-7$であることを考慮して，①が成り立つ整数の組を求めると，

$(x-4,\ y-8)=(1,\ 32),\ (2,\ 16),\ (4,\ 8),\ (8,\ 4),\ (16,\ 2),\ (32,\ 1)$

よって，

$(x,\ y)=(5,\ 40),\ (6,\ 24),\ (8,\ 16),\ (12,\ 12),\ (20,\ 10),\ (36,\ 9)$

(2)　$a_n\neq0$であることを示す。

(i)　$a_1=3$，$a_2=2$であるから，$n=1$，2のとき成り立つ。

(ii)　$k\geqq2$として，$n=k-1$，kのとき$a_n\neq0$が成り立つ，すなわち，$a_{k-1}\neq0$，$a_k\neq0$

と仮定する。$n=k+1$のとき漸化式に$n=k$を代入すると，

$a_k=\dfrac{2a_{k+1}\cdot a_{k-1}}{a_{k+1}+a_{k-1}}$

(左辺)$\neq0$であるから(右辺)$\neq0$となる。すなわち，$a_{k+1}\neq0$

よって$n=k+1$のときも$a_n\neq0$は成立する。

(i)(ii)により，すべての自然数nについて$a_n\neq0$は成立する。

$a_n \neq 0$が示せたので，漸化式について両辺の逆数をとると，

$$\frac{1}{a_n} = \frac{a_{n+1} + a_{n-1}}{2a_{n+1} \cdot a_{n-1}}$$

$$2\frac{1}{a_n} = \frac{1}{a_{n-1}} + \frac{1}{a_{n+1}}$$

となるので，数列$\left\{\dfrac{1}{a_n}\right\}$は等差数列であり，初項は$\dfrac{1}{a_1} = \dfrac{1}{3}$，

公差は，$\dfrac{1}{a_2} - \dfrac{1}{a_1} = \dfrac{1}{2} - \dfrac{1}{3} = \dfrac{1}{6}$

よって $\dfrac{1}{a_n} = \dfrac{1}{3} + \dfrac{1}{6}(n-1)$

$$= \frac{n+1}{6}$$

ゆえに $a_n = \dfrac{6}{n+1}$

(3) $x=0$に沿った極限を求めると，

$$\lim_{(x,\ y)\to(0,\ 0)} \frac{2x^3 - y^3 + x^2 + y^2}{x^2 + y^2} = \lim_{y\to 0} \frac{-y^3 + y^2}{y^2} = \lim_{y\to 0} \frac{y^2(-y+1)}{y^2} = 1$$

$y=0$に沿った極限を求めると，

$$\lim_{(x,\ y)\to(0,\ 0)} \frac{2x^3 - y^3 + x^2 + y^2}{x^2 + y^2} = \lim_{x\to 0} \frac{2x^3 + x^2}{x^2} = \lim_{x\to 0} \frac{x^2(2x+1)}{x^2} = 1$$

いずれも1であるので，もし極限が存在するならば，それは1でなけれ

ばならない。そこで，$\dfrac{2x^3 - y^3 + x^2 + y^2}{x^2 + y^2}$と1の差を評価する。

$x = r\cos\theta$，$y = r\sin\theta$とすると，$(x,\ y)\to(0,\ 0)$のとき$r\to 0$であるから，

$$\left|\frac{2x^3 - y^3 + x^2 + y^2}{x^2 + y^2} - 1\right| = \left|\frac{2x^3 - y^3}{x^2 + y^2}\right| = \left|\frac{2r^3\cos^3\theta - r^3\sin^3\theta}{r^2}\right|$$

$$= |2r\cos^3\theta - r\sin^3\theta| \leq |2r\cos^3\theta| + |r\sin^3\theta| \leq 2r + r = 3r \rightarrow 0$$

よって極限は1である。

(4) 解答参照。

【2】(1) $I_n = \dfrac{n-1}{n}I_{n-2}$ (2) $S = \dfrac{3\pi}{32}a^2$

(3) $0 < t < \dfrac{\pi}{2}$のとき，$\dfrac{dx}{dt} \neq 0$であるから，

$$\frac{dy}{dx} = \frac{\dfrac{dy}{dt}}{\dfrac{dx}{dt}} = \frac{3a\sin^2 t\cos t}{-3a\sin t\cos^2 t} = -\frac{\sin t}{\cos t}$$

$t=t_0$における接線の方程式は，

$$y-a\sin^3 t_0=-\frac{\sin t_0}{\cos t_0}(x-a\cdot\cos^3 t_0)\quad\cdots①$$

①とx軸との交点は，$y=0$を代入して，

$$-a\sin^3 t_0=-\frac{\sin t_0}{\cos t_0}(x-a\cos^3 t_0)$$
$$a\sin^2 t_0\cos t_0=x-a\cos^3 t_0$$

$$x=a\sin^2 t_0\cos t_0+a\cos^3 t_0$$
$$=a\cos t_0(\sin^2 t_0+\cos^2 t_0)$$
$$=a\cos t_0$$

①とy軸との交点は，$x=0$を代入して，

$$y-a\sin^3 t_0=-\frac{\sin t_0}{\cos t_0}(-a\cos^3 t_0)$$
$$y=a\sin t_0\cos^2 t_0+a\sin^3 t_0=a\sin t_0(\cos^2 t_0+\sin^2 t_0)=a\sin t_0$$

2点$(a\cos t_0,\ 0)$，$(0,\ a\sin t_0)$の距離は，

$$\sqrt{(a\cos t_0)^2+(a\sin t_0)^2}=\sqrt{a^2\cos^2 t_0+a^2\sin^2 t_0}$$
$$=\sqrt{a^2(\cos^2 t_0+\sin^2 t_0)}$$
$$=a$$

よって，接線がx軸およびy軸によって切り取られる線分の長さは一定である。

〈解説〉(1)　$n\geqq 2$のとき，

$$I_n=\int_0^{\frac{\pi}{2}}\sin^n t\,dt=\int_0^{\frac{\pi}{2}}\sin^{n-1}t\cdot\sin t\,dt=\int_0^{\frac{\pi}{2}}\sin^{n-1}t\cdot(-\cos t)'\,dt$$

$$=\Big[\sin^{n-1}t\cdot(-\cos t)\Big]_0^{\frac{\pi}{2}}-\int_0^{\frac{\pi}{2}}(n-1)\sin^{n-2}t\cdot\cos t\cdot(-\cos t)\,dt$$

$$=(n-1)\int_0^{\frac{\pi}{2}}\sin^{n-2}t\cdot\cos^2 t\,dt$$

$$=(n-1)\int_0^{\frac{\pi}{2}}\sin^{n-2}t(1-\sin^2 t)\,dt$$

$$=(n-1)\Big(\int_0^{\frac{\pi}{2}}\sin^{n-2}t\,dt-\int_0^{\frac{\pi}{2}}\sin^n t\,dt\Big)$$

$$=(n-1)(I_{n-2}-I_n)$$

よって，$I_n=\dfrac{n-1}{n}I_{n-2}$

(2) $\dfrac{dx}{dt}=3a\cos^2t(-\sin t)=-3a\sin t\cos^2t$

$\dfrac{dy}{dt}=3a\sin^2t\cos t$

t	0	$\cdots$	$\dfrac{\pi}{2}$
$\dfrac{dx}{dt}$	0	$-$	0
x	a	$\searrow$	0
$\dfrac{dy}{dt}$	0	$+$	0
y	0	$\nearrow$	a

$S=\displaystyle\int_0^a ydx=\int_{\frac{\pi}{2}}^0 a\sin^3t(-3a\sin t\cos^2t)dt$

$\qquad =3a^2\displaystyle\int_0^{\frac{\pi}{2}}\sin^4t\cos^2tdt$

$\qquad =3a^2\displaystyle\int_0^{\frac{\pi}{2}}(\sin^4t-\sin^6t)dt$

$\qquad =3a^2(I_4-I_6)$

(1)の結果より,

$I_4=\dfrac{3}{4}I_2=\dfrac{3}{4}\cdot\dfrac{1}{2}I_0$

$I_6=\dfrac{5}{6}I_4=\dfrac{5}{6}\cdot\dfrac{3}{4}\cdot\dfrac{1}{2}I_0$

$I_0=\displaystyle\int_0^{\frac{\pi}{2}}1dt=\Big[t\Big]_0^{\frac{\pi}{2}}=\dfrac{\pi}{2}$

となるから,

$S=3a^2\Big(\dfrac{3}{4}\cdot\dfrac{1}{2}\cdot\dfrac{\pi}{2}-\dfrac{5}{6}\cdot\dfrac{3}{4}\cdot\dfrac{1}{2}\cdot\dfrac{\pi}{2}\Big)=3a^2\cdot\dfrac{3}{4}\cdot\dfrac{1}{2}\cdot\dfrac{\pi}{2}\Big(1-\dfrac{5}{6}\Big)$

$\quad =\dfrac{3\pi}{32}a^2$

(3) 解答参照。

【中学校】

【 1 】 $\dfrac{19}{2}$

〈解説〉[解1]　D$(-2,\ 0)$，E$(3,\ 4)$，F$(-2,\ 4)$とする。

四角形DBEFの面積は，20

△ADBの面積は，$\dfrac{5}{2}$

△BECの面積は，2

△ACFの面積は，6

よって△ABCの面積は，$20-\left(\dfrac{5}{2}+2+6\right)=\dfrac{19}{2}$

[解2]　直線BCの方程式は，$y=-4x+12$

$y=1$のとき，$x=\dfrac{11}{4}$となる。

そこで，D$\left(\dfrac{11}{4},\ 1\right)$とすると，

$AD=\dfrac{19}{4}$

△ABCの面積は，

$△ABD+△ACD=\dfrac{1}{2}\cdot\dfrac{19}{4}\cdot1+\dfrac{1}{2}\cdot\dfrac{19}{4}\cdot3=\dfrac{1}{2}\cdot\dfrac{19}{4}\cdot4=\dfrac{19}{2}$

[解3]　直線ACの方程式は，$y-1=\dfrac{3}{4}(x+2)$より，

$4y-4=3x+6$

$3x-4y+10=0$

点Bから直線ACまでの距離は，

$\dfrac{|3\cdot3-4\cdot0+10|}{\sqrt{3^2+4^2}}=\dfrac{19}{5}$

$CA=\sqrt{(2+2)^2+(4-1)^2}=5$

△ABCの面積は，$\dfrac{1}{2}\cdot5\cdot\dfrac{19}{5}=\dfrac{19}{2}$

[解4]　$AB=\sqrt{(-2-3)^2+(1-0)^2}=\sqrt{26}$

$BC=\sqrt{(3-2)^2+(0-4)^2}=\sqrt{17}$

$CA=\sqrt{(2+2)^2+(4-1)^2}=5$　より，

$\cos B=\dfrac{26+17-25}{2\sqrt{26}\cdot\sqrt{17}}=\dfrac{9}{\sqrt{26}\cdot\sqrt{17}}$

$\sin B=\sqrt{1-\dfrac{9^2}{26\cdot17}}=\sqrt{1-\dfrac{81}{442}}=\sqrt{\dfrac{361}{442}}=\dfrac{19}{\sqrt{17}\cdot\sqrt{26}}$

△ABCの面積は，$\dfrac{1}{2} \cdot \sqrt{26} \cdot \sqrt{17} \cdot \dfrac{19}{\sqrt{17} \cdot \sqrt{26}} = \dfrac{19}{2}$

[解5]　$\overrightarrow{AB} = (5, \ -1)$　$\overrightarrow{AC}(4, \ 3)$より，

△ABCの面積は，$\dfrac{1}{2}\{5 \times 3 - 4 \times (-1)\} = \dfrac{19}{2}$

[解6]　直線BCの傾きは-4

点Aを通り，傾きが-4の直線の方程式は，$y - 1 = -4(x + 2)$より，

$y = -4x - 7$

この直線とx軸との交点は，$\mathrm{D}\left(-\dfrac{7}{4}, \ 0\right)$

△ABCの面積は，△DBCの面積と等しいので，

$\dfrac{1}{2}\left(\dfrac{7}{4} + 3\right) \cdot 4 = \dfrac{19}{2}$

【2】(1)　$a = 4$　　(2)　$x = 2 + \sqrt{5}$ のとき，最小値-16　　$x = 6$のとき，

最大値105

〈解説〉(1)　放物線と直線との交点のx座標をα，βとする。

$x^2 - 4x = -2x + a$

$x^2 - 2x - a = 0$より，$\alpha + \beta = 2$　$\alpha \beta = -a$

直線の傾きは-2なので，切り取られる線分の長さは，$\sqrt{5}\,|\alpha - \beta|$となる。

$(\alpha - \beta)^2 = (\alpha + \beta)^2 - 4\alpha\beta$

$\qquad\qquad = 2^2 - 4 \times (-a)$

$\qquad\qquad = 4(a + 1)$　（ただし$a > -1$）

$|\alpha - \beta| = 2\sqrt{a + 1}$

$\sqrt{5} \times 2\sqrt{a + 1} = 10$

$\qquad \sqrt{a + 1} = \sqrt{5}$　より　$a = 4$　（$a > -1$を満たす）

(2)　$f(x) = (x^2 - 4x + 3)(x^2 - 4x - 5)$

$x^2 - 4x = t$とおくと，

$t = (x - 2)^2 - 4$　$0 \leqq x \leqq 6$より，$-4 \leqq t \leqq 12$

$g(t) = (t + 3)(t - 5)$

$\qquad = t^2 - 2t - 15$

$\qquad = (t - 1)^2 - 16$

$t=1$のとき，最小値-16

$t=12$のとき，最大値105

$x^2-4x=1$　$x^2-4x-1=0$　$x=2\pm\sqrt{5}$　$0\leqq x\leqq 6$より，$x=2+\sqrt{5}$

$x^2-4x=12$　$x^2-4x-12=0$　$(x-6)(x+2)=0$　$0\leqq x\leqq 6$より，$x=6$

よって，$x=2+\sqrt{5}$ のとき，最小値-16

$x=6$のとき，最大値105

【３】(1) $\dfrac{3}{20}$　(2) 14，15，16，17，18，19，20

〈解説〉(1)　20枚の番号札から3枚の番号札を取り出す方法は，${}_{20}C_3$通り

1を含み，3枚の番号札を取り出す方法は，$1\cdot{}_{19}C_2$通り

ゆえに求める確率は，

$$\frac{{}_{19}C_2}{{}_{20}C_3}=\frac{\dfrac{19\cdot18}{2}}{\dfrac{20\cdot19\cdot18}{3\cdot2\cdot1}}=\frac{3}{20}$$

(2)　20枚の番号札からn枚の番号札を取り出す方法は，${}_{20}C_n$通り

1を含み，n枚の番号札を取り出す方法は，$1\cdot{}_{19}C_{n-1}$通り

取り出した番号札の中に1が含まれる確率は，$\dfrac{{}_{19}C_{n-1}}{{}_{20}C_n}$

題意より，$\dfrac{{}_{19}C_{n-1}}{{}_{20}C_n}\geqq\dfrac{2}{3}$だから，

$$\frac{{}_{19}C_{n-1}}{{}_{20}C_n}=\frac{\dfrac{19!}{(n-1)!(19-n+1)!}}{\dfrac{20!}{n!(20-n)!}}=\frac{n}{20}$$

$\dfrac{n}{20}\geqq\dfrac{2}{3}$より，

$n\geqq\dfrac{40}{3}=13.3\cdots$

ゆえに14，15，16，17，18，19，20

【高等学校】

【1】 [解1]　(i)　△ABCが直角三角形のときは明らか。

(ii)　△ABCが直角三角形でないとき，3点A(a, b)，B($-c$, 0)，C(c, 0)とおく。ただし，$c>0$，$b\neq0$，$a\neq\pm c$とする。

線分ABの傾きは，$\dfrac{b}{a+c}$より，点Cから直線ABに下ろした垂線l_1は，

$$y=-\frac{a+c}{b}(x-c)$$

$$y=-\frac{a+c}{b}x+\frac{ac+c^2}{b}\quad\cdots①$$

線分ACの傾きは，$\dfrac{b}{a-c}$より，点Bから直線ACに下ろした垂線l_2は，

$$y=-\frac{a-c}{b}(x+c)$$

$$=-\frac{a-c}{b}x-\frac{ac-c^2}{b}\quad\cdots②$$

①，②より，l_1とl_2の交点のx座標は，

$$-\frac{a+c}{b}x+\frac{ac+c^2}{b}=-\frac{a-c}{b}x-\frac{ac-c^2}{b}$$

$$-2cx=-2ac$$

$c>0$より，$x=a$となり，点Aから直線BCに下ろした垂線$x=a$上にある。

よって，△ABCにおいて，各頂点から対辺，または，その延長に下ろした3本の垂線は1点で交わる。

[解2]　(i)　△ABCが直角三角形のときは明らか。

(ii)　△ABCが直角三角形でないとき，点A，Bから対辺，または，その延長に下ろした2つの垂線の交点をHとする。

AH⊥BCから，$\overrightarrow{AH}\cdot\overrightarrow{BC}=0$

$$\overrightarrow{AH}\cdot\left(\overrightarrow{AC}-\overrightarrow{AB}\right)=0$$

$$\overrightarrow{AH}\cdot\overrightarrow{AC}-\overrightarrow{AH}\cdot\overrightarrow{AB}=0$$

$$\therefore\quad\overrightarrow{AH}\cdot\overrightarrow{AC}=\overrightarrow{AH}\cdot\overrightarrow{AB}\quad\cdots①$$

BH⊥ACから，$\overrightarrow{BH}\cdot\overrightarrow{AC}=0$

$$\left(\overrightarrow{AH}-\overrightarrow{AB}\right)\cdot\overrightarrow{AC}=0$$

$$\overrightarrow{AH}\cdot\overrightarrow{AC}-\overrightarrow{AB}\cdot\overrightarrow{AC}=0$$

$$\therefore \quad \overrightarrow{AH} \cdot \overrightarrow{AC} = \overrightarrow{AB} \cdot \overrightarrow{AC} \quad \cdots ②$$

①，②より，$\overrightarrow{CH} \cdot \overrightarrow{AB} = \left(\overrightarrow{AH} - \overrightarrow{AC} \right) \cdot \overrightarrow{AB}$

$$= \overrightarrow{AH} \cdot \overrightarrow{AB} - \overrightarrow{AB} \cdot \overrightarrow{AC}$$

$$= \overrightarrow{AH} \cdot \overrightarrow{AC} - \overrightarrow{AH} \cdot \overrightarrow{AC}$$

$$= 0$$

$\left| \overrightarrow{CH} \right| \neq 0$, $\left| \overrightarrow{AB} \right| \neq 0$ より，CH⊥AB

よって，△ABCにおいて，各頂点から対辺，または，その延長に下ろした3本の垂線は1点で交わる。

[解3]　複素数平面上の3点A，B，Cについて

(i)　△ABCが直角三角形のときは明らか。

(ii)　△ABCが直角三角形でないとき，点A，Bから対辺，または，その延長に下ろした2つの垂線の交点をH(0)とし，A(α)，B(β)，C(γ)とする。

HA⊥BCから　$\dfrac{\alpha}{\gamma - \beta}$は純虚数である。すなわち

$\overline{\left(\dfrac{\alpha}{\gamma - \beta} \right)} = -\dfrac{\alpha}{\gamma - \beta}$　ゆえに，$\overline{\alpha}\gamma - \overline{\alpha}\beta = \alpha\overline{\beta} - \alpha\overline{\gamma}$　　$\cdots ①$

HB⊥CAから　$\dfrac{\beta}{\alpha - \gamma}$は純虚数である。

すなわち，$\overline{\left(\dfrac{\beta}{\alpha - \gamma} \right)} = -\dfrac{\beta}{\alpha - \gamma}$　ゆえに $\overline{\beta}\alpha - \overline{\beta}\gamma = \beta\overline{\gamma} - \beta\overline{\alpha}$ $\cdots ②$

①，②を辺々加えて，$(\overline{\alpha} - \overline{\beta})\gamma = (\beta - \alpha)\overline{\gamma}$

ゆえに，$\overline{\left(\dfrac{\gamma}{\beta - \alpha} \right)} = -\dfrac{\gamma}{\beta - \alpha}$

よって，$\dfrac{\gamma}{\beta - \alpha}$は純虚数となり，HC⊥ABとなる。

よって，△ABCにおいて，各頂点から，対辺，または，その延長に下ろした3本の垂線は，1点で交わる。

[解4]　(i)　△ABCが直角三角形のときは明らか。

(ii)　△ABCが直角三角形でないとき，点Bを通り辺ACに平行な直線をl_1，点Cを通り辺ABに平行な直線をl_2，点Aを通り辺BCに平行な直線を

l_3とする。

2直線l_1とl_2との交点をP，l_2とl_3との交点をQ，l_3とl_1との交点をRとする。

四角形ABPC，ABCQはともに平行四辺形であるから，AB＝CP，AB＝QC　ゆえにCP＝QC　点Cは線分PQの中点となる。同様にして，点Aは線分QRの中点，点Bは線分RPの中点となる。

△PQRにおいて，辺PQの垂直二等分線と辺QRの垂直二等分線との交点をHとする。

PH＝QH，QH＝RHから，PH＝RHが成り立つ。

すなわち，点Hは，辺PRの垂直二等分線上に存在する。

さらにAB//PQ，BC//QR，CA//RPであるから，AH⊥BC，BH⊥CA，CH⊥ABが成り立つ。

△ABCにおいて，各頂点から対辺，または，その延長に下ろした3本の垂線は1点で交わる。

〈解説〉解答参照。

【2】(1)　$y=t^2-8t+12$　$t\geqq2$　　(2)　最小値　-4　$x=\log_2(2\pm\sqrt{3}\,)$のとき　　(3)　$a<-4$のとき0個　$a=-4$，$0<a$のとき2個　$a=0$のとき3個　$-4<a\leqq0$のとき4個

〈解説〉(1)　$y=2^{2x}+2^{-2x}-8\cdot2^x-8\cdot2^{-x}+14$

$\qquad\qquad =(2^x+2^{-x})^2-2-8(2^x+2^{-x})+14$

$\qquad\qquad =t^2-8t+12$

$t=2^x+2^{-x}$について

$t'=2^x\log2-2^{-x}\log2$

$\quad =(2^x-2^{-x})\log2$

$t'=0$とすると$2^x-2^{-x}=0$　$x=0$

よって，tの増減表は次のようになる。

x	$\cdots$	0	$\cdots$
t'	$-$	0	$+$
t	$\searrow$	2	$\nearrow$

したがって　$t\geqq2$

245

(別解)　tの範囲は，$2^x>0$，$2^{-x}>0$より，相加・相乗平均の関係より，
$t=2^x+2^{-x}\geqq2\sqrt{2^x\cdot2^{-x}}=2$　よって，$t\geqq2$　としても求めることができる。

(2)　$y=(t-4)^2-4$

$t=4$のとき最小値-4をとる。

$t=2^x+2^{-x}=4$

$2^x=X$とおくと　$X>0$

$X+X^{-1}=4$

$X^2-4X+1=0$

$X=2\pm\sqrt{3}$　どちらも$X>0$を満たす。

$2^x=2\pm\sqrt{3}$

$x=\log_2(2\pm\sqrt{3})$

$x=\log_2(2\pm\sqrt{3})$のとき，最小値-4

(3)　与えられた方程式は，(1)から，

$t^2-8t+12=a$　$(t\geqq2)$として考える。

$t=2$のとき，$x=0$

$t>2$のとき，$2^x+2^{-x}=t$を満たすxは2個ある。

よって　$y=(t-4)^2-4$のグラフと直線$y=a$の共有点のt座標に着目して，方程式の解の個数を調べると，

$a<-4$のとき　　0個

$a=-4$，$0<a$のとき　　2個

$a=0$のとき　　3個

$-4<a<0$のとき　　4個

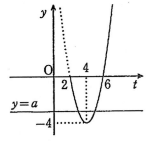

【3】(1) 平均… $-\dfrac{n}{3}$　分散… $\dfrac{8n}{9}$　(2) $\dfrac{n(n+8)}{9}$

(3) $\dfrac{n(5n+13)}{9}$

〈解説〉(1)　大きいサイコロの3または6の目が出る回数を X とすると,

$x_n = X-(n-X) = 2X-n$

X は二項分布 $B\left(n, \dfrac{1}{3}\right)$ に従うから, $E(X)=\dfrac{n}{3}$, $V(X)=n\cdot\dfrac{1}{3}\cdot\dfrac{2}{3}=\dfrac{2n}{9}$

したがって　$E(x_n)=E(2X-n)=2E(X)-n=2\cdot\dfrac{n}{3}-n=-\dfrac{n}{3}$

$V(x_n)=V(2X-n)=4V(X)=4\cdot\dfrac{2n}{9}=\dfrac{8n}{9}$

(2)　$V(x_n)=E(x_n{}^2)-\{E(x_n)\}^2$ であるから,

$E(x_n{}^2)=V(x_n)+\{E(x_n)\}^2$

$=\left(\dfrac{8n}{9}\right)+\left(-\dfrac{n}{3}\right)^2$

$=\dfrac{8n}{9}+\dfrac{1}{9}n^2=\dfrac{n(n+8)}{9}$

(3)　$l^2=x_n{}^2+y_n{}^2$ であるから, $E(l^2)=E(x_n{}^2)+E(y_n{}^2)$

ここで, y_n の平均と分散について調べる。

小さいサイコロの1の目が出る回数を Y とすると, $y_n=2Y-n$

Y は二項分布 $B\left(n, \dfrac{1}{6}\right)$ に従うから, (1)と同様にして,

$E(y_n)=2\cdot\dfrac{n}{6}-n=-\dfrac{2n}{3}$

$V(y_n)=4\cdot n\cdot\dfrac{1}{6}\cdot\dfrac{5}{6}=\dfrac{5n}{9}$

(2)と同様に, $E(y_n{}^2)=V(y_n)+\{E(y_n)\}^2$

$=\dfrac{5n}{9}+\left(-\dfrac{2n}{3}\right)^2$

$=\dfrac{n(4n+5)}{9}$

したがって,

$E(l^2)=\dfrac{n(n+8)}{9}=\dfrac{n(4n+5)}{9}=\dfrac{n(5n+13)}{9}$

2012年度　実施問題

【中高共通】

【1】 次の各問いに答えよ。

(1) 12枚のカードがある。このうち4枚のカードには数字の0が書いてあり，残り8枚のカードには数字の1が書いてある。この12枚のカードから同時に3枚のカードを取り出す。このとき，取り出したカードの数字をa, b, cとおく。ただし，$a \leq b \leq c$とする。

① $X = a + b + c$とする。確率変数Xの期待値と分散を求めよ。

② $b = 0$であるとき，$c = 1$となる条件付き確率を求めよ。

(2) 複素数$z = \dfrac{-1 + \sqrt{3}\,i}{2}$について，$z + 2z^2 + 3z^3 + \cdots\cdots + 20z^{20}$を求めよ。

(3) 連立1次方程式 $\begin{cases} x + 2y + 3z = a \\ 2x + 3y + 5z = 2a - 1 \\ 3x + ay + 8z = 2a + 4 \end{cases}$ を解け。

ただし，aは定数とする。

(4) 2つの定積分 $\displaystyle\int_0^{\frac{\pi}{2}} \dfrac{\sin x}{\sin x + \cos x}\,dx$, $\displaystyle\int_0^{\frac{\pi}{2}} \dfrac{\cos x}{\sin x + \cos x}\,dx$ を求めよ。

(☆☆☆◎◎◎)

【2】 a, bは自然数で，互いに素である。

(1) a, $2a$, $3a$, $\cdots$, baのb個の整数をbで割った余りはすべて異なることを示せ。

(2) $ax + by = 1$をみたす整数x, yが存在することを示せ。

(3) 座標平面上の2点O$(0, 0)$，A(a, b)を結ぶ直線をlとし，l上にない格子点とlとの距離をdとする。dの最小値をa, bを用いて表せ。ただし，座標平面上でx座標，y座標がともに整数であるような点を格子点という。

(☆☆☆◎◎◎)

【中学校】

【1】次の問題を2通りの求め方で解け。ただし，それぞれの求め方を図と式に表し，その考え方を示せ。

　【問題】次の図のように，碁石を正方形の辺上にn個ずつならべたとき，碁石は何個必要ですか。

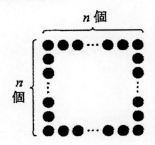

(☆☆☆◎◎◎)

【2】AB＝2cm，BC＝4cmの長方形ABCDの紙がある。この長方形を対角線BDにそって折り曲げ，4点A，B，C，Dを頂点とする三角すいをつくる。この三角すいは，面ABCと面BCDが垂直である。

(1)　辺ACの長さを求めよ。

(2)　三角すいの体積を求めよ。

(3)　辺BCの中点をM，面ABD上を動く点をPとする。線分CPと線分PMの長さの和が最小となるとき，$\dfrac{\text{PM}}{\text{CP}}$の値を求めよ。

(☆☆☆◎◎◎)

【3】$f(x)=x^2-2$で表される曲線$y=f(x)$をCとし，数列$\{a_n\}$を次のように定める。ただし，nは自然数である。

(i)　$a_1=2$

(ii)　C上の点$A_n(a_n,\ f(a_n))$におけるCの接線がx軸と交わる点のx座標をa_{n+1}とする。

(1)　a_{n+1}をa_nを用いて表せ。

249

(2)　すべての自然数nに対して不等式$0<a_{n+1}-\sqrt{2}<\dfrac{\sqrt{2}}{4}(a_n-\sqrt{2})^2$が成り立つことを示せ。

(3)　a_3と$\sqrt{2}$の差は0.01より小さいことを示せ。ただし，$1.4<\sqrt{2}<1.5$とする。

(☆☆☆○○○)

【高等学校】

【1】次の問題を2通りの方法で解け。ただし，それぞれの方法について考え方を示せ。

【問題】　不等式$|x^2-3|>2x$を解け。

(☆☆☆○○○)

【2】座標空間内に，3点O(0, 0, 0)，A(2, −1, 0)，B(0, 0, 1)がある。また，点Aを通り$\vec{l}=(1, 1, 1)$が方向ベクトルである直線をl，点Bを通り$\vec{m}=(1, 2, 1)$が方向ベクトルである直線をmとする。さらに，点Pは直線l上を，点Qは直線m上をそれぞれ動く。

(1)　直線lを含み，点Oを通る平面をπとする。点Qが平面π上にあるとき，点Qの座標を求めよ。

(2)　線分PQの長さの最小値を求めよ。

(3)　四面体OABPの体積が1となるとき，点Pの座標を求めよ。

(☆☆☆○○○)

【3】△ABCは，中心がOで半径が1である円に内接している。ただし，∠BAC$=x$，∠ABC$=y$とし，$0<x<\dfrac{\pi}{2}$，$0<y<\dfrac{\pi}{2}$とする。

(1)　AB＋BC＋CA をx，yを用いて表せ。

(2)　AB＋BC＋CA$=f(x, y)$とする。このとき，偏導関数$\dfrac{\partial f}{\partial x}$，$\dfrac{\partial f}{\partial y}$を求めよ。

(3)　AB＋BC＋CA の最大値を求めよ。

(☆☆☆○○○)

解答・解説

【中高共通】

【 1 】(1) ① 期待値：2 分散：$\dfrac{6}{11}$ ② $\dfrac{12}{13}$

(2) $-\dfrac{21}{2}-\dfrac{7\sqrt{3}}{2}i$ (3) 解説参照 (4) $\dfrac{\pi}{4}$

〈解説〉(1) ① $P(X=0)=P(a=0,\ b=0,\ c=0)=\dfrac{{}_4C_3}{{}_{12}C_3}=\dfrac{1}{55}$

$P(X=1)=P(a=0,\ b=0,\ c=1)=\dfrac{{}_4C_2\times{}_8C_1}{{}_{12}C_3}=\dfrac{12}{55}$

$P(X=2)=P(a=0,\ b=1,\ c=1)=\dfrac{{}_4C_1\times{}_8C_2}{{}_{12}C_3}=\dfrac{28}{55}$

$P(X=3)=P(a=1,\ b=1,\ c=1)=\dfrac{14}{55}$

よってXの確率分布は次の表のようになる。

X＋Y＋Z	0	1	2	3
確率	$\dfrac{1}{55}$	$\dfrac{12}{55}$	$\dfrac{28}{55}$	$\dfrac{14}{55}$

ゆえに 期待値$E(X)=0\times\dfrac{1}{55}+1\times\dfrac{12}{55}+2\times\dfrac{28}{55}+3\times\dfrac{14}{55}=\dfrac{110}{55}=2$

また $E(X^2)=0^2\times\dfrac{1}{55}+1^2\times\dfrac{12}{55}+2^2\times\dfrac{28}{55}+3^2\times\dfrac{14}{55}=\dfrac{250}{55}=\dfrac{50}{11}$

これより 分散$V(X)=E(X^2)-\{E(X)\}^2=\dfrac{50}{11}-4=\dfrac{6}{11}$

② 求める条件付き確率は$\dfrac{P(b=0,\ c=1)}{P(b=0)}$である。

①から $P(b=0,\ c=1)=P(X=1)=\dfrac{12}{55}$ $P(b=0)=P(X=0)+P(X=1)=\dfrac{1}{55}+\dfrac{12}{55}=\dfrac{13}{55}$

ゆえに $\dfrac{\dfrac{12}{55}}{\dfrac{13}{55}}=\dfrac{12}{13}$

(2)　$z=\cos120°+i\sin120°$　よって　$z^3=\cos360°+i\sin360°=1$

求める和をSとおく。

$S=z+2z^2+3z^3+\cdots\cdots+20z^{20}$

$zS=z^2+2z^3+\cdots\cdots+19z^{20}+20z^{21}$

ゆえに　$(1-z)S=z+z^2+z^3+\cdots\cdots+z^{20}-20z^{21}=$

$\dfrac{z(1-z^{20})}{1-z}-20z^{21}=\dfrac{z-21z^{21}+20z^{22}}{1-z}$

$=\dfrac{z-21+20z}{1-z}=\dfrac{21(z-1)}{1-z}=-21$

よって　$S=\dfrac{-21}{1-z}=\dfrac{-21}{1-\dfrac{-1+\sqrt{3}\,i}{2}}=\dfrac{-42}{3-\sqrt{3}\,i}=\dfrac{-42(3+\sqrt{3}\,i)}{12}$

$=-\dfrac{21}{2}-\dfrac{7\sqrt{3}}{2}i$

[別解]　$z^3=1$であるから

$S=(1+4+7+10+13+16+19)z+(2+5+8+11+14+17+20)z^2+3+$
$6+9+12+15+18$

$=70z+77z^2+63=70\times\dfrac{-1+\sqrt{3}\,i}{2}+77\times\dfrac{-1-\sqrt{3}\,i}{2}+63$

$=-\dfrac{21}{2}-\dfrac{7\sqrt{3}}{2}i$

(3)　$A=\begin{pmatrix}1&2&3\\2&3&5\\3&a&8\end{pmatrix}$, $b=\begin{pmatrix}a\\2a-1\\2a+4\end{pmatrix}$とし, $Ab=\begin{pmatrix}1&2&3&a\\2&3&5&2a-1\\3&a&8&2a+4\end{pmatrix}$に

基本変形をほどこすと

$Ab\rightarrow\begin{pmatrix}1&2&3&a\\0&-1&-1&-1\\0&a-6&-1&-a+4\end{pmatrix}\rightarrow\begin{pmatrix}1&0&1&a-2\\0&1&1&1\\0&0&-a+5&-2a+10\end{pmatrix}$

(i) $a \ne 5$ のとき

$Ab \rightarrow \begin{pmatrix} 1 & 0 & 0 & a-4 \\ 0 & 1 & 0 & -1 \\ 0 & 0 & 1 & 2 \end{pmatrix}$ よって解は $x=a-4,\ y=-1,\ z=2$

(ii) $a=5$ のとき

$Ab \rightarrow \begin{pmatrix} 1 & 0 & 1 & 3 \\ 0 & 1 & 1 & 1 \\ 0 & 0 & 0 & 0 \end{pmatrix}$ よって解は $x=3-t,\ y=1-t,\ z=t(t は任意)$

[別解]

$$\begin{cases} x+2y+3z=a & \cdots ① \\ 2x+3y+5z=2a-1 & \cdots ② \\ 3x+ay+8z=2a+4 & \cdots ③ \end{cases} \quad とする。$$

①×2−②より $y+z=1 \quad \cdots ④$　　①×3−③より $(6-a)y+z=a-4$
$\cdots ⑤$

④−⑤より $(a-5)y=5-a \quad \cdots ⑥$

(i) $a \ne 5$ のとき ①, ④, ⑥より $x=a-4,\ y=-1,\ z=2$

(ii) $a=5$ のとき ①, ④より $x=3-t,\ y=1-t,\ z=t(t は任意)$

(4) $\mathrm{I}=\displaystyle\int_0^{\frac{\pi}{2}} \frac{\sin x}{\sin x+\cos x}dx,\ \mathrm{J}=\displaystyle\int_0^{\frac{\pi}{2}} \frac{\cos x}{\sin x+\cos x}dx$ とおくと

$\mathrm{I}+\mathrm{J}=\displaystyle\int_0^{\frac{\pi}{2}} \frac{\sin x+\cos x}{\sin x+\cos x}dx=\int_0^{\frac{\pi}{2}} dx=\Big[x\Big]_0^{\frac{\pi}{2}}=\frac{\pi}{2} \quad \cdots ①$

$x=\dfrac{\pi}{2}-t$ とおくと, x と t の対応は次の表のようになる。また

$dx=(-1)dt$

x	0	$\rightarrow$	$\frac{\pi}{2}$
t	$\frac{\pi}{2}$	$\rightarrow$	0

したがって $\mathrm{I}=\displaystyle\int_{\frac{\pi}{2}}^{0} \frac{\sin\left(\frac{\pi}{2}-t\right)}{\sin\left(\frac{\pi}{2}-t\right)+\cos\left(\frac{\pi}{2}-t\right)}(-1)dt=$

$\displaystyle\int_0^{\frac{\pi}{2}} \frac{\cos t}{\cos t+\sin t}dt=\mathrm{J} \quad \cdots ②$

①，②より　　$I=J=\dfrac{\pi}{4}$

[別解]　$I=\displaystyle\int_0^{\frac{\pi}{2}}\dfrac{\sin x}{\sqrt{2}\,\sin\!\left(x+\frac{\pi}{4}\right)}dx$　$x+\dfrac{\pi}{4}=\theta$ とおくと，

x と θ の対応は次の表のようになる。また　$dx=d\theta$

x	0	→	$\dfrac{\pi}{2}$
θ	$\dfrac{\pi}{4}$	→	$\dfrac{3}{4}\pi$

したがって　$I=\displaystyle\int_{\frac{\pi}{4}}^{\frac{3}{4}\pi}\dfrac{\sin\!\left(\theta-\frac{\pi}{4}\right)}{\sqrt{2}\,\sin\theta}d\theta=\dfrac{1}{2}\int_{\frac{\pi}{4}}^{\frac{3}{4}\pi}\dfrac{\sin\theta-\cos\theta}{\sin\theta}d\theta$

$=\dfrac{1}{2}\Big[\theta-\log(\sin\theta)\Big]_{\frac{\pi}{4}}^{\frac{3\pi}{4}}=\dfrac{\pi}{4}$

【２】(1)　解説参照　　(2)　解説参照　　(3)　解説参照
〈解説〉(1)　$i,\ j$ を自然数とする。このとき $ia,\ ja(1\leqq i<j\leqq b)$ を b で割った余りが同じであると仮定する。

b で割った答えを，それぞれ $q_1,\ q_2$，余りを r とすると，

$ia=bq_1+r$

$ja=bq_2+r$

と書ける。辺々引いて，

$(i-j)a=b(q_1-q_2)$　$(i<j$ から，$q_1\neq q_2)$

$a,\ b,\ i,\ j,\ q_1,\ q_2$ が整数であることから，

$ja-ia=(j-i)a$ は b で割りきれる $\cdots(*)$

ところが $0<j-i<b$ であり，a と b は互いに素であることから，$(j-i)a$ は b で割りきれない。

よって(*)は不合理となるので，$a,\ 2a,\ 3a,\ \cdots,\ ba$ の b 個の整数を b で割った余りはすべて異なる。

(2)　整数を b で割った余りを r とすると，$0\leqq r\leqq b-1$ であり，

(1)よりa，$2a$，$3a$，$\cdots$，baのb個の整数をbで割った余りはすべて異なることから，a，$2a$，$3a$，$\cdots$，baのうちに余りが1となるものがある。

そこで，xを整数とし，xaをbで割った余りが1で，商を$-y$とすると

$xa = (-y)b + 1$

これより$ax + by = 1$をみたす整数x，yが存在する。

(3) 直線lの方程式は $bx - ay = 0$

m，nを整数とし，l上にない格子点を(m, n)とする。

このときl上にない格子点とlとの距離dは

$$d = \frac{|bm - an|}{\sqrt{b^2 + (-a)^2}} \quad \cdots ①$$

(m, n)はl上にないので $bm - an \neq 0$ よって $|bm - an| \geqq 1 \cdots ②$

(2)より，②の等号を成り立たせる格子点(m, n)が存在する。

よってdの最小値は，①より$\dfrac{1}{\sqrt{a^2 + b^2}}$

【中学校】

【 1 】 解説参照

〈解説〉【求め方1】

図①

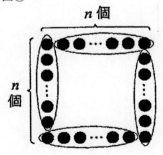

式：$(n-1) \times 4 = 4n - 4$(個)

考え方： 図①より，正方形の一辺にならんだ碁石から1個の碁石を除いたかたまりが4つあるので，全部の碁石の個数は

(一辺の碁石の個数-1)$\times 4$

で求めることができる。

【求め方2】

図②

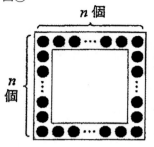

式：$n^2-(n-2)^2=n^2-(n^2-4n+4)$

$=4n-4$(個)

考え方：図②より，一辺にn個の碁石がならんだ正方形から，一辺に$(n-2)$個の碁石がならんだ正方形を除けばよいので，全部の碁石の個数は

(一辺の碁石の個数)$^2-$(一辺の碁石の個数$-2)^2$

で求めることができる。

【2】(1)　$2\sqrt{3}$　　(2)　$\dfrac{4\sqrt{3}}{3}$[cm³]　　(3)　$\dfrac{1}{2}$

〈解説〉(1)　側面ABCが底面BCDに垂直であるから，∠ACD＝90°となる。よって三平方の定理よりAC＝$\sqrt{4^2-2^2}=2\sqrt{3}$

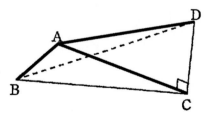

(2)　AD＝4，AC＝$2\sqrt{3}$，CD＝2であることから，∠ACD＝90°，また，もとの長方形を考えて，∠BCD＝90°

よって立体の辺CDは面ABCに垂直である。

したがって，求める体積は，

$$\frac{1}{3}\times\left(\frac{1}{2}\times2\times2\sqrt{3}\right)\times2=\frac{4\sqrt{3}}{3}\,(\text{cm}^3)$$

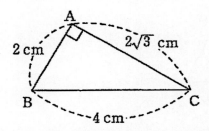

(3) 点Cから側面ABDに引いた垂線と平面ABDの交点をH_2とする。また，次図のように，直線CH_2上にあり，点H_2が線分CC'の中点となるような点C'をとる。

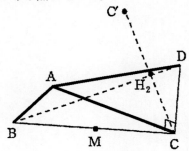

線分CPとC'Pの長さは等しいから，線分CPとPMの長さの和が最小となるとき，点Pは，線分C'Mと平面ABDとの交点上にある。

$\triangle C'CM$と直線H_2Bにメネラウスの定理を用いると

$$\frac{CB}{BM}\cdot\frac{MP}{PC'}\cdot\frac{C'H_2}{H_2C}=1$$

点M，H_2はそれぞれ線分BC，$C'C$の中点なので

$$\frac{CB}{BM}=\frac{2}{1}=2,\quad\frac{C'H_2}{H_2C}=\frac{1}{1}=1$$

よって $\dfrac{MP}{PC'}=\dfrac{PM}{CP}=\dfrac{1}{2}$

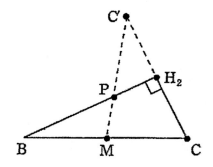

【３】 (1) $\dfrac{a_n{}^2+2}{2a_n}$　　(2)　解説参照　　(3)　解説参照

〈解説〉(1)　$f'(x)=2x$

　　よって点A_nにおける接線の方程式は

　　$y-(a_n{}^2-2)=2a_n(x-a_n)$

　　すなわち　$y=2a_n x-a_n{}^2-2$

　　$y=0$とすると　$0=2a_n x-a_n{}^2-2$

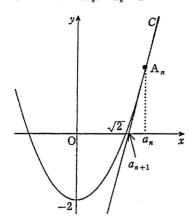

　　明らかに$a_n\neq0$であるから　$x=\dfrac{a_n{}^2+2}{2a_n}$

　　これより　$a_{n+1}=\dfrac{a_n{}^2+2}{2a_n}$

(2)　$a_1 > 0$であるから，(1)の結果により，すべての自然数nについて$a_n > 0$となる。

$$a_{n+1} - \sqrt{2} = \frac{a_n{}^2 + 2}{2a_n} - \sqrt{2} = \frac{a_n{}^2 + 2 - 2a_n\sqrt{2}}{2a_n} = \frac{(a_n - \sqrt{2})^2}{2a_n} \geqq 0 \quad \cdots\cdots ①$$

①の等号が成り立つのは，$a_n = \sqrt{2}$ のときであるが，このとき$a_1 = \sqrt{2}$となり，(i)に矛盾する。

よって①の等号は成り立たないから　$a_{n+1} - \sqrt{2} > 0$ $\cdots\cdots$ ②

また

$$\frac{\sqrt{2}}{4}(a_n - \sqrt{2})^2 - (a_{n+1} - \sqrt{2}) = \frac{\sqrt{2}}{4}(a_n - \sqrt{2})^2 - \frac{1}{2a_n}(a_n - \sqrt{2})^2$$

$$= \frac{\sqrt{2}}{4a_n}(a_n - \sqrt{2})^3$$

②より$a_n - \sqrt{2} > 0$であるから　$\frac{\sqrt{2}}{4a_n}(a_n - \sqrt{2})^3 > 0$

これより　$\frac{\sqrt{2}}{4}(a_n - \sqrt{2})^2 > a_{n+1} - \sqrt{2}$ $\cdots\cdots$ ③

②，③から，すべての自然数nに対して，

不等式$0 < a_{n+1} - \sqrt{2} < \frac{\sqrt{2}}{4}(a_n - \sqrt{2})^2$が成り立つ。

(3)　(2)の不等式に$n = -1$，$a_1 = 2$を代入すると

$$0 < a_2 - \sqrt{2} < \frac{\sqrt{2}}{4}(2 - \sqrt{2})^2$$

(2)の不等式に$n = 2$を代入すると　$0 < a_3 - \sqrt{2} < \frac{\sqrt{2}}{4}(a_2 - \sqrt{2})^2$

よって　$0 < a_3 - \sqrt{2} < \frac{\sqrt{2}}{4}\left\{\frac{\sqrt{2}}{4}(2 - \sqrt{2})^2\right\}^2$

整理すると　$0 < a_3 - \sqrt{2} < \frac{\sqrt{2}}{32}(2 - \sqrt{2})^4$

$1.4 < \sqrt{2} < 1.5$であるから　$0 < a_3 - \sqrt{2} < \frac{1.5}{32}(2 - 1.4)^4$

$\frac{1.5}{32}(2 - 1.4)^4 = \frac{1}{32} \cdot \frac{3}{2} \cdot \left(\frac{3}{5}\right)^4 = \frac{3^5}{2^6 \cdot 5^4} = \frac{243}{10^2 \cdot 400} < \frac{1}{10^2} = 0.01$となるので

$0 < a_3 - \sqrt{2} < 0.01$

したがってa_3と$\sqrt{2}$ の差は0.01未満である。

【高等学校】

【１】解説参照

〈解説〉【解1】

　考え方：絶対値記号をはずしてから，不等式を解く。

　不等式 $|x^2-3|>2x$ について

(i)　$x\leqq-\sqrt{3}$，$\sqrt{3}\leqq x$ のとき　　$x^2-3>2x$ より　$(x+1)(x-3)>0$

　よって　　$x<-1$，$3<x$

　　これと $x\leqq-\sqrt{3}$，$\sqrt{3}\leqq x$ との共通範囲は　$x\leqq-\sqrt{3}$，$3<x$

(ii)　$-\sqrt{3}<x<\sqrt{3}$ のとき　　$-(x^2-3)>2x$ より　$(x-1)(x+3)<0$

　よって　$-3<x<1$

　　これと $-\sqrt{3}<x<\sqrt{3}$ との共通範囲は　$-\sqrt{3}<x<1$

(i)，(ii)より，求める解は　$x<1$，$3<x$

【解2】

　考え方：不等式 $|x^2-3|>2x$ の解は，関数 $y=|x^2-3|$ のグラフが直線 $y=2x$ より上側にある x の値の範囲である。

　関数 $y=|x^2-3|$ について

(i)　$x\leqq-\sqrt{3}$，$\sqrt{3}\leqq x$ のとき　　$y=x^2-3$

(ii)　$-\sqrt{3}<x<\sqrt{3}$ のとき　　$y=-(x^2-3)$

よって，関数 $y=|x^2-3|$，$y=2x$ のグラフをかくと，次の図のようになる。

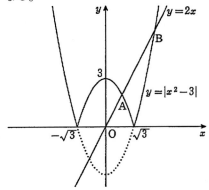

図の交点A，Bのx座標をそれぞれ求めると

$-(x^2-3)=2x$ より　$x=-3$, 1

$-\sqrt{3}<x<\sqrt{3}$ より，点Aのx座標は1

$x^2-3=2x$ より　$x=-1$, 3

$x\leqq-\sqrt{3}$，$\sqrt{3}\leqq x$より，点Bのx座標は3

グラフより，求める解は　$x<1$, $3<x$

【解3】

考え方：2つの0以上の数a，bの大小を比べるには，それぞれの平方a^2，b^2の大小を調べればよい。

不等式 $|x^2-3|>2x$ について

(i)　$2x<0$のとき，$x<0$となる。

$|x^2-3|\geqq0$より，$|x^2-3|>2x$ は常に成り立つ。

(ii)　$2x\geqq0$のとき，$x\geqq0$となる。

$|x^2-3|>2x$ の両辺の平方の差を考えると

$|x^2-3|^2-(2x)^2=x^4-10x^2+9=(x^2-1)(x^2-9)=(x-1)(x+1)(x-3)(x+3)$

$x\geqq0$ のとき$x+1>0$, $x+3>0$ となるので

$(x-1)(x-3)>0$ より　$x<1$, $3<x$

これと$x\geqq0$ との共通範囲は $0\leqq x<1$, $3<x$

(i), (ii)より，求める解は $x<1$, $3<x$

【2】(1)　$\left(\dfrac{3}{2},\ 3,\ \dfrac{5}{2}\right)$　　(2)　$\dfrac{3\sqrt{2}}{2}$　　(3)　$(4,\ 1,\ 2)$, $(0,\ -3,\ -2)$

〈解説〉【注】座標空間上のベクトル$(x_1,\ x_2,\ x_3)$，$(y_1,\ y_2,\ y_3)$に対して，外積は，

$$(x_1,\ x_2,\ x_3)\times(y_1,\ y_2,\ y_3)=\left(\begin{vmatrix} x_2 & x_3 \\ y_2 & y_3 \end{vmatrix},\ \begin{vmatrix} x_3 & x_1 \\ y_3 & y_1 \end{vmatrix},\ \begin{vmatrix} x_1 & x_2 \\ y_1 & y_2 \end{vmatrix}\right)$$

で与えられるが，具体的な計算の際には，

$e_1=(1,\ 0,\ 0)$, $e_2=(0,\ 1,\ 0)$, $e_3=(0,\ 0,\ 1)$

を用いると便利である。和に関して分配的で，さらに，

$e_1e_1=e_2e_2=e_3e_3=0$, $e_1e_2=e_3$, $e_2e_3=e_1$, $e_3e_1=e_2$となるため，

たとえば，

$$\overrightarrow{\mathrm{OA}} \times \overrightarrow{l} = (2e_1 - e_2) \times (e_1 + e_2 + e_3)$$
$$= 2e_1e_1 + 2e_1e_2 + 2e_1e_3 - e_2e_1 - e_2e_2 - e_2e_3$$
$$= 0 + 2e_3 - 2e_2 + e_3 - 0 - e_1$$
$$= (-1, \ -2, \ 3)$$

と計算できる。

(1) $\overrightarrow{\mathrm{OA}} \times \overrightarrow{l} = (-1, \ -2, \ 3) = -(1, \ 2, \ -3)$

よって平面 π の法線ベクトルは $\overrightarrow{n} = (1, \ 2, \ -3)$ となるので，平面 π

の方程式は　$x + 2y - 3z = 0$　…　①

点Qは直線m上の点なので

$$\overrightarrow{\mathrm{OQ}} = (0, \ 0, \ 1) + s(1, \ 2, \ 1) = (s, \ 2s, \ 1+s) \quad \cdots \quad ②$$

とかける。ただし，sは実数である。

点Qが平面 π 上にあるので，①，②より

　$s + 2 \cdot 2s - 3(1+s) = 0$　よって　$s = \dfrac{3}{2}$　これより　点Qの座標は

$\left(\dfrac{3}{2}, \ 3, \ \dfrac{5}{2} \right)$

(2) 点Pは直線l上の点なので

　$\overrightarrow{\mathrm{OP}} = (2, \ -1, \ 0) + t(1, \ 1, \ 1) = (2+t, \ -1+t, \ t) \quad \cdots \quad ③$

とかける。ただし，tは実数である。

②，③より

$$\mathrm{PQ}^2 = \{s - (2+t)\}^2 + \{2s - (-1+t)\}^2 + \{(1+s) - t\}^2$$
$$= 6s^2 - 8st + 3t^2 + 2s + 6 \quad \cdots \quad ④$$
$$= 3(t - \dfrac{4}{3}s)^2 - \dfrac{16}{3}s^2 + 6s^2 + 2s + 6 = 3(t - \dfrac{4}{3}s)^2 + \dfrac{2}{3}(s + \dfrac{2}{3})^2 + \dfrac{9}{2}$$

よって $s = -\dfrac{3}{2}$，$t = \dfrac{4}{3}s = -2$ のとき，線分PQの長さは最小値

$\sqrt{\dfrac{9}{2}} = \dfrac{3\sqrt{2}}{2}$ をとる

[別解]　$\overrightarrow{\mathrm{PQ}} \perp \overrightarrow{l}$，$\overrightarrow{\mathrm{PQ}} \perp \overrightarrow{m}$ のとき，線分PQの長さは最小となる。

②，③より　$\overrightarrow{\mathrm{PQ}} = (s-t-2, \ 2s-t+1, \ s-t+1)$

$\overrightarrow{PQ} \cdot \vec{l} = (s-t-2)+(2s-t+1)+(s-t+1)=0$ より $4s-3t=0$

$\overrightarrow{PQ} \cdot \vec{m} = (s-t-2)+2(2s-t+1)+(s-t+1)=0$ より $6s-4t+1=0$

よって $s=-\dfrac{3}{2},\ t=-2$

このとき④より，線分PQの長さは最小値 $\sqrt{\dfrac{9}{2}}=\dfrac{3\sqrt{2}}{2}$ をとる

(3) △OAPの面積をSとすると

$S=\dfrac{1}{2}\sqrt{|\overrightarrow{OA}|^2|\overrightarrow{OP}|^2-(\overrightarrow{OA}\cdot\overrightarrow{OP})^2}$

$=\dfrac{1}{2}\sqrt{\{2^2+(-1)^2+0^2\}\cdot\{(2+t)^2+(-1+t)^2+t^2\}-\{2(2+t)+(-1)}$

$\overline{\cdot(-1+t)+0\cdot t\}^2}=\dfrac{\sqrt{14}}{2}|t|$

点Bと平面OAPとの距離をdとすると $d=\left|\dfrac{\vec{n}}{|\vec{n}|}\cdot\overrightarrow{OB}\right|=\dfrac{1}{\sqrt{14}}$

$|(1,\ 2,\ -3)\cdot(0,\ 0,\ 1)|=\dfrac{3}{\sqrt{14}}$

四面体OABPの体積をVとすると

$V=\dfrac{1}{3}S\cdot d=\dfrac{1}{3}\cdot\dfrac{\sqrt{14}}{2}|t|\cdot\dfrac{3}{\sqrt{14}}=\dfrac{1}{2}|t|$

$V=1$より $\dfrac{1}{2}|t|=1$ よって $t=\pm 2$

これより点Pの座標は $(4,\ 1,\ 2),\ (0,\ -3,\ -2)$

[別解] $\overrightarrow{OA}\times\overrightarrow{OP}=(-t,\ -2t,\ 3t)$より $S=\dfrac{1}{2}|\overrightarrow{OA}\times\overrightarrow{OP}|$

$=\dfrac{1}{2}\sqrt{(-t)^2+(-2t)^2+(3t)^2}=\dfrac{\sqrt{14}}{2}|t|$

点Bと平面πとの距離をdとすると，①より

$d=\dfrac{|0+2\cdot 0-3\cdot 1|}{\sqrt{1^2+2^2+(-3)^2}}=\dfrac{3}{\sqrt{14}}$

$V=\dfrac{1}{3}\left|\dfrac{1}{2}(\overrightarrow{OA}\times\overrightarrow{OP})\cdot\overrightarrow{OB}\right|=\dfrac{1}{6}|(-t,\ -2t,\ 3t)\cdot(0,\ 0,\ 1)|$

$=\dfrac{1}{2}|t|$

$V=1$より $t=\pm 2$

これより点Pの座標は $(4,\ 1,\ 2),\ (0,\ -3,\ -2)$

$\overrightarrow{OA} \times \overrightarrow{OP}$　（平面OAPに垂直）

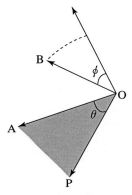

$$\left| \overrightarrow{OB} \cdot \frac{\overrightarrow{OA} \times \overrightarrow{OP}}{|\overrightarrow{OA} \times \overrightarrow{OP}|} \right| = |\overrightarrow{OB}| |\cos \phi| = \text{Vの高さ}$$

$$\frac{1}{2} |\overrightarrow{OA} \times \overrightarrow{OP}| = \frac{1}{2} |\overrightarrow{OA}| |\overrightarrow{OP}| \sin \theta$$
$$= \triangle \text{OAPの面積}$$

$$V = \frac{1}{3 \cdot 2} |\overrightarrow{OA} \times \overrightarrow{OP}| \cdot \left| \overrightarrow{OB} \cdot \frac{\overrightarrow{OA} \times \overrightarrow{OP}}{|\overrightarrow{OA} \times \overrightarrow{OP}|} \right| \text{ となる。}$$

【３】(1)　$2\sin x + 2\sin y + 2\sin(x+y)$　　(2)　解説参照　　(3)　$3\sqrt{3}$

〈解説〉(1)

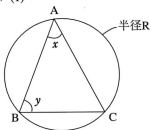

上の図より

BC＝$2\sin x$,　CA＝$2\sin y$

$AB = 2\sin(\pi - x - y) = 2\sin(x+y)$

よって $AB + BC + CA = 2\sin x + 2\sin y + 2\sin(x+y)$

(2) $f(x, y) = 2\sin x + 2\sin y + 2\sin(x+y)$ より

$\dfrac{\partial f}{\partial x} = f_x = 2\cos x + 2\cos(x+y)$

$\dfrac{\partial f}{\partial y} = f_y = 2\cos y + 2\cos(x+y)$

(3) $\varDelta_2 = f_{xx}f_{yy} - (f_{xy})^2 = 4\{\sin x + \sin(x+y)\}\{\sin y + \sin(x+y)\} - 4\sin^2(x+y)$ である。

$f_x = 0$ より $\cos x + \cos(x+y) = 0$ $\quad 2\cos(x+\dfrac{y}{2})\cos(-\dfrac{y}{2}) = 0$

$0 < x < \dfrac{\pi}{2}$, $0 < y < \dfrac{\pi}{2}$ であることから $x + \dfrac{y}{2} = \dfrac{\pi}{2}$ $\cdots$ ①

$f_y = 0$ より $\cos y + \cos(x+y) = 0$ $\quad 2\cos(\dfrac{x}{2}+y)\cos(-\dfrac{x}{2}) = 0$

$0 < x < \dfrac{\pi}{2}$, $0 < y < \dfrac{\pi}{2}$ であることから $\dfrac{x}{2} + y = \dfrac{\pi}{2}$ $\cdots$ ②

①, ②より $x = y = \dfrac{\pi}{3}$

さらに, このとき $4(\sin\dfrac{\pi}{3} + \sin\dfrac{2}{3}\pi)^2 - 4\sin^2\dfrac{2}{3}\pi = 9 > 0$

よって$f(x, y)$はただ1つの極大値, すなわち最大値をとり, その値は $f(\dfrac{\pi}{3}, \dfrac{\pi}{3}) = 3\sqrt{3}$

[別解] $f(x, y)$において, $y = t$と固定する。ただし$0 < t < \dfrac{\pi}{2}$

このとき$f(x, y) = g(x) = 2\sin x + 2\sin t + 2\sin(x+t)$ となるので

$g'(x) = 2\cos x + 2\cos(x+t) = 4\cos(x+\dfrac{t}{2})\cos(-\dfrac{t}{2})$

$g'(x) = 0$ より $\cos(x+\dfrac{t}{2}) = 0$

$\dfrac{t}{2} < x + \dfrac{t}{2} < \dfrac{\pi}{2} + \dfrac{t}{2}$ より $x + \dfrac{t}{2} = \dfrac{\pi}{2}$ これより $x = \dfrac{\pi}{2} - \dfrac{t}{2}$

よって$g(x)$の増減表は次のようになる。

x	0		$\dfrac{\pi}{2} - \dfrac{t}{2}$		$\dfrac{\pi}{2}$
$g'(x)$		$+$	0	$-$	
$g(x)$	$g(0)$	↗	$g(\dfrac{\pi}{2} - \dfrac{t}{2})$	↘	$g(\dfrac{\pi}{2})$

また

$$g(\frac{\pi}{2}-\frac{t}{2})=h(t)=2\sin(\frac{\pi}{2}-\frac{t}{2})+2\sin t+2\sin(\frac{\pi}{2}-\frac{t}{2})$$
$$=4\cos\frac{t}{2}+2\sin t$$

$$h'(t)=-2\sin\frac{t}{2}+2\cos t=-2\sin\frac{t}{2}+2\left(1-2\sin^2\frac{t}{2}\right)$$
$$=2\left(1+\sin\frac{t}{2}\right)\left(1-2\sin\frac{t}{2}\right)$$

$h'(t)=0$ より　$1-2\sin\frac{t}{2}=0$

これより　$t=\frac{\pi}{3}$, $x=\frac{\pi}{2}-\frac{\pi}{6}=\frac{\pi}{3}$, $y=\frac{\pi}{3}$

$h(t)$の増減を考えると，$h(t)$の最大値と$f(x, y)$の最大値は一致し，

その値は　$h\left(\frac{\pi}{3}\right)=f\left(\frac{\pi}{3}, \frac{\pi}{3}\right)=3\sqrt{3}$

2011年度　実施問題

【中高共通】

【1】次の各問いに答えよ。

(1)　次の表は，6人の生徒に対して行った2種類のテストの得点結果である。

生徒番号	1	2	3	4	5	6
x	3	4	6	4	4	3
y	7	9	10	8	7	7

2種類のテストの得点をそれぞれ変量x, yとする。

①　変量xの平均値および変量yの中央値と最頻値を求めよ。

②　変量xと変量yの相関係数を求めよ。ただし，$\sqrt{3} = 1.732$とする。

(2)　1辺の長さが1，その対角が60°である三角形において，他の2辺の長さの和の最大値を求めよ。

(3)　三進法で100桁の整数を十進法で表すと，何桁となるか。ただし，$\log_{10} 3 = 0.4771$とする。

(4)　$\displaystyle\lim_{x \to \infty} \frac{\sin x}{x}$を求めよ。

(☆☆☆◎◎◎)

【2】nを自然数とする。$\dfrac{1}{n}$を小数で表すことを考える。

(1)　1000の正の約数の個数を求めよ。

(2)　たとえば，$n = 1000$のとき$\dfrac{1}{n} = 0.001$となる。このように，$\dfrac{1}{n}$を小数で表したとき，ちょうど小数第3位で終わるようなnをすべて求めよ。

(3)　$\dfrac{1}{n}$を小数で表したとき，有限小数となるようなnをすべて求めよ。

(☆☆☆☆◎◎◎)

【３】nを自然数とする。$\dfrac{1}{n}$を小数で表すと，有限小数または循環小数のいずれかになる。このことを次の①〜③の観点に基づいて説明せよ。

　①　$\dfrac{1}{n}$を小数で表したとき有限小数となるnは，どのような形で表される自然数と推測されるか。

　②　①で推測した自然数nに対して，$\dfrac{1}{n}$が有限小数となるのはなぜか。

　③　①で推測した以外の自然数nに対して，$\dfrac{1}{n}$が循環小数となるのはなぜか。

(☆☆☆◎◎◎)

【中学校】

【１】「多角形の角」の授業で，次の問題を生徒に説明する。下の[条件]にしたがって，板書例を具体的に書け。

　　【問題】

　　　多角形の内角の和について調べましょう。

　　(1)　四角形，五角形の内角の和を求めましょう。

　　(2)　n角形の内角の和を式に表しましょう。ただし，nは3以上の整数とします。

　[条件]　(1)，(2)とも，次のように〈考え方〉と〈解答〉の2つの部分に分けて示すこと。

┌──────────────────────┐
│〈考え方〉   │
│　………………………………………   │
│　………………………………………   │
│〈解答〉   │
│　………………………………………   │
└──────────────────────┘

(☆☆☆◎◎◎)

【2】四面体ABCDにおいて，△ABCと△ABDは正三角形であり，ACと BDとは垂直である。また，BDの中点をMとする。

(1) AMとBDは垂直であることを証明せよ。

(2) 四面体ABCDは正四面体であることを証明せよ。

(☆☆☆◎◎◎)

【3】$f(x)=x^2$とする。区間[0, 1]をn等分し，その分点と右端を$a_k=\dfrac{k}{n}$ $(n=1, 2, 3, \cdots, n)$とする。

(1) $\displaystyle\sum_{k=1}^{n}\dfrac{1}{n}\cdot f(a_k)$を求めよ。

(2) 定積分$I=\displaystyle\int_0^1 x^2 dx$とする。$I=\displaystyle\lim_{n\to\infty}\sum_{k=1}^{n}\dfrac{1}{n}\cdot f(a_k)$となることを用いて，$I$の値を求めよ。

(☆☆☆◎◎◎)

【高等学校】

【1】生徒の関心や意欲を高めることを目的として，つぎの課題を設定した。この課題をどのように指導するか。指導の流れを具体的に書け。

【課題】

　文化祭の模擬店で，ある商品を販売します。商品1個の仕入れ価格は40円です。この商品を100円で販売すると，1日に1000個売れます。また，商品1個の販売価格を1円値上げするごとに，1日の販売個数は10個ずつ減ります。このとき，1日の利益が最大となるように商品の販売価格と販売個数を決定しましょう。

(☆☆☆◎◎◎)

【2】座標平面上で，原点Oを中心として，点Pを正の向きに45°回転した点を，さらにx軸の正の方向に2だけ平行移動した点をQとする。

(1) 点Pと点Qが一致するような点Pの座標を求めよ。

(2) (1)で求めた点をP_0とする。点Qは，点P_0を中心として点Pを回転した点であることを示し，その回転角を求めよ。

(☆☆☆◎◎◎)

【3】 $f(x)=\dfrac{e^x+e^{-x}}{2}$ $(x\geqq0)$の逆関数を$g(x)$とする。

(1) $g(x)$を求めよ。

(2) 曲線$y=g(x)$とx軸および直線$x=2$で囲まれた部分の面積を求めよ。

(☆☆☆◎◎◎)

解答・解説

【中高共通】

【1】(1) ① xの平均値：4　　yの中央値：7.5　　yの最頻値：7

② 0.866　　(2) 2　　(3) 48桁　　(4) 0

〈解説〉(1) ① (xの平均値)$=\dfrac{3+4+6+4+4+3}{6}=4$

(yの中央値)$=\dfrac{7+8}{2}=7.5$

(∵ yを得点の小さい順に並べると，7，7，7，8，9，10より，3番目と4番目の平均値をとる)

(yの最頻値)$=7$

(∵ 7：3人，8：1人，9：1人，10：1人より，3人がとった7が最頻値となる)

② (xとyの相関係数)$=\dfrac{(x と y の共分散)}{(x の標準偏差)(y の標準偏差)}$

より，まず，(xの標準偏差)(yの標準偏差)(xとyの共分散)を求める。

(xの標準偏差)$=\sqrt{\dfrac{1}{n}\displaystyle\sum_{i=1}^{n}(x_i-\overline{x})^2}$　　($\overline{x}$はxの平均値)

$=\sqrt{\dfrac{(3-4)^2+(4-4)^2+(6-4)^2+(4-4)^2+(4-4)^2+(3-4)^2}{6}}$

$=1$

(yの標準偏差)$=\sqrt{\dfrac{1}{n}\displaystyle\sum_{i=1}^{n}(y_i-\overline{y})^2}$　　($\overline{y}$はyの平均値)

270

$$= \sqrt{\frac{(7-8)^2+(9-8)^2+(10-8)^2+(8-8)^2+(7-8)^2+(7-8)^2}{6}}$$

$$= \sqrt{\frac{4}{3}} = \frac{2}{\sqrt{3}}$$

$(x と y の共分散) = \dfrac{1}{n} \displaystyle\sum_{i=1}^{n} (x_i - \overline{x})(y_i - \overline{y})$

$$= \frac{(3-4)\cdot(7-8)+(4-4)\cdot(9-8)+(6-4)\cdot(10-8)+(4-4)\cdot(8-8)+(4-4)\cdot(7-8)+(3-4)\cdot(7-8)}{6}$$

$$=1$$

以上から, $(x と y の相関係数) = \dfrac{1}{1 \cdot \dfrac{2}{\sqrt{3}}}$

$$= \frac{\sqrt{3}}{2}$$

$$= 0.866 \quad (\because \sqrt{3} = 1.732 より)$$

(2) 次の図のような三角形を考える。ただし, $x, y > 0$, $0° < \theta < 120°$

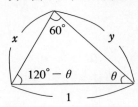

正弦定理より, $\dfrac{x}{\sin\theta} = \dfrac{y}{\sin(120°-\theta)} = \dfrac{1}{\sin 60°}$ であるから,

$x = \dfrac{\sin\theta}{\sin 60°} = \dfrac{2}{\sqrt{3}}\sin\theta$

$y = \dfrac{\sin(120°-\theta)}{\sin 60°} = \dfrac{2}{\sqrt{3}}\sin(120°-\theta)$

$\quad = \dfrac{2}{\sqrt{3}}(\sin 120°\cos\theta - \cos 120°\sin\theta)$

$\quad = \dfrac{2}{\sqrt{3}}(\dfrac{\sqrt{3}}{2}\cos\theta + \dfrac{1}{2}\sin\theta)$

$\quad = \cos\theta + \dfrac{1}{\sqrt{3}}\sin\theta$ となる。

よって，$x+y=\dfrac{2}{\sqrt{3}}\sin\theta+\cos\theta+\dfrac{1}{\sqrt{3}}\sin\theta=\sqrt{3}\sin\theta+\cos\theta$

$\qquad\qquad=2\sin(\theta+30°)$

となる。ここで，$\sin(\theta+30°)$は$\theta=60°$で最大値1をとる。

以上から，$\theta=60°$のとき，$x+y$の最大値は2となる。

(3)　三進数で100桁の整数をnとすると，

$3^{99}\leqq n<3^{100}$と表され，

$\log_{10}3^{99}=99\log_{10}3=47.2329$

$\log_{10}3^{100}=100\log_{10}3=47.71$

より，$10^{47}<n<10^{48}$

となる。以上から，nは48桁となる。

(4)　$-1\leqq\sin x\leqq1$より，$x>0$のとき，$-\dfrac{1}{x}\leqq\dfrac{\sin x}{x}\leqq\dfrac{1}{x}$

となる。ここで

$\displaystyle\lim_{x\to\infty}\left(-\dfrac{1}{x}\right)=0,\quad\lim_{x\to\infty}\dfrac{1}{x}=0$

から，はさみうちの原理より，$\displaystyle\lim_{x\to\infty}\dfrac{\sin x}{x}=0$

【２】(1)　16個　　(2)　$n=8,\ 40,\ 125,\ 200,\ 250,\ 500,\ 1000$

(3)　$n=2^p\cdot5^q$（p，qは0以上の整数)の形で書けるすべてのn

〈解説〉(1)　1000を素因数分解すると，

$\begin{array}{r}2)\underline{\,1000\,}\\2)\underline{\ \ 500\,}\\2)\underline{\ \ 250\,}\\5)\underline{\ \ 125\,}\\5)\underline{\ \ \ 25\,}\\5\end{array}$

$\therefore\quad1000=2^3\times5^3$

よって1000の正の約数は，

$(3+1)\times(3+1)=16\qquad\therefore\quad16$個

(2)　$\dfrac{1}{n}$がちょうど小数第3位で終わるとき

$\dfrac{1}{n}=\dfrac{a}{1000}$　（aは10の倍数でない自然数)の形で書ける。

$$\frac{1}{n} = \frac{a}{1000}$$

$$na = 1000$$

$$n = \frac{1000}{a} \quad \cdots\cdots①$$

①をみたす自然数aは

$a = 1, 2, 5, 2^2, 5^2, 2^3, 5^3$である。

∴ $n = 8, 40, 125, 200, 250, 500, 1000$

(3) $\frac{1}{n}$が有限小数となるとき，

$\frac{1}{n} = \frac{b}{10^k}$ (b, kは自然数)の形で書ける。

$n = \frac{10^k}{b}$

nが自然数になるためには，10^kがbで割り切れなければならない。

∴ bは2および5を素因数に持つ。

∴ $n = 2^p \cdot 5^q$ (p, qは0以上の整数)の形で書けるすべてのn

【3】① まず，$\frac{1}{2} = 0.5$, $\frac{1}{4} = 0.25$, $\frac{1}{5} = 0.2$, …であるから，nが2または5の積のみで表される場合は，有限小数になると推測される。

② $n = 2^l 5^m$(l, mは0以上の整数)のとき，$\frac{1}{n}$の分母・分子に$2^m 5^l$をかけると，$\frac{1}{n} = \frac{1}{2^l 5^m} = \frac{2^m 5^l}{2^l 5^m 2^m 5^l} = \frac{2^m 5^l}{10^{l+m}}$となるが，これは有限小数を表してるから，$n$が2または5の積のみで表される場合は有限小数になる。

③ nが2の倍数でも5の倍数でもない場合を考える。このとき，オイラーの定理より，$10^{\phi(n)} \equiv 1 (mod\, n)$($\phi(n)$はオイラー関数)が成り立つから，$\phi(n)$の約数のうち，$10^s - 1 \equiv 0 (mod\, n)$を満たす最小のものをSとすれば，$\frac{1}{n} = \frac{A}{10^s - 1}$(Aは正の整数)と表すことができる。

$10^s - 1 = \overbrace{99\cdots99}^{S}$より，$\frac{1}{n}$は循環節の長さがSである循環小数であるといえる。最後に，nが2の倍数または5の倍数の場合を考える。

(2^{l}5^{m}の形以外)このとき，$n=2^l5^m B$(l，mは0以上の整数，Bは2，5と互いに素である整数)と表すことができる。$\dfrac{1}{n}$の分母，分子に2^{m}5^{l}をかけると，$\dfrac{1}{n}=\dfrac{1}{2^l5^m B}=\dfrac{2^m5^l}{10^{l+m}B}$となるが，$\dfrac{1}{B}$は循環小数であるから，これは，小数第($l+m+1$)位から循環節が始まることを表している。以上により，nが2または5の積のみで表される場合は有限小数になり，それ以外は循環小数になる。

【中学校】

【1】(1)〈考え方〉
三角形

内角の和：180°

四角形

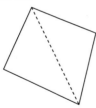

三角形が2つ⇒内角の和：180°×2＝360°

五角形

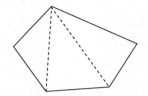

三角形が3つ⇒内角の和：180°×3＝540°

〈解答〉三角形の内角の和は180°である。

四角形はどのように頂点を選んでも対角線を1本引くことができて，三角形を2つ作ることができる。したがって，

(四角形の内角の和)＝(三角形の内角の和)×2＝180°×2＝360°

となる。五角形はどのように頂点を選んでも1つの頂点からは対角線を2本引くことができて，三角形を3つ作ることができる。

したがって，

(五角形の内角の和)＝(三角形の内角の和)×3＝180°×3＝540°

(2) 〈考え方〉

次のような表で考える。

	1つの頂点からの対角線の数	できる三角形の数	内角の和
三角形	0	1	180°
四角形	1	2	180°×2
五角形	2	3	180°×3
六角形	3	4	180°×4
⋮	⋮	⋮	⋮
n角形	$n-3$	$n-2$	$180°(n-2)$

〈解答〉n角形の頂点の数はnコあり，1つ頂点を定めると，それ自身と両隣の頂点以外には，対角線を引くことができる。よって，1つの頂点からの対角線の数は$(n-3)$本となる。そして，この$(n-3)$本の対角線により，n角形は，$(n-2)$個の三角形に分けることができ，内角の和は，$180°×(n-2)$という式で表される。

【２】次の図のような四面体ABCDを考える。

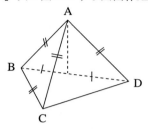

(1) 右の図のような△ABDを
考える。

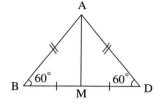

△ABMと△ADMにおいて，
△ABDが正三角形であるこ
とから，

AB＝AD ……①

∠ABM＝∠ADM＝60° ……②

であり，MはBDの中点であるから，BM＝DM ……③

①，②，③より，2組の辺とその両端の角がそれぞれ等しいので，

△ABM≡△ADM

よって，対応する角は等しく，∠AMB＝∠AMD＝90°となる。以上
から，AMとBDは垂直である。

(2) 右の図のような△CBDを考える。

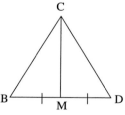

△CBMと△CDMにおいて，MはBD
の中点であることから，

BM＝DM ……①

CMは共通な辺なので，

CM＝CM ……②

ACとBDが垂直であることから，CMとBDも垂直であり，

∠CMB＝∠CMD＝90° ……③

①，②，③より，2組の辺とその両端の角がそれぞれ等しいので，

△CBM≡△CDM

よって，対応する辺は等しくCB＝CD

また，△ABCと△ABDは正三角形なので，AB＝AC＝AD＝BD＝CB である。

以上から，四面体ABCDの辺の長さが全て等しくなるので，四面体 ABCDは正四面体となる。

【3】 (1) $\dfrac{(n+1)(2n+1)}{6n^2}$ (2) $\dfrac{1}{3}$

〈解説〉(1) $\displaystyle\sum_{k=1}^{n} \dfrac{1}{n} \cdot f(a_k)$

$= \displaystyle\sum_{k=1}^{n} \dfrac{1}{n} \cdot f(\dfrac{k}{n})$

$= \displaystyle\sum_{k=1}^{n} \dfrac{1}{n} \cdot \dfrac{k^2}{n^2}$

$= \dfrac{1}{n^3} \displaystyle\sum_{k=1}^{n} k^2$

$= \dfrac{1}{n^3} \dfrac{n(n+1)(2n+1)}{6}$

$= \dfrac{(n+1)(2n+1)}{6n^2}$

(2) $I = \displaystyle\int_{0}^{1} x^2 dx = \lim_{n\to\infty} \sum_{k=1}^{n} \dfrac{1}{n} \cdot f(a_k)$ であり，(1)より

$\displaystyle\lim_{n\to\infty} \sum_{k=1}^{n} \dfrac{1}{n} \cdot f(a_k) = \lim_{n\to\infty} \dfrac{(n+1)(2n+1)}{6n^2}$

$\qquad\qquad\qquad\quad = \displaystyle\lim_{n\to\infty} \dfrac{2n^2+3n+1}{6n^2}$

$\qquad\qquad\qquad\quad = \displaystyle\lim_{n\to\infty} \dfrac{2+\dfrac{3}{n}+\dfrac{1}{n^2}}{6}$

$\qquad\qquad\qquad\quad = \dfrac{1}{3}$

となるので，$I = \dfrac{1}{3}$ である。

【高等学校】

【１】①　まず，具体的な値を入れて問題の内容を式で表せるかを確認する。

1円値上げするとき，$(100＋1)$円で販売して，$(1000－10×1)$個売れる。

つまり$(100＋1)×(1000－10×1)$円 ……①

また，$(1000－10×1)$個を40円で仕入れるので，

仕入れ値は，$40×(1000－10×1)$円 ……②

よって利益は，①－②より，

$(100＋1)×(1000－10×1)－40×(1000－10×1)$

になる。

②　次に，文字を用いて式をつくる。

xをx円値上げする　とおく$(x≧0)$。①と同様に考える。

$(100＋x)$円で販売して$(1000－10×x)$個売れる。

つまり，$(100＋x)×(1000－10×x)$円

また，$(1000－10×x)$個を40円で仕入れるので，仕入れ値は，

$40×(1000－10×x)$円

よって利益は，

$(100＋x)×(1000－10×x)－40×(1000－10×x)$ ……(*)

③　利益が(*)のような式になっている。(*)の式を最大とするxを求めるために，$f(x)＝(100＋x)×(1000－10×x)－40×(1000－10×x)$

という関数を$x≧0$の範囲で考えればよい。

$$
\begin{aligned}
f(x) &= (100＋x)×(1000－10×x)－40×(1000－10×x) \\
&= (100＋x)(1000－10x)－40(1000－10x) \\
&= (100＋x－40)(1000－10x) \\
&= (60＋x)(1000－10x) \\
&= －10(x－100)(x＋60) \\
&= －10(x^2－40x－6000) \\
&= －10\{(x－20)^2－6400\} \\
&= －10(x－20)^2＋64000
\end{aligned}
$$

$f(x)$のグラフは，

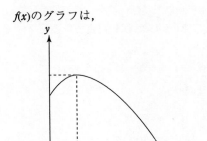

となる。

以上より　$x=20$のとき利益は最大となる。

∴　商品の販売価格は$40+20=60$　60円

販売個数は$1000-10×20=800$　800個

【2】(1)　$(1,\ \sqrt{2}+1)$　　(2)　解説参照

〈解説〉(1)　複素数平面上で考える。P(z)，Q(w)とする。

点Qは点Pを正の向きに45°回転して，x軸の正の方向に2だけ平行移動した点なので，

$$(\cos45°+i\sin45°)z+2=\left(\frac{\sqrt{2}}{2}+\frac{\sqrt{2}}{2}i\right)z+2\ \cdots①$$

∴　点Pと点Qが一致するときは，$z=\left(\frac{\sqrt{2}}{2}+\frac{\sqrt{2}}{2}i\right)z+2$

$$z=\frac{4}{(2-\sqrt{2}i)-\sqrt{2}i}=1+(\sqrt{2}+1)i$$

∴　点Pの座標は　$(1,\ \sqrt{2}+1)$

(2)　$P_0(z_0)$とする。

点Qが点P_0を中心として点Pを回転した点であることを示すためには，$w-z_0=(\cos\theta+i\sin\theta)(z-z_0)$であることを示せばよい。

(1)より$z_0=(\cos45°+i\sin45°)z_0+2$

また$w=(\cos45°+i\sin45°)z+2$なので，

$w-z_0=(\cos45°+i\sin45°)z-(\cos45°+i\sin45°)z_0$

$$=(\cos45°+i\sin45°)(z-z_0)$$

∴　点Qは，点P_0を中心として点Pを45°回転した点である。

【3】(1)　$g(x)=\log(x+\sqrt{x^2-1})$　$(x\geqq1)$　　(2)　$2\log(2+\sqrt{3})-\sqrt{3}$

〈解説〉(1)　$y=\dfrac{e^x+e^{-x}}{2}$　$(x\geqq0)$とおく。

$2y=e^x+e^{-x}$

両辺にe^xをかけると，$2ye^x=e^{2x}+1$

$e^{2x}-2ye^x+1=0$

$e^x=y\pm\sqrt{y^2-1}$　（∵二次方程式の解の公式）

$x\geqq0$なので$e^x\geqq1$

$e^x=y-\sqrt{y^2-1}=\dfrac{1}{y+\sqrt{y^2-1}}<1$より

$e^x=y-\sqrt{y^2-1}$は満たさない。

∴　$e^x=y+\sqrt{y^2-1}$

両辺eで対数をとると，$x=\log(y+\sqrt{y^2-1})$

∴　$g(x)=\log(x+\sqrt{x^2-1})$ $(x\geqq1)$

(2)　$g(x)$は，$f(x)$の逆関数なので，$f(x)$の$y=x$に関して線対称なグラフである。

$g(x)$のグラフをかくと，

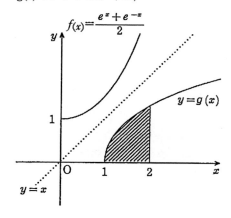

求める面積は，上の図の斜線部である。

$$\therefore \int_1^2 \log(x + \sqrt{x^2 - 1})dx$$

また，ここで $\dfrac{e^x + e^{-x}}{2} = \cosh x$ なので $g(x) = \cosh^{-1} x$

$$\int_1^2 \log(x + \sqrt{x^2 - 1})dx = \int_1^2 \cosh^{-1} x\,dx$$

$$= \left[x\cosh^{-1} x - \sqrt{x^2 - 1} \right]_1^2 = 2\log(2 + \sqrt{3}) - \sqrt{3}$$

2010年度	実施問題

【中学校】

【１】各問いに答えよ。

(1) 次の①，②の命題の真偽を調べ，真である場合には証明し，偽である場合には反例をあげよ。

① 「xyが有理数ならば，x，yはともに有理数である。」

② 「$x+y$が無理数ならば，x，yのうち少なくとも一方は無理数である。」

(2) 次の表は，ある学級の生徒30人のハンドボール投げの記録を度数分布表にしたものである。記録が15m未満である階級の相対度数が0.4であるとき，表中のx，yの値と，記録の平均値を求めよ。

表

階級(m)	度数(人)
以上　　未満	
9〜11	1
11〜13	3
13〜15	x
15〜17	10
17〜19	y
19〜21	4
21〜23	1
計	30

(3) 次の図は，1辺の長さが1の正五角形ABCDEである。対角線ACと対角線BEとの交点をFとするとき，線分BFの長さを求めよ。

図

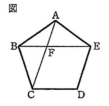

(☆☆☆◎◎◎)

【2】「3a＋5bという式で表される具体的な事象を考えてみよう。」
という課題について，ある生徒が次のように考えた。この生徒に対して，どのような指導をすればよいと考えるか。条件にしたがって書け。

　　1枚3gの封筒にagの便せんを入れ，1枚5gの封筒にbgの便せんを入れたときの全体の重さ

[条件]・生徒に，誤りを気付かせる。

　　　・生徒に，文字式の意味を正しく表している事象を見つけさせる。

（☆☆☆◎◎◎）

【3】次の命題を2通りの方法で証明せよ。

　　「△ABCの辺BCの中点をMとするとき，$AB^2＋AC^2＝2(AM^2＋BM^2)$が成り立つ。」

（☆☆☆◎◎◎）

【4】自然数nに対して，各位の数字をかけてできる整数を$P(n)$で表す。たとえば，$P(54)＝5×4＝20$，$P(213)＝2×1×3＝6$である。各問いに答えよ。

(1)　$P(n)＝0$を満たす3桁の自然数nの中で，最大の数を求めよ。

(2)　$P(n)＝28$を満たす10000以下の自然数nは全部で何個あるか。

(3)　$P(n)$の約数の個数が10個となるとき，最小の$P(n)$を与える自然数nの中で，最小の数を求めよ。

（☆☆☆☆☆◎◎◎）

【5】各問いに答えよ。

(1)　点Oを原点とする座標空間において，中心がO，半径がrの球をSとする。ただし，$r>0$とする。

　(ア)　球Sを平面$y＝t$で切ったときの断面積を求めよ。ただし，$-r≦t≦r$とする。

　(イ)　(ア)を用いて，半径がrである球の体積が$\frac{4}{3}\pi r^3$であることを示せ。

(2) 底面の半径がr，高さがhである円錐の体積は$\dfrac{1}{3}\pi r^2 h$であることを示せ。

(☆☆☆◎◎◎)

【6】2次関数$f(x)=x^2$について，各問いに答えよ。ただし，x_1, x_2は定数で，$x_1 \neq x_2$とする。

(1) $p>0$, $q>0$, $p+q=1$のとき，$pf(x_1)+qf(x_2)$と$f(px_1+qx_2)$の大小関係を調べよ。

(2) p, qが$p>0$, $q>0$, $p+q=1$を満たしながら動くとき，$|pf(x_1)+qf(x_2)-f(px_1+qx_2)|$が最大となる$p$, qの値をそれぞれp_0, q_0とする。このとき，放物線$y=f(x)$上の点$(p_0x_1+q_0x_2,\ f(p_0x_1+q_0x_2))$における放物線の接線の傾きを求めよ。

(☆☆☆◎◎)

【高等学校】

【1】各問いに答えよ。

(1) 正四面体の2つの面のなす角をθとしたとき，$\sin\theta$の値を求めよ。ただし，$0°\leqq\theta\leqq90°$とする。

(2) 次の(i)，(ii)の条件によって定められる数列$\{a_n\}$の一般項を求めよ。
(i) $a_1=0$　(ii) 数列$\{a_{n+1}-a_n\}$は初項1，公比$\dfrac{4}{5}$の等比数列である。

(3) $0\leqq\theta<2\pi$のとき，$|\cos\theta+i\sin\theta-3+i|$の最大値と最小値を求めよ。ただし，$i^2=-1$とする。

(4) 定積分$\displaystyle\int_0^1\sqrt{4-x^2}\,dx$を求めよ。

(☆☆◎◎◎◎)

【2】数学Aの「場合の数」の授業で，次の問題を生徒に説明する。条件にしたがって，板書例を具体的に書け。

【問題】

6人の生徒を次のようにする方法は，何通りあるか。

(1)　2人ずつA，B，Cの3室に入れる。

(2)　2人ずつ3組に分ける。

[条件]　(1)，(2)とも，次のように〈考え方〉と〈解答〉の2つの部分に分けて示すこと。

```
〈考え方〉
　　…………
　　…………
〈解答〉
　　…………
　　…………
```

(☆☆☆◯◯◯)

【3】次の問題を2通りの方法で解け。

　　「座標平面上で，原点を通り傾きがmである直線をlとする。直線lに関して点P(a, b)と対称な点Qの座標を求めよ。」

(☆☆☆◯◯◯)

【4】行列A$=\begin{pmatrix} a & 1 \\ 1 & a \end{pmatrix}$について，各問いに答えよ。

(1)　Aの固有値を求めよ。

(2)　Aのスペクトル分解を求めよ。

(3)　A^nを求めよ。ただし，nは正の整数とする。

(☆☆☆◎◯◯)

【5】周の長さが1である正n角形の面積をS_nとする。各問いに答えよ。ただし，nは3以上の整数とする。

(1)　$0<x<\dfrac{\pi}{2}$のとき，$x<\tan x$であることを示せ。

(2)　S_nを求めよ。

(3)　数列$\{S_n\}$について，上限$\sup S_n$が存在することを示せ。

(☆☆☆◎◯◯)

【6】関数$f(x)$は次の(i)，(ii)の条件を満たすとする。

　　(i)　任意の実数x，yに対して$f(x+y)=f(x)f(y)$が成り立つ。

　　(ii)　$f(x)$は$x＝0$で微分可能であり，$f'(0)＝a$である。ただし，aは0で

　ない実数とする。

　　各問いに答えよ。

　(1)　$f(0)$の値を求めよ。

　(2)　任意の実数xに対して$f(x)$は微分可能であることを示し，関数$f(x)$を

　求めよ。

(☆☆☆◎◎◎)

解答・解説

【中学校】

【1】(1)　①　偽　　②　真　　(2)　15.8m　　(3)　$\dfrac{-1+\sqrt{5}}{2}$

〈解説〉(1)　①　$x＝\sqrt{2}$，$y＝0$のとき，xyは0となり有理数であるが，x

は無理数である。よって，与えられた命題は偽である。

②　対偶「xが有理数かつyが有理数ならば，$x+y$は有理数である。」を

示す。a，cは0でない整数，b，dを整数としたとき，$x＝\dfrac{b}{a}$，$y＝\dfrac{d}{c}$と

おける。このとき，$x+y＝\dfrac{b}{a}+\dfrac{d}{c}＝\dfrac{bc+ad}{ac}$となり，$ac$，$bc+ad$は整

数なので，$x+y$は有理数である。よって，与えられた命題は真である。

(2)　15m以下の階級の度数は，$30×0.4＝12$(人)　よって，$1+3+x＝12$

また，$1+3+x+10+y+4+1＝30$　これより，$x＝8$，$y＝3$　平均値は，

$\dfrac{1}{30}(10×1+12×3+14×8+16×10+18×3+20×4+22×1)＝15.8$(m)

(3)　$BF＝x$とおく。△ABEにおいて，$∠BAE＝108°$，$∠ABE＝∠AEB$

であるから，$\angle ABE=\dfrac{180°-108°}{2}=36°$　よって，$\angle ABF=36°\cdots①$

また，△BCAにおいて，同様に$\angle BAC=\dfrac{180°-108°}{2}=36°$　よって，

$\angle BAF=36°\cdots②$　①，②より2組の角がそれぞれ等しいから，△ABE

∽△FBA$\cdots③$　さらに，△EFAにおいて，$\angle EAF=108°-36°=72°$,

$\angle EFA=180°-(72°+36°)=72°$であるから，EF＝EA＝1　よって，

BE＝BF＋FE＝$x+1$　③から，AB：FB＝BE：BA

すなわち，$1:x=(x+1):1$　よって，$x(x+1)=1$

ゆえに，$x^2+x-1=0$　$x>0$であるから，$x=\dfrac{-1+\sqrt{5}}{2}$

【2】解説参照

〈解説〉まず，この生徒に自分の誤りを気付かせるために，次のような指
　　　導を行う。「1枚3gの封筒に10gの便せんを入れたときの重さは何gとな
　　　るか。」という，文字を具体的な数に置き換えた問題を考えさせ，こ
　　　のときの重さが3＋10＝13gとなることを確認する。次に，「1枚3gの封
　　　筒にagの便せんを入れたときの重さは何gとなるか。」という，文字で
　　　表された問題を考えることにより，このときの重さが「3とaの和であ
　　　ることから$(3+a)$gと表す」ことを理解させ，「3agとするのは誤りであ
　　　る」ことに気付かせる。これより，この生徒の考えを式で表すと，
　　　$\{(3+a)+(5+b)\}$gとなり，$(3a+5b)$ではないことに気付かせる。さら
　　　に，$3a+5b$という式で表される具体的な事象の例を見つけさせる。文
　　　字を使った式での表し方では，「加法では記号＋をはぶかず，乗法で
　　　は記号×をはぶく」というきまりがあることに留意し，例えば，「1冊
　　　a円のノート3冊を買ったときの代金」を考えさせる。1冊a円のノート
　　　3冊の代金は，「aと3の積であることから$a×3=3a$円と表す」ことを理
　　　解させることから，$3a+5b$という式を正しく表している事象の例とし
　　　て，「1冊a円のノート3冊と，1個b円の消しゴム5個を買ったときの代

金」を見つけさせる。文字式の意味を，文字を使った式の表し方のきまりに注意しながら，具体的な事象と関連付けて読み取ることが大事である。

【３】解説参照

〈解説〉[解1]　AからBCに垂線を下ろし，その足をHとする。このとき，
AB²＝AH²＋BH²＝(AM²−MH²)＋BH²　同様にして，AC²＝AH²＋CH²＝
(AM²−MH²)＋CH²　ゆえに，AB²＋AC²＝2(AM²−MH²)＋BH²＋CH²＝
2AM²−2MH²＋(BM＋MH)²＋(CM−MH)²＝2AM²−2MH²＋(BM＋
MH)²＋(BM−MH)²＝2AM²−2MH²＋2BM²＋2MH²＝2(AM²＋BM²)
したがって，AB²＋AC²＝2(AM²＋BM²)が成り立つ。

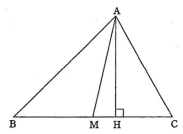

[解2]　$\vec{AB}＝\vec{b}$，$\vec{AC}＝\vec{c}$ とする。このとき，$\vec{AM}＝\dfrac{\vec{b}＋\vec{c}}{2}$，$\vec{BM}$
$＝\vec{AM}−\vec{AB}＝\dfrac{\vec{b}＋\vec{c}}{2}−\vec{b}＝\dfrac{\vec{c}−\vec{b}}{2}$　ゆえに，$2\left(\left|\vec{AM}\right|^2＋\left|\vec{BM}\right|^2\right)＝$
$2\left(\left|\dfrac{\vec{b}＋\vec{c}}{2}\right|^2＋\left|\dfrac{\vec{c}−\vec{b}}{2}\right|^2\right)＝2\left(\dfrac{|\vec{b}|^2＋|\vec{c}|^2}{2}\right)＝|\vec{AB}|^2＋|\vec{AC}|^2$

したがって，AB²＋AC²＝2(AM²＋BM²)が成り立つ。

【４】(1)　990　　　(2)　35個　　　(3)　68

〈解説〉(1)　3桁の自然数に0が1つ含まれればよいから，最大の数は，990

(2)　$n≦10000$より，nは4桁以下の自然数。28＝4×7＝2×2×7＝1×

$4×7＝1×2×2×7＝1×1×4×7$より （ア） 2桁のとき…$2!＝2$(個)
（イ） 3桁のとき…$\frac{3!}{2!}＋3!＝9$(個) （ウ） 4桁のとき…$\frac{4!}{2!}×2＝24$(個)
したがって，求める個数は，$2＋9＋24＝35$(個)

(3) $P(n)＝p^aq^br^c\cdots$ （p，q，rは$p<q<r<\cdots$を満たす素数で，a，b，c，$\cdots$は1以上の整数）と素因数分解すると，正の約数の個数をkとしたとき，$k＝(a+1)(b+1)(c+1)\cdots$である。 [1] $P(n)＝p^a$のとき $k＝a+1$であるから，$a+1＝10$ よって$a＝9$より，最小の$P(n)$は，$P(n)＝2^9$

[2] $P(n)＝p^aq^b$のとき $k＝(a+1)(b+1)$であるから，$(a+1)(b+1)＝10$ $P(n)$が最小となるのは，$p＝2$，$q＝3$，$a≧b≧1$のときであるから，
$(a+1，b+1)＝(5，2)$ より，$(a，b)＝(4，1)$ よって最小の$P(n)$は，$P(n)＝2^4\cdot3^1$ [3] $P(n)＝p^aq^br^c$のとき $k＝(a+1)(b+1)(c+1)$であるから，$(a+1)(b+1)(c+1)＝10$ これを満たす$a≧b≧c≧1$である整数a，b，cは存在しない。以上から，求める最小の$P(n)$は，$P(n)＝2^4\cdot3^1＝48$ $P(n)＝48$を与える最小の自然数nは，$48＝6×8$より，$n＝68$

【5】(1) （ア） $\pi(r^2-t^2)$ （イ） 解説参照 (2) 解説参照
〈解説〉(1) （ア） 球面の方程式は，$x^2+y^2+z^2＝r^2$となる。球面が平面$y＝t$と交わってできる円の方程式は，$x^2+z^2＝r^2-t^2$ よって，断面積は，$\pi(r^2-t^2)$

（イ） （ア）で求めた円の面積を$S(t)$とすると，球の体積$V＝\displaystyle\int_{-r}^{r}S(t)dt＝$
$\displaystyle\int_{-r}^{r}\pi(r^2-t^2)dt＝2\pi\left[r^2t-\frac{t^3}{3}\right]_0^r＝2\pi\left(r^3-\frac{r^3}{3}\right)＝\frac{4}{3}\pi r^3$

(2) 図のように，円錐の頂点を原点Oとし，頂点から底面に下ろした垂線をy軸にとる。$0≦t≦h$として，平面$y＝t$でこの立体を切ったときの断面積を$S(t)$とすると，$S(t):S(h)＝t^2:h^2$となる。
ここで，$S(h)＝\pi r^2$であるから，$S(t)＝\dfrac{\pi r^2}{h^2}t^2$

これより，円錐の体積$V=\displaystyle\int_0^h S(t)dt=\int_0^h \frac{\pi r^2}{h^2}t^2dt=\left[\frac{\pi r^2}{h^2}\cdot\frac{t^3}{3}\right]_0^h$

$\qquad\qquad\qquad\quad=\dfrac{1}{3}\pi r^2 h$

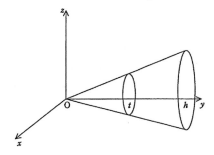

【6】(1)　$pf(x_1)+qf(x_2)>f(px_1+qx_2)$　　(2)　x_1+x_2

〈解説〉(1)　$pf(x_1)+qf(x_2)=px_1^2+qx_2^2$　$f(px_1+qx_2)=(px_1+qx_2)^2$　したがって，$pf(x_1)+qf(x_2)-f(px_1+qx_2)=(px_1^2+qx_2^2)-(px_1+qx_2)^2=p(1-p)x_1^2-2pqx_1x_2+q(1-q)x_2^2=pq(x_1^2-2x_1x_2+x_2^2)=pq(x_1-x_2)^2$　$p>0$，$q>0$，$x_1\neq x_2$であるから，$pf(x_1)+qf(x_2)>f(px_1+qx_2)$

(2)　(1)より，$|pf(x_1)+qf(x_2)-f(px_1+qx_2)|=pq(x_1-x_2)^2$　よって，pqが最大となるとき，$|pf(x_1)+qf(x_2)-f(px_1+qx_2)|$も最大となる。

ここで，$pq=p(1-p)=-\left(p-\dfrac{1}{2}\right)^2+\dfrac{1}{4}$　$p>0$，$q=1-p>0$から，

$0<p<1$

このpの値の範囲において，pqは$p=\dfrac{1}{2}$のとき最大となる。

$p=\dfrac{1}{2}$のとき$q=\dfrac{1}{2}$　よって，$p_0=\dfrac{1}{2}$，$q_0=\dfrac{1}{2}$

ゆえに，求める接線の傾きは，

$f'(x)=2x$より，$2(p_0x_1+q_0x_2)=x_1+x_2$

【高等学校】

【1】 (1) $\dfrac{2\sqrt{2}}{3}$　　(2) $a_n=5\left\{1-\left(\dfrac{4}{5}\right)^{n-1}\right\}$　　(3) 最大値 $1+\sqrt{10}$

最小値 $-1+\sqrt{10}$　　(4) $\dfrac{\pi}{3}+\dfrac{\sqrt{3}}{2}$

〈解説〉(1)　1辺の長さがaの正四面体をABCDとし，辺BCの中点をMとする。このとき，AM⊥BC，DM⊥BCとなるので，$\theta=\angle$AMD

AM$=$DM$=\dfrac{\sqrt{3}}{2}a$　より，余弦定理から，

$\cos\theta=\dfrac{\left(\frac{\sqrt{3}}{2}a\right)^2+\left(\frac{\sqrt{3}}{2}a\right)^2-a^2}{2\cdot\frac{\sqrt{3}}{2}a\cdot\frac{\sqrt{3}}{2}a}=\dfrac{1}{3}$

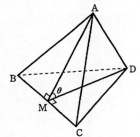

ゆえに，$\sin\theta=\sqrt{1-\cos^2\theta}=\dfrac{2\sqrt{2}}{3}$

(2)　$n\geqq2$のとき，$a_n=a_1+\displaystyle\sum_{k=1}^{n-1}\left(\dfrac{4}{5}\right)^{k-1}=5\left\{1-\left(\dfrac{4}{5}\right)^{n-1}\right\}$

この式で$n=1$とすると，$a_1=0$となり，$n=1$のときも成り立つ。

よって，$a_n=5\left\{1-\left(\dfrac{4}{5}\right)^{n-1}\right\}$

(3)　複素数$\cos\theta+i\sin\theta-3+i$を表す点は，点$-3+i$を中心とする半径1の円周上にある。したがって，求める最大値は，$\sqrt{(-3)^2+1^2}+1=1+\sqrt{10}$，最小値は，$\sqrt{(-3)^2+1^2}-1=-1+\sqrt{10}$

(4)　$x=2\sin\theta$とおくと，$dx=2\cos\theta\,d\theta$

よって，$\displaystyle\int_0^1\sqrt{4-x^2}\,dx=\int_0^{\frac{\pi}{6}}\sqrt{4(1-\sin^2\theta)}\cdot2\cos\theta\,d\theta$

$=\displaystyle\int_0^{\frac{\pi}{6}}2\cos\theta\cdot2\cos\theta\,d\theta$

$=4\displaystyle\int_0^{\frac{\pi}{6}}\cos^2\theta\,d\theta=4\cdot\dfrac{1}{2}\int_0^{\frac{\pi}{6}}(1+\cos2\theta)d\theta=2\left[\theta+\dfrac{1}{2}\sin2\theta\right]_0^{\frac{\pi}{6}}$

$=\dfrac{\pi}{3}+\dfrac{\sqrt{3}}{2}$

【２】解説参照

〈解説〉(1)〈考え方〉A，B，Cそれぞれの部屋に入る人を選ぶときは，順序を考えずに2人を選ぶので，組合せを考える。　〈解答〉Aに入れる2人を選ぶ方法は$_6C_2$通り。Bに入れる2人を，残りの4人から選ぶ方法は$_4C_2$通り。Cには残りの2人を入れるから1通り。したがって，積の法則により，入れ方の総数は$_6C_2 \times _4C_2 \times 1 = \dfrac{6 \cdot 5}{2 \cdot 1} \times \dfrac{4 \cdot 3}{2 \cdot 1} \times 1 = 90$通り。

(2)〈考え方〉6人の生徒をa，b，c，d，e，fとする。例えば，1つの組分け$\{a, b\}$，$\{c, d\}$，$\{e, f\}$を，3つの部屋A，B，Cに入れる方法は，3!通りある。よって，3組に分ける方法の総数をxとすると，$x \times 3!$が(1)で得られる総数に等しい。　〈解答〉(1)でA，B，Cの区別をなくすと，同じものが3!通りずつできるから，分け方の総数は$\dfrac{90}{3!} = 15$通り。

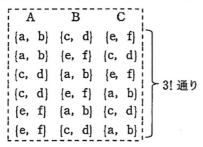

【３】解説参照

〈解説〉[解1]　直線lの方程式は$l : y = mx$となる。点Qの座標を(X，Y)とする。直線PQはlに垂直であるから，$m \cdot \dfrac{Y-b}{X-a} = -1$　ゆえに，$X + mY = a + mb \cdots$①　また，線分PQの中点$\left(\dfrac{X+a}{2}, \dfrac{Y+b}{2} \right)$は直線$l$上にあるから，$\dfrac{Y+b}{2} = m\left(\dfrac{X+a}{2} \right)$　ゆえに，$mX - Y = -ma + b \cdots$②

①，②より，$X = \dfrac{(1-m^2)a + 2mb}{1+m^2}$，$Y = \dfrac{2ma - (1-m^2)b}{1+m^2}$

したがって，点Qの座標は，$\left(\dfrac{(1-m^2)a + 2mb}{1+m^2}, \dfrac{2ma - (1-m^2)b}{1+m^2} \right)$

[解2]　直線lの方向ベクトルは$\vec{l}=(1,\ m)$となる。点Qの座標を(X,　Y)

とする。$\overrightarrow{OP}=(a,\ b)$,　$\overrightarrow{OQ}=(X,\ Y)$であり,　$\overrightarrow{PQ}=(X-a,\ Y-b)$

と$\vec{l}$は垂直であるから,　$\overrightarrow{PQ}\cdot\vec{l}=1\cdot(X-a)+m\cdot(Y-b)=0$

ゆえに,　$X+mY=a+mb\cdots$①　また,　線分PQの中点をMとする

とき,　$\overrightarrow{OM}=\left(\dfrac{X+a}{2},\ \dfrac{Y+b}{2}\right)$は$\vec{l}$と平行であるから,　kを実数とし

て,　$\overrightarrow{OM}=k\vec{l}$より,　$\left(\dfrac{X+a}{2},\ \dfrac{Y+b}{2}\right)=k(1,\ m)$　よって,

$\dfrac{X+a}{2}=k$,　$\dfrac{Y+b}{2}=mk$　kを消去すると,　$mX-Y=-ma+b\cdots$②

①,　②より,　$X=\dfrac{(1-m^2)a+2mb}{1+m^2}$,　$\dfrac{2ma-(1-m^2)b}{1+m^2}$

したがって,　点Qの座標は,　$\left(\dfrac{(1-m^2)a+2mb}{1+m^2},\ \dfrac{2ma-(1-m^2)b}{1+m^2}\right)$

【4】(1)　$a\pm1$　　(2)　$A=\dfrac{a+1}{2}\begin{pmatrix}1&1\\1&1\end{pmatrix}+\dfrac{a-1}{2}\begin{pmatrix}1&-1\\-1&1\end{pmatrix}$

(3)　$\dfrac{1}{2}\begin{pmatrix}(a+1)^n+(a-1)^n&(a+1)^n-(a-1)^n\\(a+1)^n-(a-1)^n&(a+1)^n+(a-1)^n\end{pmatrix}$

〈解説〉(1)　Aの固有値をkとする。$A\begin{pmatrix}x\\y\end{pmatrix}=k\begin{pmatrix}x\\y\end{pmatrix}$から,　$(A-kE)\begin{pmatrix}x\\y\end{pmatrix}=$

$\begin{pmatrix}0\\0\end{pmatrix}$　$A=\begin{pmatrix}a&1\\1&a\end{pmatrix}$から,　$\begin{pmatrix}a-k&1\\1&a-k\end{pmatrix}\begin{pmatrix}x\\y\end{pmatrix}=\begin{pmatrix}0\\0\end{pmatrix}$

$\begin{pmatrix}x\\y\end{pmatrix}\neq\begin{pmatrix}0\\0\end{pmatrix}$のとき$(a-k)^2-1=0$　ゆえに,　$k=a\pm1$

(2)　(1)よりAのスペクトル分解は,　P_1,　P_2を射影子として,

$A=(a+1)P_1+(a-1)P_2$と表される。

ここで,　(1)から$A\begin{pmatrix}1\\1\end{pmatrix}=(a+1)\begin{pmatrix}1\\1\end{pmatrix}$,　$A\begin{pmatrix}1\\-1\end{pmatrix}=(a-1)\begin{pmatrix}1\\-1\end{pmatrix}$となるので,

固有ベクトル $\begin{pmatrix} 1 \\ 1 \end{pmatrix}$, $\begin{pmatrix} 1 \\ -1 \end{pmatrix}$ に対して,

$P_1\begin{pmatrix} 1 \\ 1 \end{pmatrix}=\begin{pmatrix} 1 \\ 1 \end{pmatrix}$, $P_1\begin{pmatrix} 1 \\ -1 \end{pmatrix}=\begin{pmatrix} 0 \\ 0 \end{pmatrix}\cdots$① , $P_2\begin{pmatrix} 1 \\ 1 \end{pmatrix}=\begin{pmatrix} 0 \\ 0 \end{pmatrix}$, $P_2\begin{pmatrix} 1 \\ -1 \end{pmatrix}=\begin{pmatrix} 1 \\ -1 \end{pmatrix}\cdots$②　①より, $P_1\begin{pmatrix} 1 & 1 \\ 1 & -1 \end{pmatrix}=\begin{pmatrix} 1 & 0 \\ 1 & 0 \end{pmatrix}$ これより, $P_1=\dfrac{1}{2}\begin{pmatrix} 1 & 1 \\ 1 & 1 \end{pmatrix}$

②より, $P_2\begin{pmatrix} 1 & 1 \\ 1 & -1 \end{pmatrix}=\begin{pmatrix} 0 & 1 \\ 0 & -1 \end{pmatrix}$ これより, $P_2=\dfrac{1}{2}\begin{pmatrix} 1 & -1 \\ -1 & 1 \end{pmatrix}$

したがって, Aのスペクトル分解は,

$$A=\dfrac{a+1}{2}\begin{pmatrix} 1 & 1 \\ 1 & 1 \end{pmatrix}+\dfrac{a-1}{2}\begin{pmatrix} 1 & -1 \\ -1 & 1 \end{pmatrix}$$

(3)　(2)より, $A^n=(a+1)^n P_1+(a-1)^n P_2$

$$=\dfrac{1}{2}\begin{pmatrix} (a+1)^n+(a-1)^n & (a+1)^n-(a-1)^n \\ (a+1)^n-(a-1)^n & (a+1)^n+(a-1)^n \end{pmatrix}$$

【5】(1)　解説参照　　(2)　$\dfrac{1}{4n\tan\frac{\pi}{n}}$　　(3)　解説参照

〈解説〉(1)　$f(x)=\tan x-x$ $(0<x<\frac{\pi}{2})$ とする。

$f'(x)=\dfrac{1}{\cos^2 x}-1=\dfrac{\sin^2 x}{\cos^2 x}>0$ より, $f(x)$ は単調増加である。よって,

$f(x)>f(0)=0$ となることより, $0<x<\frac{\pi}{2}$ のとき, $x<\tan x$ である。

(2)　外接円の中心と正n角形の隣り合う2つの頂点を結んでできる三角

形を考える。この三角形の高さh_nは, $\tan\dfrac{\pi}{n}=\dfrac{\frac{1}{2n}}{h_n}$ から, $h_n=\dfrac{1}{2n\tan\frac{\pi}{n}}$

よって, $S_n=2n\times\dfrac{1}{2}\times\dfrac{1}{2n}\times\dfrac{1}{2n\tan\frac{\pi}{n}}=\dfrac{1}{4n\tan\frac{\pi}{n}}$

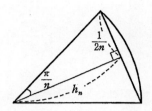

(3)　(1)より，$\dfrac{\pi}{n}<\tan\dfrac{\pi}{n}$ なので，$S_n<\dfrac{1}{4n\cdot\dfrac{\pi}{n}}=\dfrac{1}{4\pi}$　よって数列

$\{S_n\}$は上方に有界であるから，上限$\sup S_n$が存在する。

【6】(1)　1　　(2)　$f(x)=e^{ax}$

〈解説〉(1)　(i)で$x=y=0$とすると，$f(0)=\{f(0)\}^2$　これより，$f(0)=0,\ 1$

ここで，$f(0)=0$とすると，(i)より，任意の実数xに対して$f(x+0)=$

$f(x)f(0)=0$となるので，$f(x)=0$となり，(ii)で$a\neq 0$であることに反する。

したがって，$f(0)=1$

(2)　任意の実数xに対して，$\displaystyle\lim_{h\to 0}\dfrac{f(x+h)-f(x)}{h}=\lim_{h\to 0}\dfrac{f(x)f(h)-f(x)}{h}$

$=\displaystyle\lim_{h\to 0}\dfrac{f(h)-f(0)}{h}f(x)=f'(0)f(x)$となるので，$f(x)$は任意の実数$x$に対して

微分可能で$f'(x)=af(x)$　$y=f(x)$とおくと，$\dfrac{dy}{dx}=ay$

これより，$\dfrac{1}{y}\dfrac{dy}{dx}=a$　よって，$\displaystyle\int\dfrac{1}{y}dy=\int a dx$

ゆえに，$\log|y|=ax+C_1$　(C_1は任意定数)

これより，$y=Ce^{ax}$　よって，$f(x)=Ce^{ax}$　(Cは任意定数)　$f(0)=1$である

から，$C=1$　したがって，$f(x)=e^{ax}$

2009年度　実施問題

【中学校】

【１】「2枚のコインを同時に投げたとき，1枚が表でもう1枚が裏の出る確率を求めよ。」

という問題を，ある生徒が次のように解答した。この生徒に誤りを指摘しながらどのように指導するか。具体的な指導例を書け。

表を○，裏を×とすると，コインの表裏は次の3通りとなる。

i)	○	○
ii)	○	×
iii)	×	×

よって求める確率は $\dfrac{1}{3}$

（☆☆☆◎◎◎）

【２】次の定理が成り立つことを2通りの方法で証明せよ。

「三角形の各頂点から対辺の中点に引いた線分は，1点で交わる。」

（☆☆☆◎◎◎）

【３】奇数の列を，次のような群に分ける。

$\{1\}$, $\{3,\ 5,\ 7\}$, $\{9,\ 11,\ 13,\ 15,\ 17\}$, $\{19,\ 21,\ 23,\ 25,\ 27,\ 29,\ 31\}$, ……
第1群　第2群　　　　第3群　　　　　　　　第4群

第 n 群には，$(2n-1)$ 個の奇数が含まれている。このとき，次の各問いに答えよ。ただし，n は正の整数とする。

(1)　第 n 群の最初の奇数を求めよ。

(2)　第 n 群にあるすべての奇数の和を求めよ。

(3)　2009は第何群の何番目の数であるかを求めよ。

（☆☆☆◎◎◎）

【4】∠A＝90°である直角三角形ABCがある。辺BC上にAC＝CDをみたす点Dをとり，辺BCの延長上にAC＝CEをみたす点Eをとる。このとき，次の各問いに答えよ。

(1) △ABD∽△EBAであることを証明せよ。

(2) (1)を用いて，$BC^2＝AB^2＋AC^2$が成り立つことを証明せよ。

(☆☆☆◎◎◎)

【5】放物線$y＝x^2$上の点$P(a，a^2)$における放物線の接線をlとし，l上の点でx座標が$a＋1$となる点をQとする。

aが$-1≦a≦1$の範囲を動くとき，線分PQの動く範囲の面積を求めよ。

(☆☆☆◎◎◎)

【6】次の各問いに答えよ。

(1) aを定数とする。このとき，行列 $\begin{pmatrix} 1 & 1 & a \\ 1 & a & 1 \\ a & 1 & 1 \end{pmatrix}$ の階数を求めよ。

(2) aを定数とする。次の連立1次方程式が解をもつとき，aのみたす条件を求めよ。

$$\begin{cases} x+y+az=1 \\ x+ay+z=1 \\ ax+y+z=1 \end{cases}$$

(☆☆☆◎◎◎)

【高等学校】

【1】「関数$y＝\sin\theta＋\sqrt{3}\cos\theta$の最大値と最小値を求めよ。」という問題を，ある生徒が次のように解答した。この生徒に誤りを指摘しながらどのように指導するか。具体的な指導例を書け。

> $-1≦\sin\theta≦1$であり
> $-1≦\cos\theta≦1$より $-\sqrt{3}≦\sqrt{3}\cos\theta≦\sqrt{3}$ であるから
> $-1-\sqrt{3}≦\sin\theta＋\cos\theta≦1+\sqrt{3}$
> よって，yの最大値は$1+\sqrt{3}$ 最小値は$-1-\sqrt{3}$

(☆☆☆◎◎◎)

【2】次の問題を2通りの方法で解け。

「1辺の長さが1である正三角形ABCの辺BC上に点Dをとる。点B，Cから直線ADに垂線を下ろし，直線ADとの交点をそれぞれH，Iとする。BH＋CIが最大となるとき，点Dはどのような位置にあるか。」

（☆☆☆◎◎◎）

【3】次の試行を行う。

試行「n個のさいころを同時に投げ，偶数の目が出たさいころを取り除く。このとき，奇数の目が出たさいころが残っていれば，それらのさいころをもう1回だけ同時に投げ，偶数の目が出たさいころを取り除く。」

試行が終了したとき，n個のさいころがすべて取り除かれている確率を求めよ。ただし，nは正の整数とする。

（☆☆☆◎◎◎）

【4】nを正の整数とし，$a_n = 1 + \dfrac{1}{2} + \dfrac{1}{3} + \cdots\cdots + \dfrac{1}{n} - \log n$とおく。このとき，次の各問いに答えよ.

(1)　$a_n > 0$となることを示せ。

(2)　$\displaystyle\lim_{n \to \infty} a_n$が存在することを示せ。

（☆☆☆◎◎◎）

【5】方程式$x^2 - 2\sqrt{3}\,xy - y^2 + 2 = 0\cdots(*)$で表される図形を，直線$y = \dfrac{1}{\sqrt{3}}x$に関して対称移動した図形の方程式を求めよ。また，(*)はどのような図形を表すか。

（☆☆☆◎◎◎）

【6】次の各問いに答えよ。

(1)　j, kを正の整数とする。このとき，定積分$\displaystyle\int_0^\pi \sin jx \sin kx\,dx$を求めよ。

(2)　nを正の整数とする。実数全体を定義域とする実数値関数全体が

作るベクトル空間において，$\sin x$, $\sin 2x$, $\sin 3x$, ……, $\sin nx$は1次独立であることを示せ。

(☆☆☆○○○)

解答・解説

【中学校】

【1】解説参照

〈解説〉(例)　2枚のコインの表と裏の出方は，i), ii), iii)の3通りとしているが，ii)の出方は，2枚のコインをA，Bとすると，

ア)　Aが○でBが×の場合

イ)　Aが×でBが○の場合

の2通りある。

i)	○	○
ii)	○	×
iii)	×	×

i)　　　○　　　○

ii)　　　○　　　×

iii)　　　×　　　×

樹形図で考えると，表と裏の出方について起こりうるすべての場合は右図で表した4通りであり，この4通りは，同様に確からしい。

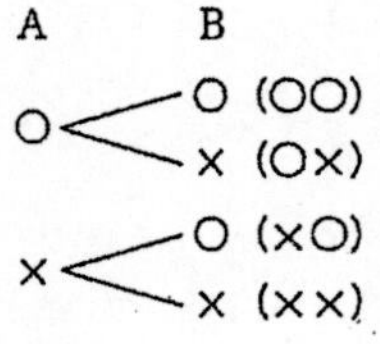

```
    A    B
         ○ (○○)
   ○ <
         × (○×)
         ○ (×○)
   × <
         × (××)
```

したがって，1枚が表でもう1枚が裏の出る確率は　$\dfrac{2}{4}=\dfrac{1}{2}$である。確率を考える場合，その事象が起こるすべての場合を，過不足なく数える必要がある。

【2】解説参照

〈解説〉(例)　[解1]　△ABCの頂点Aから対辺BCの中点Dに引いた線分と，頂点Bから対辺ACの中点Eに引いた線分の交点をGとする。さらに，頂点Cと点Gを結ぶ直線と辺ABの交点をFとする。

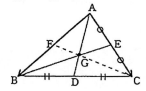

このとき，チェバの定理より $\dfrac{AF}{FB} \cdot \dfrac{BD}{DC} \cdot \dfrac{CE}{EA} = 1$

BD：DC＝1：1，CE＝EA＝1：1であるから

$\dfrac{AF}{FB} \cdot \dfrac{1}{1} \cdot \dfrac{1}{1} = 1$　より　AF：FB＝1：1

したがって，三角形の各頂点から対辺の中点に引いた線分は，1点で交わる。

[解2]

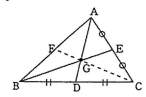

$\vec{AB} = \vec{b}$，$\vec{AC} = \vec{c}$ とおく。

このとき　$\vec{AD} = \dfrac{\vec{AB} + \vec{AC}}{2} = \dfrac{\vec{b} + \vec{c}}{2}$，$\vec{AE} = \dfrac{1}{2}\vec{AC} = \dfrac{1}{2}\vec{c}$

線分ADと線分BEの交点をGとし，k，sを実数とする。

AG：GD＝k：$(1-k)$，BG：GE＝s：$(1-s)$とすると

$\vec{AG} = k\vec{AD} = \dfrac{k}{2}\vec{b} + \dfrac{k}{2}\vec{c}$　…①

$\vec{AG} = (1-s)\vec{AB} + s\vec{AE} = (1-s)\vec{b} + \dfrac{s}{2}\vec{c}$　…②

①，②から　$\dfrac{k}{2}\vec{b} + \dfrac{k}{2}\vec{c} = (1-s)\vec{b}\ \dfrac{s}{2}\vec{c}$

ここで，$\vec{b} \neq \vec{0}$，$\vec{c} \neq \vec{0}$で，かつ$\vec{b}$，$\vec{c}$は平行でないから

$\dfrac{k}{2} = 1 - s$，$\dfrac{k}{2} = \dfrac{s}{2}$

これを解いて　$k = \dfrac{2}{3}$，$s = \dfrac{2}{3}$　よって　$\overrightarrow{AC} = \dfrac{1}{3}\vec{b} + \dfrac{1}{3}\vec{c}$

このとき直線CGと線分ABの交点をFとすると，実数tを用いて

$\overrightarrow{AF} = \overrightarrow{AC} + t\overrightarrow{CG} = \vec{c} + (\overrightarrow{AG} - \overrightarrow{AC})$

$= (1 - t)\vec{c} + t\left(\dfrac{1}{3}\vec{b} + \dfrac{1}{3}\vec{c}\right) = \dfrac{t}{3}\vec{b} + \left(1 - \dfrac{2}{3}t\right)\vec{c}$　…③

一方，点Fは線分AB上の点なので，実数uを用いて

$\overrightarrow{AF} = u\overrightarrow{AB} = u\vec{b}$　…④

③，④から　$\dfrac{t}{3}\vec{b} + \left(1 - \dfrac{2}{3}t\right)\vec{c} = u\vec{b}$

よって　$\dfrac{t}{3} = u$，$1 - \dfrac{2}{3}t = 0$

これを解いて　$t = \dfrac{3}{2}$，$u = \dfrac{1}{2}$　これより　AF：FB＝1：1

したがって，三角形の各頂点から対辺の中点に引いた線分は，1点で交わる。

[解3]

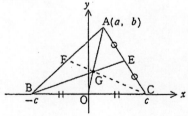

座標平面上で三角形ABCを考え，A$(a,\ b)$，B$(-c,\ 0)$，C$(c,\ 0)$とおく。ただし，$b > 0$，$c > 0$とする。

このとき，

辺BCの中点はO(0, 0)，辺ACの中点はE($\frac{a+c}{2}$, $\frac{b}{3}$)となるので，

直線AOの方程式は　$bx-ay=0$　…①　($y=\frac{b}{a}x$より)

直線BEの方程式は　$bx-(a+3c)y+bc=0$　…②

$(y=\dfrac{\frac{b}{2}-0}{\frac{a+c}{2}-(-c)}(x+c)$より)

直線AOと直線BEの交点をGとすると，①，②より$3cy-bc=0$

よって　$y=\frac{b}{3}$，$x=\frac{a}{3}$となるので，G($\frac{a}{3}$, $\frac{b}{3}$)

このとき直線CGの方程式は

$bx-(a-3c)y-bc=0$　…③　($y=\dfrac{\frac{b}{3}-0}{\frac{a}{3}-c}(x-c)$より)

また，直線ABの方程式は

$bx-(a+c)y+bc=0$　…④　($y=\dfrac{b-0}{a-(-c)}(x+c)$より)

直線ABと直線CGの交点をFとすると，③，④より$4cy-2bc=0$

よって　$y=\frac{b}{2}$，$x=\frac{a-c}{2}$となるので，F($\frac{a-c}{2}$, $\frac{b}{2}$)

これは点Fが線分ABの中点($\frac{a+(-c)}{2}$, $\frac{b}{2}$)であることを示している。

したがって，三角形の各頂点から対辺の中点に引いた線分は，1点で交わる。

[解4]

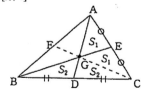

三角形AEGの面積をS_1，三角形BDGの面積をS_2とすると，

AE＝CE，BD＝CDより△AEG＝△CEG＝S1，△BDG＝△CDG＝S_2

また，三角形ABCの面積をSとすると，

$\triangle ACD = 2S_1 + S_2 = \dfrac{1}{2}S$ …① $\quad \triangle BCE = S_1 + 2S_2 = \dfrac{1}{2}S$ …②

①，②より $\quad 2S_1 + S_2 = S_1 + 2S_2$ よって $\quad S_1 = S_2$ …③

③より$\triangle ACG = \triangle BCG$となるので，辺CGを共通の底辺と考えると

$AF : FB = 1 : 1$

したがって，三角形の各頂点から対辺の中点に引いた線分は，1点で交わる。

【3】(1) $2n^2 - 4n + 3$ (2) $(2n-1)(2n^2 - 2n + 1)$ (3) 第32群の第44番目の数

〈解説〉(例) (1) 第$(n-1)$群までにある奇数の数は

$1 + 3 + 5 + \cdots + \{2(n-1)+1\} = (n-1)^2$

よって，第n群の最初の数は，第$(n-1)^2 + 1$番目の奇数である。

第k番目の奇数は$2k-1$だから，第n群の最初の奇数は

$2\{(n-1)^2 + 1\} - 1 = 2n^2 - 4n + 3$

(2) 第n群は，初項$2n^2 - 4n + 3$，公差2，項数$2n-1$の等差数列だから，その和は

$\dfrac{(2n-1)}{2}\{2(2n^2 - 4n + 3) + \{(2n-1) + 1 \cdot 2\} = (2n-1)(2n^2 - 2n + 1)$

(別解) 第n群までにある奇数の数は$1 + 3 + 5 + \cdots + (2n-1) = n^2$

よって，第n群の最後の奇数は $2n^2 - 1$

これより，第1群の最初の奇数から第n群の最後の奇数までの和は

$1 + 3 + 5 + \cdots + (2n^2 - 1) = (n^2)^2 = n^4$

同様にすれば，

第1群の最初の奇数から第$(n-1)$群の最後の奇数までの和は

$1 + 3 + 5 + \cdots + 2\{2(n-1)2 - 1\} = \{(n-1)^2\}^2 = (n-1)^4$

したがって，求める和は

$n^4 - (n-1)^4 = \{n^2 + (n-1)^2\}\{n^2 - (n-1)^2\} = (2n-1)(2n^2 - 2n + 1)$

(3) 2009が第n群に属する奇数であるとすると

(第n群の最初の数)≦2009＜(第$n＋1$群の最初の数)となるので
$2n^2－4n＋3≦2009＜2(n＋1)^2－4(n＋1)＋3$

整理すると $n(n－2)≦1003$ …①, $n^2＞1004$ …②

①, ②を同時にみたすnを求めると $n＝32$

よって, 2009は第32群にある。

その群は, 最初の数が$2・32^2－4・32＋3＝1923$であり,

$2009＝1923＋2(44－1)$であることから,

2009は第32群の第44番目の数である。

【４】解説参照

〈解説〉(例) (1)

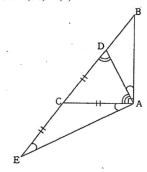

△ABDと△EBAにおいて

△CADと△CAEはどちらも二等辺三角形なので,

∠CAD＝∠CDA, ∠CAE＝∠CEA …①

△ADEの内角の和は180°であることから, ①より

$2(∠CAD＋∠CAE)＝180°$

よって∠DAE＝90° …②

さらに, 仮定より∠BAC＝90° …③

①, ②, ③より ∠BAD＝∠BEA …④

また, △ABDと△EBAにおいて ∠ABD＝∠EBA …⑤

④, ⑤より, 2組の対応する角が等しいので △ABD∽△EBA

(2) (1)より，相似な三角形の対応する辺の比は等しいので

AB：EB＝BD：BA

よってAB²＝EB・BD …⑥

ここで，BD＝BC−CD＝BC−AC，EB＝BC＋CE＝BC＋ACとなるので，⑥に代入すると

AB²＝(BC−AC)(BC＋AC)＝BC²−AC²となる。

したがって，BC²＝AB²＋AC²が示された。

【5】2

〈解説〉(例)

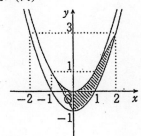

$y=x^2$から $y'=2x$ よって，接線lの方程式は

$y=2a(x-a)+a^2$ すなわち $y=2ax-a^2$

したがって，点Qの座標はQ($a+1$, a^2+2a)で与えられるから，

点Qは曲線$y=x^2-1$上にあり，$-1\leqq a\leqq 1$のとき

Pは(−1, 1)から(1, 1)まで，

Qは(0, −1)から(2, 3)までの範囲を動く。

ゆえに，線分PQの動く範囲は右図の斜線部分(境界線を含む)で与えられる。

したがって，求める面積Sは

$$S=\int_{-1}^{0}\{x^2-(-2x-1)\}dx+\int_{0}^{1}\{x^2-(x^2-1)\}dx$$
$$+\int_{1}^{2}\{2x-1-(x^2-1)\}dx$$

$$= \int_{-1}^{0} (x+1)^2 dx + \int_{0}^{1} dx + \int_{1}^{2} (2x-x^2) dx$$

$$= \left[\frac{(x+1)^3}{3} \right]_{-1}^{0} + \left[x \right]_{0}^{1} + \left[x^2 - \frac{x^3}{3} \right]_{1}^{2} = \frac{1}{3} + 1 + \frac{2}{3} = 2$$

【6】解説参照

〈解説〉(例)　(1)　$A = \begin{pmatrix} 1 & 1 & a \\ 1 & a & 1 \\ a & 1 & 1 \end{pmatrix}$ とし，Aに基本変形をほどこすと

$$A \to \begin{pmatrix} 1 & 1 & a \\ 0 & a-1 & 1-a \\ 0 & 1-a & 1-a^2 \end{pmatrix} \to \begin{pmatrix} 1 & 1 & a \\ 0 & a-1 & -(a-1) \\ 0 & 0 & 2-a-a^2 \end{pmatrix} \to \begin{pmatrix} 1 & 1 & a \\ 0 & a-1 & -(a-1) \\ 0 & 0 & -(a-1)(a+2) \end{pmatrix}$$

よって

i)　$a=1$ のとき　$rankA=1$

ii)　$a=-2$ のとき　$rankA=2$

iii)　$a \neq 1$, -2 のとき　$rankA=3$

(2)　$b\begin{pmatrix} 1 \\ 1 \\ 1 \end{pmatrix}$ とし，$Ab = \begin{pmatrix} 1 & 1 & a & 1 \\ 1 & a & 1 & 1 \\ a & 1 & 1 & 1 \end{pmatrix}$ に基本変形をほどこすと

$$Ab \to \begin{pmatrix} 1 & 1 & a & 1 \\ 0 & a-1 & 1-a & 0 \\ 0 & 1-a & 1-a^2 & 1-a \end{pmatrix} \to \begin{pmatrix} 1 & 1 & a & 1 \\ 0 & a-1 & -(a-1) & 0 \\ 0 & 0 & 2-a-a^2 & 1-a \end{pmatrix}$$

$$\to \begin{pmatrix} 1 & 1 & a & 1 \\ 0 & a-1 & -(a-1) & 0 \\ 0 & 0 & -(a-1)(a+2) & -(a-1) \end{pmatrix}$$

よって

i)　$a=1$ のとき　$rankAb=1$

ii)　$a=-2$ のとき　$rankAb=3$

iii)　$a \neq 1$, -2 のとき　$rankAb=3$

$rankAb=rankA$ のとき連立1次方程式は解をもつので，

(1)より a のみたす条件は　$a \neq -2$

(別解)

$$\begin{cases} x+y+az=1 & \cdots① \\ x+ay+z=1 & \cdots② \\ ax+y+z-1 & \cdots③ \end{cases}$$

とする。

①+②+③より $(a+2)(x+y+z)=3$ $\cdots④$

連立方程式が解をもつとき，④の等号をみたすので，$a\neq-2$ となることが必要である。

このとき④より $x+y+z=\dfrac{3}{a+2}$ $\cdots⑤$

③-⑤より $(a-1)x=\dfrac{a-1}{a+2}$

よって $a\neq1$ のとき $x=\dfrac{1}{a+2}$

$a=1$ のとき x は任意

となり，$a\neq-2$ のとき x の値が存在する。

同様にすれば，$a\neq-2$ のとき y, z の値も存在する。

したがって，a のみたす条件は $a\neq-2$

【高等学校】

【1】解説参照

〈解説〉(例) $-1\leqq\sin\theta\leqq1$ $\cdots①$, $-\sqrt{3}\leqq\sqrt{3}\cos\theta\leqq\sqrt{3}$ $\cdots②$

から，

不等式 $-1-\sqrt{3}\leqq\sin\theta+\sqrt{3}\cos\theta\leqq1+\sqrt{3}$ $\cdots③$

としているが，

この不等式から y の最大値が $1+\sqrt{3}$ であるとするためには，

③の右側の不等式について等号が成立する，

すなわち①，②の右側の不等式について，

どちらも等号が成立しなければならない。

ここで，①より $\sin\theta=1$ となる θ の値は，

n_1 を整数として $\theta=90°+360°\times n_1$ $\cdots④$

②より $\sqrt{3}\cos\theta=\sqrt{3}$ となる θ の値は，

n_2を整数として $\theta = 0° + 360° \times n_2$ …⑤

④，⑤を同時にみたす θ の値は存在しないので，

yの最大値を$1 + \sqrt{3}$ とすることはできない。

最小値についても同様である。

正しくは，$\sin\theta + \sqrt{3}\cos\theta = 2\sin(\theta + 60°)$ と変形し，

変数 θ を1か所だけにすれば，

$-2 \leqq 2\sin(\theta + 60°) \leqq 2$ …⑥

このとき，⑥より$2\sin(\theta + 60°) = 2$となる θ の値は，nを整数として

$\theta + 60° = 90° + 360° \times n$ より　　$\theta = 30° + 360° \times n$

となり，θ の値が存在するので，yの最大値は2である。

最小値についても同様に考えれば，yの最小値は-2である。

【２】解説参照

〈解説〉(例)　[解1]

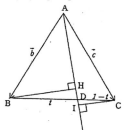

$\overrightarrow{AB} = \vec{b}$，$\overrightarrow{AC} = \vec{c}$ とし，BD：DC$=t$：$(1-t)$とおく，

ただし，$0 < t < 1$

このとき，$\vec{b} \cdot \vec{c} = 1 \cdot 1\cos60° = \dfrac{1}{2}$であり，$\overrightarrow{AD} = (1-t)\vec{b} + t\vec{c}$

となる。

また，k，lを実数として$\overrightarrow{AH} = k\overrightarrow{AD}$，$\overrightarrow{AI} = l\overrightarrow{AD}$とかける。

よって，$\overrightarrow{AD} \perp \overrightarrow{BH}$，$\overrightarrow{AD} \perp \overrightarrow{CI}$ より

$\overrightarrow{AD} \cdot \overrightarrow{BH} = \overrightarrow{AD} \cdot (k\overrightarrow{AD} - \vec{b}) = k|\overrightarrow{AD}|^2 - \{(1-t)\vec{b} + t\vec{c}\} \cdot \vec{b} = 0$

$$\overrightarrow{AD} \cdot \overrightarrow{CI} = \overrightarrow{AD} \cdot (l\overrightarrow{AD} - \overrightarrow{c}) = l|\overrightarrow{AD}|^2 - \{(1-t)\overrightarrow{b} + t\overrightarrow{c}\} \cdot \overrightarrow{c} = 0$$

これより $\quad k = \dfrac{(1-t) + \frac{1}{2}t}{(1-t)^2 + 2(1-t)t \cdot \frac{1}{2} + t^2} = \dfrac{2-t}{2(t^2 - t + 1)}$

$$l = \dfrac{\frac{1}{2}(1-t) + t}{(1-t)^2 + 2(1-t)t \cdot \frac{1}{2} + t^2} = \dfrac{1+t}{2(t^2 - t + 1)}$$

ここで, $\overrightarrow{BA} \cdot \overrightarrow{BH} = |\overrightarrow{BH}|^2$, $\overrightarrow{CA} \cdot \overrightarrow{CI} = |\overrightarrow{CI}|^2$ より

$$|\overrightarrow{BH}|^2 = -\overrightarrow{b} \cdot (k\overrightarrow{AD} - \overrightarrow{b}) = -k\{(1-t) + \frac{1}{2}t\} + 1$$

$$= -\dfrac{(2-t)^2}{4(t^2 - t + 1)} + 1 = \dfrac{3t^2}{4(t^2 - t + 1)}$$

$$|\overrightarrow{CI}|^2 = -\overrightarrow{c} \cdot (l\overrightarrow{AD} - \overrightarrow{c}) = -l\{\frac{1}{2}(1-t) + t\} + 1$$

$$= -\dfrac{(1+t)^2}{4(t^2 - t + 1)} + 1 = \dfrac{3(1-t)^2}{4(t^2 - t + 1)}$$

以上より, $|\overrightarrow{BH}| + |\overrightarrow{CI}| = \dfrac{\sqrt{3}}{2\sqrt{t^2 - t + 1}} = \dfrac{\sqrt{3}}{2\sqrt{(t - \frac{1}{2})^2 + \frac{3}{4}}}$ は,

$t = \dfrac{1}{2}$ のとき最大値1をとる。

したがって, 点Dが辺BCの中点の位置にあるとき,

BH+CIは最大である。

[解2]

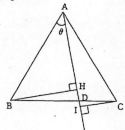

∠BAH＝θとおく。ただし，$0<\theta<60°$

このとき，BH＝$\sin\theta$，CI＝$\sin(60°-\theta)$となるので

BH＋CI＝$\sin\theta+\sin(60°-\theta)$

$$=2\sin\left\{\frac{\theta+(60°-\theta)}{2}\right\}\cos\left\{\frac{\theta-(60°-\theta)}{2}\right\}$$

$$=2\sin30°\cos(\theta-30°)$$

$$=\cos(\theta-30°)$$

$0<\theta<60°$　より　$-30°<\theta-30°<30°$

よって　$\dfrac{\sqrt{3}}{2}<\cos(\theta-30°)\leqq1$

これよりBH＋CIの最大値は1であり，BH＋CIが最大となるとき，

$\theta-30°=0°$　より　$\theta=30°$

したがって，点Dが辺BCの中点の位置にあるとき，

BH＋CIは最大である。

[解3]

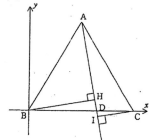

B(0, 0)，C(1, 0)，A($\dfrac{1}{2}$，$\dfrac{\sqrt{3}}{2}$)とし，D(t, 0)とおく。

ただし，$0<t<1$

このとき，AD：$y=\dfrac{-\dfrac{\sqrt{3}}{2}}{t-\dfrac{1}{2}}(x-t)$より　$\sqrt{3}\,x+(2t-1)y-\sqrt{3}\,t=0$

点B，Cから直線ADまでの距離を考えると，

$$BH+CI=\frac{|-\sqrt{3}\,t|}{\sqrt{(\sqrt{3})^2+(2t-1)^2}}+\frac{|\sqrt{3}-\sqrt{3}\,t|}{\sqrt{(\sqrt{3})^2+(2t-1)^2}}$$

$$= \frac{\sqrt{3}}{2\sqrt{t^2-t+1}} = \frac{\sqrt{3}}{2\sqrt{(t-\frac{1}{2})^2+\frac{3}{4}}}$$

よって，BH+CIは$t=\frac{1}{2}$のとき最大値1をとる.

したがって，点Dが辺BCの中点の位置にあるとき，

BH+CIは最大である。

[解4]

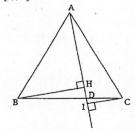

直角三角形△BDH，△CDIにおいて

BH≦BD …①，CI≦CD …② より

BH+CI≦BD+CD＝1 …(*)

ここで，点Dが辺BCの中点の位置にあるとき，

BH＝BD，CI＝CDとなるので，①，②の等号を同時にみたす。

このとき(*)よりBH+CI＝1

よってBH+CIは最大値1をとる。

したがって，点Dが辺BCの中点の位置にあるとき，BH+CIは最大である。

【3】 $\frac{3^n}{4^n}$

〈解説〉(例) 最初にさいころを投げたとき，

k個$(0 \leqq k \leqq n)$のさいころが偶数の目となる確率は

$${}_nC_k\left(\frac{1}{2}\right)^k\left(\frac{1}{2}\right)^{n-k} = \frac{{}_nC_k}{2^n}$$

このとき，もう1回だけ残りのさいころを投げて，すべて偶数となる

確率は　$\left(\dfrac{1}{2}\right)^{n-k}$

よって求める確率は

$$\sum_{k=0}^{n} \frac{{}_n\mathrm{C}_k}{2^n} \cdot \left(\frac{1}{2}\right)^{n-k} = \frac{1}{2^{2n}} \sum_{k=0}^{n} {}_n\mathrm{C}_k \cdot 2^k$$

ここで，　$\displaystyle\sum_{k=0}^{n} {}_n\mathrm{C}_k \cdot 2k = {}_n\mathrm{C}_0 \cdot 2^0 + {}_n\mathrm{C}_1 \cdot 2^1 + {}_n\mathrm{C}_2 \cdot 2^2 + \cdots\cdots + {}_n\mathrm{C}_n \cdot 2^n$

$= (1+2)^n = 3^n$

となるので求める確率は　　$\dfrac{3^n}{2^{2n}} = \dfrac{3^n}{4^n}$

(別解)　最初に投げたとき偶数の目が出たさいころも，もう1回投げる

ものとする。

このとき，どのさいころも少なくとも1回偶数の目が出る確率を求め

ればよい。

1個のさいころについて，

少なくとも1回偶数の目が出る確率は　　$1 - \left(\dfrac{1}{2}\right)^2 = \dfrac{3}{4}$

したがって，求める確率は　$\left(\dfrac{3}{4}\right)n = \dfrac{3^n}{4^n}$

【4】解説参照

〈解説〉(例)　(1)

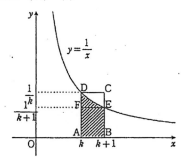

$k>0$のとき，上図の長方形ABCDと斜線の部分を比べると，長方形の

方が面積が大きいから，次の不等式が成り立つ。

$$\frac{1}{k} > \int_{k}^{k+1} \frac{1}{x} dx$$

ゆえに，kが正の整数のとき　$\displaystyle\sum_{k=1}^{n} \frac{1}{k} > \sum_{k=1}^{n} \int_{k}^{k+1} \frac{1}{x} dx$
この式の右辺は

$$\sum_{k=1}^{n} \int_{k}^{k+1} \frac{1}{x} dx = \int_{1}^{n+1} \frac{1}{x} dx = \left[\log x\right]_{1}^{n+1} = \log(n+1) > \log n$$

したがって，$1 + \dfrac{1}{2} + \dfrac{1}{3} + \cdots\cdots + \dfrac{1}{n} > \log n$ となるので，
$an > 0$ が示された。

(2)　$\begin{aligned}[t] a_{n+1} - a_n &= \{1 + \frac{1}{2} + \cdots + \frac{1}{n+1} - \log(n+1)\} \\ &\quad - (1 + \frac{1}{2} + \cdots + \frac{1}{n} - \log n) \\ &= \frac{1}{n+1} - \log(n+1) + \log n \quad \cdots ① \end{aligned}$

ここで，(1)の図で $k=n$ としたとき，
長方形ABEFと斜線の部分を比べると，
斜線部の方が面積が大きいから，次の不等式が成り立つ。

$$\int_{n}^{n+1} \frac{1}{x} dx > \frac{1}{n+1} \quad \text{すなわち} \quad \log(n+1) - \log n > \frac{1}{n+1} \quad \cdots ②$$

①，②より $a_{n+1} - a_n < 0$　すなわち　$a_n > a_{n+1}$　$\cdots ③$
(1)の結果と③より，
$\{a_n\}$ は下に有界かつ単調減少であるから $\displaystyle\lim_{n\to\infty} a_n$ が存在する。

【5】解説参照
〈解説〉(例)

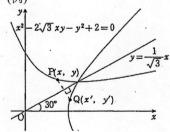

313

直線$y＝\dfrac{1}{\sqrt{3}}x$はx軸の正の方向となす角が30°であるから，$y＝\dfrac{1}{\sqrt{3}}x$に関する対称移動を表す1次変換は

$$\begin{pmatrix} \cos60° & \sin60° \\ \sin60° & -\cos60° \end{pmatrix} = \begin{pmatrix} \dfrac{1}{2} & \dfrac{\sqrt{3}}{2} \\ \dfrac{\sqrt{3}}{2} & -\dfrac{1}{2} \end{pmatrix}$$

となる。

f：$P(x,\ y)\to Q(x',\ y')$とするとき

$$\begin{pmatrix} x' \\ y' \end{pmatrix} = \begin{pmatrix} \dfrac{1}{2} & \dfrac{\sqrt{3}}{2} \\ \dfrac{\sqrt{3}}{2} & -\dfrac{1}{2} \end{pmatrix}\begin{pmatrix} x \\ y \end{pmatrix} \cdots ① \quad となるので$$

$$\begin{pmatrix} x \\ y \end{pmatrix} = \begin{pmatrix} \dfrac{1}{2} & \dfrac{\sqrt{3}}{2} \\ \dfrac{\sqrt{3}}{2} & -\dfrac{1}{2} \end{pmatrix}^{-1}\begin{pmatrix} x' \\ y' \end{pmatrix} = \begin{pmatrix} \dfrac{1}{2} & \dfrac{\sqrt{3}}{2} \\ \dfrac{\sqrt{3}}{2} & -\dfrac{1}{2} \end{pmatrix}\begin{pmatrix} x' \\ y' \end{pmatrix} = \begin{pmatrix} \dfrac{x'+\sqrt{3}\,y'}{2} \\ \dfrac{\sqrt{3}\,x'-y'}{2} \end{pmatrix} \quad \cdots ②$$

$R(x,\ y)$は，$x^2-2\sqrt{3}\,xy-y^2+2=0$をみたすので，②を代入すると

$$\left(\dfrac{x'+\sqrt{3}\,y'}{2}\right)^2 - 2\sqrt{3}\left(\dfrac{x'+\sqrt{3}\,y'}{2}\right)\left(\dfrac{\sqrt{3}\,x'-y'}{2}\right)$$
$$-\left(\dfrac{\sqrt{3}\,x'-y'}{2}\right)^2 + 2 = 0$$

整理すると　$(x')^2-(y')^2=1$

したがって，求める方程式は　$x^2-y^2=1$

$x^2-y^2=1$　$\cdots ③$とする。③は，頂点が$(1,\ 0)$，$(-1,\ 0)$，

焦点が$(\sqrt{2},\ 0)$，$(-\sqrt{2},\ 0)$である双曲線であり，③と(*)は$y＝\dfrac{1}{\sqrt{3}}$

xに関して対称であることから，①を用いると，(*)は

頂点が$(\dfrac{1}{2},\ \dfrac{\sqrt{3}}{2})$，$(-\dfrac{1}{2},\ -\dfrac{\sqrt{3}}{2})$，焦点が$(\dfrac{\sqrt{2}}{2},\ \dfrac{\sqrt{6}}{2})$，

$(-\dfrac{\sqrt{2}}{2},\ -\dfrac{\sqrt{6}}{2})$である双曲線を表す。

【6】 (1) $\dfrac{\pi}{2}$　　(2)　解説参照

〈解説〉(例)　(1)　$\sin jx \sin kx = -\dfrac{1}{2}\{\cos(j+k)x - \cos(j-k)x\}$ より，

i)　$j \neq k$ のとき　$\displaystyle\int_0^\pi \sin jx \sin kx\,dx = -\dfrac{1}{2}\left[\dfrac{\sin(j+k)x}{j+k} - \dfrac{\sin(j-x)x}{j-k}\right]_0^\pi = 0$

ii)　$j = k$ のとき　$\displaystyle\int_0^\pi \sin jx \sin kx\,dx = -\dfrac{1}{2}\int_0^\pi(\cos 2kx - 1)dx$

$$= -\dfrac{1}{2}\left[\dfrac{\sin 2kx}{2k} - x\right]_0^\pi = \dfrac{\pi}{2}$$

(2)　$a_i(i=1,\ 2,\ 3,\ \cdots,\ n)$を実数とし，任意の実数$x$に対して
$a_1\sin x + a_2\sin 2x + a_3\sin 3x + \cdots\cdots + a_n\sin nx = 0$　…(*)
が成り立つとする。
(*)の左辺$f(x)$とおき，$1 \leq k \leq n$である整数kに対して，
定積分$\mathrm{I}_k = \displaystyle\int_0^\pi f(x)\sin kx\,dx$を求めると

$\mathrm{I}_k = \displaystyle\int_0^\pi(a_1\sin x + a_2\sin 2x + a_3\sin 3x + \cdots + a_n\sin nx) \cdot \sin kx\,dx$

$= \displaystyle\sum_{i=1}^n \int_0^\pi a_i\sin ix \sin kx\,dx = \int_0^\pi a_k\sin kx\sin kx\,dx = a_k \cdot \dfrac{\pi}{2}$　…①　((1)より)

一方(*)より，任意の実数nに対して
$f(x) = a_1\sin x + a_2\sin 2x + a_3\sin 3x + \cdots\cdots + a_n\sin nx = 0$
なので，$\mathrm{I}_k = 0$　…②
①・②より，$a_k = 0$　$(1 \leq k \leq n)$　…③
③より，任意の実数xに対して(*)が成り立つならば，
$a_1 = a_2 = a_3 = \cdots = a_n = 0$となるので，
$\sin x,\ \sin 2x,\ \sin 3x,\ \cdots\cdots,\ \sin nx$は1次独立である。

【中高共通】

【１】　自然数nを定数とする関数$f(x)=-x^2+nx$について，曲線$y=f(x)$とx軸で囲まれ，境界を含む領域をDとする。このとき，領域Dの範囲にあり，x座標，y座標がともに整数である点の個数を求めよ。

（☆☆☆☆☆◎◎）

【２】　行列$A=\begin{pmatrix} 2 & -3 & -1 \\ 3 & -4 & -1 \\ -5 & 7 & 2 \end{pmatrix}$について，各問いに答えよ。

(1)　Aの累乗A^n（nは任意の自然数）を求めよ。

(2)　Aが正則かどうか調べよ。

(3)　行列式$\begin{vmatrix} 2 & -3 & -1 & -1 \\ 3 & -4 & -1 & 1 \\ -5 & 7 & 2 & -1 \\ a & b & c & d \end{vmatrix}$の値を求めよ。

（☆☆☆◎◎◎◎）

【３】　空間における曲線$x=at$，$y=bt^2$，$z=ct^3$（a，b，cは正の定数，tは媒介変数）について，この曲線上の任意の点Qにおける接線がxy平面と交わる点をPとする。このとき，点Pの軌跡を求めよ。

（☆☆☆☆◎◎）

【４】　$\dfrac{\pi}{4}\leqq x\leqq\dfrac{5}{4}\pi$の範囲で，2つの曲線$y=\sin x$，$y=\cos x$によって囲まれた部分について，各問いに答えよ。

(1)　2つの曲線で囲まれた部分の面積を求めよ。

(2)　2つの曲線で囲まれた部分をx軸の周りに1回転させてできる立体の体積を求めよ。

（☆☆☆◎◎◎◎）

316

【中学校】

【1】中学校学習指導要領　数学[第3学年]　2内容　に「三平方の定理を
見いだし，それが証明できることを知ること。」と示されている。こ
のことについて，どのように指導するか。証明などに用いる図形等を
示しながら，指導の流れを具体的に書け。

(☆☆☆◎◎◎◎)

【2】中学校第2学年の生徒に，次のカレンダーを用いて課題を設定し，
文字式の利用について指導する。設定する課題を1つ示し，指導の流
れを具体的に書け。

```
              7月
 日   月   火   水   木   金   土
 1    2    3    4    5    6    7
 8    9   10   11   12   13   14
15   16   17   18   19   20   21
22   23   24   25   26   27   28
29   30   31
```

(☆☆☆◎◎)

【3】集合Aから集合Bへの写像をf，集合Bから集合Cへの写像をgとする。
各問いに答えよ。
(1)　f，gがともに全射ならば　$g{\circ}f$：A→C　も全射であることを示せ。
(2)　f，gがともに単射ならば　$g{\circ}f$：A→C　も単射であることを示せ。

(☆☆☆☆◎◎◎)

【高等学校】

【1】数学Ⅱの「指数の拡張」で，指数を正の整数から整数全体まで拡張
するとき，$a^{-n}=\dfrac{1}{a^n}$，$a^0=1$であることを，どのように指導するか。

$2^{-3}=\dfrac{1}{8}$，$2^0=1$を例として，指導の流れを具体的に書け。

(☆☆◎◎◎)

【２】数学Ⅰの「二次関数とそのグラフ」で，関数$y＝a(x－p)^2$のグラフが$y＝ax^2$のグラフを平行移動したものであることを，どのように指導するか。

　　$y＝2x^2$，$y＝2(x－3)^2$を例として，指導の流れを具体的に書け。

(☆☆☆○○○)

【３】実数値をとる関数に関する次の定理について，各問いに答えよ。

　　【定理】

　　xの関数u，vがn回微分可能ならば，次の式が成り立つ。

　　$(uv)^{(n)}＝\displaystyle\sum_{k=0}^{n} {}_nC_k u^{(n-k)} v^{(k)}$

(1)　定理を証明せよ。

(2)　$y＝(x^2－1)^n$について，$(x^2－1)y^{(n+2)}＋2xy^{(n+1)}－n(n+1)y^{(n)}＝0$であることを示せ。

(☆☆☆☆☆◎)

解答・解説

【中高共通】

【1】$\dfrac{(n+1)(n^2-n+6)}{6}$

〈解説〉

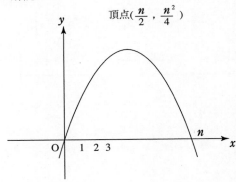

頂点$\left(\dfrac{n}{2},\ \dfrac{n^2}{4}\right)$

与式を変形して

$$f(x)=-(x^2-nx)=-\left(x-\dfrac{n}{2}\right)^2+\dfrac{n^2}{4}$$

頂点の座標は$\left(\dfrac{n}{2},\ \dfrac{n^2}{4}\right)$

また，$f(x)=-x(x-n)$より$f(x)=0$となるのは$x=0$，n，また，グラフは$x=\dfrac{n}{2}$に対称である。

ここで，nが偶数のとき，頂点$\left(\dfrac{n}{2},\ \dfrac{n^2}{4}\right)$が整数点になり，$n$が奇数のとき整数点にならない。

(1) nが奇数のとき

$x=1$のとき　$y=n\times1-1^2=n-1$

$x=2$のとき　$y=n\times2-2^2=2n-4$

$x=3$ のとき　$y=n\times 3-3^2=3n-9$

$$\vdots$$

求める整数点の個数をNとし，x軸上の整数点に注意すると

$$N=(n+1)+2\Big[0+(n-1)+(2n-4)+(3n-9)+\cdots$$

$$+\Big\{\Big(\frac{n-1}{2}\Big)n-\Big(\frac{n-1}{2}\Big)^2\Big\}\Big]$$

$$=(n+1)+2\Big[n\Big(1+2+3+\cdots+\frac{n-1}{2}\Big)-\Big\{1^2+2^2+3^2+\cdots+\Big(\frac{n-1}{2}\Big)^2\Big\}\Big]$$

$$=(n+1)+2\Big[n\times\frac{\frac{n-1}{2}\times\Big(\frac{n-1}{2}+1\Big)}{2}-\frac{\frac{n-1}{2}\times\Big(\frac{n-1}{2}+1\Big)(n-1+1)}{6}\Big]$$

$$=(n+1)+2\Big[\frac{n(n^2-1)}{8}-\frac{n(n^2-1)}{24}\Big]$$

$$=(n+1)+\frac{n(n^2-1)}{6}$$

$$=\frac{(n+1)(n^2-n+6)}{6}$$

(2)　nが偶数のとき
同様に考えて

$$N=(n+1)+2\Big[0+(n-1)+(2n-4)+(3n-9)+\cdots$$

$$+\Big\{n\Big(\frac{n}{2}-1\Big)-\Big(\frac{n}{2}-1\Big)^2\Big\}+\Big\{n\times\frac{n}{2}-\Big(\frac{n}{2}\Big)^2\Big\}\Big]$$

$$=(n+1)+2\Big[n+2n+3n+\cdots+\Big(\frac{n}{2}-1\Big)n$$

$$-\Big\{1^2+2^2+3^2+\cdots+\Big(\frac{n}{2}-1\Big)^2\Big\}\Big]+\Big(\frac{n^2}{2}-\frac{n^2}{4}\Big)$$

$$=(n+1)+2\Big[\frac{n\Big(\frac{n}{2}-1\Big)\Big(\frac{n}{2}-1+1\Big)}{2}-\frac{\Big(\frac{n}{2}-1\Big)\Big(\frac{n}{2}-1+1\Big)(n-2+1)}{6}\Big]+\frac{n^2}{4}$$

$$=(n+1)+n\cdot\frac{n-1}{2}\cdot\frac{n}{2}-\frac{\frac{n-2}{2}\times\frac{n}{2}\times(n-1)}{3}+\frac{n^2}{4}$$

$$=\frac{3n^2(n-2)-n(n-1)(n-2)}{12}+\frac{n^2}{4}+(n+1)$$

$$=\frac{(n+1)(n^2-n+6)}{6}$$

以上から，Dのなかの整数点の個数Nは，

$$N=\frac{(n+1)(n^2-n+6)}{6}\text{（個）}$$

【2】(1) nが奇数のとき $A^n=A$，偶数のとき$A^n=\begin{pmatrix}0&-1&-1\\-1&0&-1\\1&1&2\end{pmatrix}$

(2) 解説参照 (3) $-10a+b-30c-14$

〈解説〉(1) $A^2=\begin{pmatrix}2&-3&-1\\3&-4&-1\\-5&7&2\end{pmatrix}\begin{pmatrix}2&-3&-1\\3&-4&-1\\-5&7&2\end{pmatrix}$

$$=\begin{pmatrix}4-9+5&-6+12-7&-2+3-2\\6-12+5&-9+16-7&-3+4-2\\-10+21-10&15-28+14&5-7+4\end{pmatrix}=\begin{pmatrix}0&-1&-1\\-1&0&-1\\1&1&2\end{pmatrix}$$

$$A^3=A^2A=\begin{pmatrix}0&-1&-1\\-1&0&-1\\1&1&2\end{pmatrix}\begin{pmatrix}2&-3&-1\\3&-4&-1\\-5&7&2\end{pmatrix}$$

$$=\begin{pmatrix}-3+5&4-7&1-2\\-2+5&3-7&1-2\\2+3-10&-3-4+14&-1-1+4\end{pmatrix}=\begin{pmatrix}2&-3&-1\\3&-4&-1\\-5&7&2\end{pmatrix}=A$$

$$A^4=A^3A=AA=\begin{pmatrix}0&-1&-1\\-1&0&-1\\1&7&2\end{pmatrix}\quad A^5=A^4A=A\quad\cdots$$

したがってA^nは，nが偶数のとき$\begin{pmatrix}0&-1&-1\\-1&0&-1\\1&1&2\end{pmatrix}$，奇数のとき$A$

(2) $A=(-16)+(-15)+(-21)-(-21-14-18)=1$

　　Aは逆行列が存在しないから，Aは正則である。

(3)　与式＝$(-16d-3a+5b-21c)-(7a+4b+9c-2d)$

　　　　　＝$-10a+b-30c-14d$

【3】$y=\dfrac{3b}{4a^2}x^2$

〈解説〉$x=at\cdots$①　$y=bt^2\cdots$②　$z=ct^3\cdots$③

①，②，③の両辺をtで微分して

　　$\dfrac{dx}{dt}=a$　$\dfrac{dy}{dt}=2bt$　$\dfrac{dz}{dt}=3ct^2$

点①，②，③を通る接線ベクトルの成分が$(a,\ 2bt,\ 3ct^2)$であるから接線の方程式は

　　$\dfrac{x-at}{a}=\dfrac{y-bt^2}{2bt}=\dfrac{z-ct^3}{3ct^2}=k$　（kとおく）$\cdots$④

$z=0$より　$\dfrac{-ct^3}{3ct^2}=k$　$\therefore$　$-\dfrac{t}{3}=k$

④より　$x-at=a\cdot k$　$y-bt^2=2bt\cdot k$

　　$x-at=-\dfrac{at}{3}$　$y-bt^2=-\dfrac{2bt^2}{3}$

　　$x=\dfrac{2at}{3}$　$y=\dfrac{bt^2}{3}$

$t=\dfrac{3x}{2a}$を$y=\dfrac{bt^2}{3}$に代入すると

　　$y=\dfrac{b}{3}\left(\dfrac{3x}{2a}\right)^2=\dfrac{3b}{4a^2}x^2$

【4】(1) $2\sqrt{2}$ (2) $\pi\left(\dfrac{\pi}{4}+\dfrac{3}{2}\right)$

〈解説〉

(1)

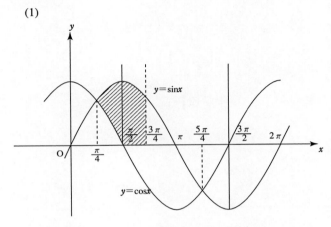

2つの曲線 $y=\sin x$, $y=\cos x$ のグラフは上図である。

$\dfrac{\pi}{4}\leqq x\leqq\dfrac{5}{4}\pi$ の範囲で囲まれた部分の面積を S とすると

$$S=\int_{\frac{\pi}{4}}^{\frac{5\pi}{4}}(\sin x-\cos x)dx$$

$$=\left[-\cos x-\sin x\right]_{\frac{\pi}{4}}^{\frac{5\pi}{4}}=\left(\frac{1}{\sqrt{2}}+\frac{1}{\sqrt{2}}\right)+\left(\frac{1}{\sqrt{2}}+\frac{1}{\sqrt{2}}\right)=\frac{4}{\sqrt{2}}=2\sqrt{2}$$

(2) 求める体積を V とすると

$$V=2\pi\int_{\frac{\pi}{4}}^{\frac{3\pi}{4}}\sin^2x\,dx-2\pi\int_{\frac{\pi}{4}}^{\frac{\pi}{2}}\cos^2x\,dx$$

$$=2\pi\int_{\frac{\pi}{4}}^{\frac{3\pi}{4}}\frac{1-\cos2x}{2}dx-2\pi\int_{\frac{\pi}{4}}^{\frac{\pi}{2}}\frac{1+\cos2x}{2}dx$$

$$=\pi\int_{\frac{\pi}{4}}^{\frac{3\pi}{4}}(1-\cos2x)dx-\pi\int_{\frac{\pi}{4}}^{\frac{\pi}{2}}(1+\cos2x)dx$$

$$= \pi \left[x - \frac{\sin 2x}{2} \right]_{\frac{\pi}{4}}^{\frac{3\pi}{4}} - \pi \left[x + \frac{\sin 2x}{2} \right]_{\frac{\pi}{4}}^{\frac{\pi}{2}}$$

$$= \pi \left\{ \left(\frac{3\pi}{4} + \frac{1}{2} \right) - \left(\frac{\pi}{4} - \frac{1}{2} \right) \right\} - \pi \left\{ \frac{\pi}{2} - \left(\frac{\pi}{4} + \frac{1}{2} \right) \right\}$$

$$= \pi \left(\frac{\pi}{2} + 1 \right) - \pi \left(\frac{\pi}{4} - \frac{1}{2} \right) = \pi \left(\frac{\pi}{4} + \frac{3}{2} \right)$$

【中学校】

【１】〔指導例〕

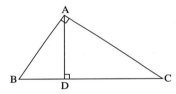

上の図は∠A＝∠Rである直角三角形ABCで，直角の頂点Aから斜辺BCに垂線を引くとき，次の指導の流れにしたがって，三平方の定理を導き出す。

(1)　△ABDと△CBAについて

∠C＋∠B＝∠R

∠BAD＋∠B＝∠R　より　∠C＝∠BAD

∴　△ABD∽△CBA

よって，$\dfrac{BA}{BD} = \dfrac{BC}{BA}$　∴　$BA^2 = BD \times BC \cdots$①

(2)　△ACDと△CBAについて

∠B＋∠C＝∠R

∠CAD＋∠C＝∠R　より　∠B＝∠CAD

∴　△ACD∽△BCA

よって，$\dfrac{CA}{CD} = \dfrac{CB}{CA}$　∴　$CA^2 = CD \times CB \cdots$②

①と②の辺々を加えて

$BA^2 + CA^2 = BD \times BC + CD \times BC$

$\qquad\qquad = BC(BD + DC) = BC^2$

すなわち，$AB^2 + AC^2 = BC^2$ （三平方の定理）

以上のように具体的に指導する。

【2】〔課題例〕「右のカレンダーで7月1日は日曜日です。8月の最後の日
は，8月の何週目の何曜日ですか」

〔指導の流れの例〕

7月						
日	月	火	水	木	金	土
1	2	3	4	5	6	7
8	9	10	11	12	13	14
15	16	17	18	19	20	21
22	23	24	25	26	27	28
29	30	31				

8月の最後の日は8月31日である。

8月5日は第2週目の日曜日である。

日数の計算は，nを自然数として，$31-4=27 \geqq 7n$ を満たす最大とな
る数は $n=3$

$27-21=6$ で31日は日曜日から数えて6番目である。

よって，8月末日は，8月の4週目の金曜日である。

〔文字式の利用〕

$31-4=27=7n+m$ （n, mは自然数）

この式を満たす最大となるnの値とそのときのmを求める。

$n=3$ で $27=7 \times 3 + m$

$\therefore$ $m=6$

8月の末日は4週目の金曜日である。

【3】(1) Aが平面上の三角形全体の集合，B＝{1，2，3}のとき，正三
角形には1を，直角三角形には2を，そのいずれでもない三角形には3
を対応させる写像をfとすれば，f：A→Bは全射である。

また，X＝{x｜xは1，2，3}，Y＝{0，1}とおく。このときXの要素x
を2で割ったときの余りを0，1とするとき，この対応をgとすれば

g(1)＝1，g(2)＝0，g(3)＝1であるからg：X→Yは全射である。

　　以上のようにf，gがともに全射であるとき，g∘f：A→Yの要素を考えると，正三角形のとき1，直角三角形のとき0，その他の三角形のとき1であり　g∘f：A→Yは全射である。

(2)　写像f：A→Bにおいて，

異なる元の像はすべて異なるとき，

すなわちx，$x'\in$A，$x \ne x'$　ならば　$f(x) \ne f(x')$　が成り立つとき，

写像f：A→Bは単射である。

また写像g：B→Cにおいて，

$y＝f(x)$，$y'＝f(x')$で$y \ne y'$　ならば　$g(y) \ne g(y')$が成り立つとき，

写像g：B→Cは単射である。

　　以上のようにf，gがともに単射のとき，g∘f：A→Cの要素を考えると，$x \ne x'$のとき$g\{f(x)\}$，$g\{f(x')\}$は$g(y) \ne g(y')$で単射である。

【高等学校】

【1】〔指導例〕

　　$2^6＝64$　　$2^4＝16$　　$2^6 \div 2^4＝64 \div 16＝4$　　の計算を

　　$2^6 \div 2^4 ＝ \dfrac{2^6}{2^4} ＝ \dfrac{2 \times 2 \times 2 \times 2 \times 2 \times 2}{2 \times 2 \times 2 \times 2} ＝ 2 \times 2 ＝ 4$

　　$\dfrac{2^6}{2^4} ＝ 2^{6-4} ＝ 2^2 ＝ 4$　　と計算してよい。

　　一般に　　$a^n \div a^m ＝ \dfrac{a^n}{a^m} ＝ a^{n-m}$　　$(a＞0$，n，mは自然数)

　　$n＝m$のとき　　$\dfrac{a^n}{a^m} ＝ a^{n-m} ＝ a^0 ＝ 1$　　と約束する。

　　$\dfrac{2^6}{2^9} ＝ 2^{6-9} ＝ 2^{-3} ＝ \dfrac{2 \times 2 \times 2 \times 2 \times 2 \times 2}{2 \times 2 \times 2 \times 2 \times 2 \times 2 \times 2 \times 2 \times 2} ＝ \dfrac{1}{2 \times 2 \times 2}$

　　$＝ \dfrac{1}{2^3} ＝ \dfrac{1}{8}$

　　すなわち，$a＞0$，n，mを自然数とするとき，

　　$a^{-n} ＝ \dfrac{1}{a^n}$，$a^0 ＝ 1$　　とする。

　　そして，$a＞0$，n，mを整数全体まで拡張する。

【2】〔指導例〕指導の流れは，$y=2x^2$と$y=2(x-3)^2$の具体的関数の変化を表に示してから，$y=a(x-p)^2$の一般化に進行する。$x=-2$，-1，…，7のときの$y=2x^2$と$y=2(x-3)^2$の数字を表に示す。

x	-2	-1	0	1	2	3	4	5	6	……
$y=2x^2$	8	2	0	2	8	18	32	50	72	……
$y=2(x-3)^2$	50	32	18	8	2	0	2	8	18	……

　表の数字を見ると，$y=2(x-3)^2$の数字が$y=2x^2$の数字を右へ3つずらした数字になっている。これは$y=2(x-3)^2$の$x-3$のところで，xより3だけ引いて計算するからである。

　すなわち，$y=2(x-3)^2$のグラフは$y=2x^2$のグラフを右へ3だけ平行移動している。

　一般に$y=a(x-p)^2$のグラフは$y=ax^2$のグラフを右へpだけ平行移動したものになっている。

【3】〔証明〕与式は

$$(uv)^{(n)} = {}_nC_0 u^{(n)}v^{(0)} + {}_nC_1 u^{(n-1)}v^{(1)} + {}_nC_2 u^{(n-2)}v^{(2)} + \cdots + {}_nC_k u^{(n-k)}v^{(k)} + \cdots + {}_nC_n u^{(0)}v^{(n)}$$
$$\cdots ①$$

$n=1$のとき　左辺$=(uv)^{(1)}=u^{(1)}v+uv^{(1)}$

右辺$={}_1C_0 u^{(1)}v^{(0)} + {}_1C_1 u^{(0)}v^{(1)} = u^{(1)}v + uv^{(1)}$

となり①は成り立つ。

$n=n$のとき①が成り立つとする。そして，①の両辺をxで微分する。

$$(uv)^{(n+1)} = {}_nC_0\{u^{(n+1)}v^{(0)} + u^{(n)}v^{(1)}\} + {}_nC_1\{u^{(n)}v^{(1)} + u^{(n-1)}v^{(2)}\}$$
$$+ {}_nC_2\{u^{(n-1)}v^{(2)} + u^{(n-2)}v^{(3)}\} + \cdots + {}_nC_k\{u^{(n-k+1)}v^{(k)} + u^{(n-k)}v^{(k+1)}\} + \cdots$$
$$+ {}_nC_n\{u^{(1)}v^{(n)} + u^{(0)}v^{(n+1)}\}$$
$$= {}_nC_0 u^{(n+1)}v^{(0)} + \{{}_nC_0 + {}_nC_1\}u^{(n)}v^{(1)} + \{{}_nC_1 + {}_nC_2\}u^{(n-1)}v^{(2)} + \cdots$$
$$+ \{{}_nC_{k-1} + {}_nC_k\}u^{(n-k+1)}v^{(k)} + \cdots + {}_nC_n u^{(0)}v^{(n+1)}$$
$$= {}_{n+1}C_0 u^{(n+1)}v^{(0)} + {}_{n+1}C_1 u^{(n)}v^{(1)} + {}_{n+1}C_2 u^{(n-1)}v^{(2)} + \cdots$$
$$+ {}_{n+1}C_k u^{(n+1-k)}v^{(k)} + \cdots + {}_{n+1}C_{n+1} u^{(0)}v^{(n+1)}$$

となり，①は$n+1$のときも成り立つ。

よって，①はすべての自然数について成り立つ。(Leibnizの定理)

(2)　〔証明〕　$y=(x^2-1)^n$　の両辺をxで微分すると

$y'=n(x^2-1)^{n-1}\cdot 2x$

$\therefore (x^2-1)y'=2nx(x^2-1)^n$

$y'(x^2-1)=y\cdot 2nx\cdots①$

①の両辺を$(n+1)$回微分するとLeibnizの定理を用いて，

${}_{n+1}C_0 y^{(n+2)}(x^2-1)+{}_{n+1}C_1 y^{(n+1)}(2x)+{}_{n+1}C_2 y^{(n)}\cdot 2$

$={}_{n+1}C_0 y^{(n+1)}\cdot 2nx+{}_{n+1}C_1 y^{(n)}\cdot 2n$

すなわち

$(x^2-1)y^{(n+2)}+2(n+1)xy^{(n+1)}+(n+1)ny^{(n)}=2nxy^{(n+1)}+2n(n+1)y^{(n)}$

$\therefore (x^2-1)y^{(n+2)}+2xy^{(n+1)}-n(n+1)y^{(n)}=0$

●書籍内容の訂正等について

　弊社では教員採用試験対策シリーズ（参考書，過去問，全国まるごと過去問題集），公務員試験対策シリーズ，公立幼稚園・保育士試験対策シリーズ，会社別就職試験対策シリーズについて，正誤表をホームページ（https://www.kyodo-s.jp）に掲載いたします。内容に訂正等，疑問点がございましたら，まずホームページをご確認ください。もし，正誤表に掲載されていない訂正等，疑問点がございましたら，下記項目をご記入の上，以下の送付先までお送りいただくようお願いいたします。

---

　① **書籍名，都道府県（学校）名，年度**
　　（例：教員採用試験過去問シリーズ　小学校教諭 過去問　2025年度版）
　② **ページ数**（書籍に記載されているページ数をご記入ください。）
　③ **訂正等，疑問点**（内容は具体的にご記入ください。）
　　（例：問題文では"ア～オの中から選べ"とあるが，選択肢はエまでしかない）

〔ご注意〕
○ 電話での質問や相談等につきましては，受付けておりません。ご注意ください。
○ 正誤表の更新は適宜行います。
○ いただいた疑問点につきましては，当社編集制作部で検討の上，正誤表への反映を決定させていただきます（個別回答は，原則行いませんのであしからずご了承ください）。

●情報提供のお願い

　協同教育研究会では，これから教員採用試験を受験される方々に，より正確な問題を，より多くご提供できるよう情報の収集を行っております。つきましては，教員採用試験に関する次の項目の情報を，以下の送付先までお送りいただけますと幸いでございます。お送りいただきました方には謝礼を差し上げます。
（情報量があまりに少ない場合は，謝礼をご用意できかねる場合があります）。
◆あなたの受験された面接試験，論作文試験の実施方法や質問内容
◆教員採用試験の受験体験記

- -

送付先	○電子メール：edit@kyodo-s.jp
	○FAX：03-3233-1233（協同出版株式会社　編集制作部 行）
	○郵送：〒101-0054　東京都千代田区神田錦町2-5
	協同出版株式会社　編集制作部 行
	○HP：https://kyodo-s.jp/provision（右記のQRコードからもアクセスできます）

※謝礼をお送りする関係から，いずれの方法でお送りいただく際にも，「お名前」「ご住所」は，必ず明記いただきますよう，よろしくお願い申し上げます。

教員採用試験「過去問」シリーズ

奈良県の
数学科 過去問

編　集　Ⓒ 協同教育研究会
発　行　令和6年3月25日
発行者　小貫　輝雄
発行所　協同出版株式会社
　　　　〒101-0054　東京都千代田区神田錦町2‐5
　　　　電話　03－3295－1341
　　　　振替　東京00190－4－94061
印刷所　協同出版・POD工場

落丁・乱丁はお取り替えいたします。

2024 年夏に向けて
ー教員を目指すあなたを全力サポート！ー

●通信講座
詳細はこちら

志望自治体別の教材とプロによる
丁寧な添削指導で合格をサポート

●公開講座 (＊1)
詳細はこちら

48 のオンデマンド講座のなかから、
不得意分野のみピンポイントで学習できる！
受講料は 6000 円〜　＊一部対面講義もあり

●全国模試 (＊1)
詳細はこちら

業界最多の **年5回** 実施！
定期的に学習到達度を測って
レベルアップを目指そう！

●自治体別対策模試 (＊1)
詳細はこちら

的中問題がよく出る！
本試験の出題傾向・形式に合わせた
試験で実力を試そう！

　上記の講座及び試験は，すべて右記のQRコードか
らお申し込みできます。また，講座及び試験の情報は，
随時，更新していきます。

＊1・・・ 2024 年対策の公開講座、全国模試、自治体別対策模試の
　　　　情報は、2023 年 9 月頃に公開予定です。

協同出版・協同教育研究会
https://kyodo-s.jp

お問い合わせは
通話料無料の
フリーダイヤル

いいみ　なさんおうえん
0120 (13) 7300 まで

受付時間：平日（月〜金）9 時〜18 時